순수 함수형 데이터 구조

순수 함수형 데이터 구조

불변성과 지연 계산을 활용한
함수형 데이터 구조

크리스 오카사키 지음 | 오현석 옮김

i!i
에이콘

에이콘출판의 기틀을 마련하신 故 정완재 선생님 (1935-2004)

데이터 구조를 다루는 대부분의 책에서는 C나 C++와 같은 명령형imperative 언어를 가정하고 설명한다. 하지만 명령형 언어의 데이터 구조는 SMLStandard ML, 하스켈Haskell, 스킴Scheme 등의 함수형 언어로 잘 변환되기 어렵다. 이 책은 함수형 언어의 관점에서 데이터 구조를 살펴보고, 프로그래머가 자신만의 함수형 데이터 구조를 개발할 때 도움이 되는 여러 설계 기법을 보여준다. 적흑 트리red-black tree나 이항 큐binomial queue 등의 전통적인 데이터 구조를 배우며, 함수형 언어를 위해 별도로 개발한 여러 데이터 구조를 살펴본다. 모든 소스 코드는 SML과 하스켈로 만들어졌지만, 그 밖의 함수형 언어로도 쉽게 바꿀 수 있을 것이다.

이 책은 함수형 언어를 다루는 전문 프로그래머가 간편하게 참고할 수 있는 책이며, 함수형 언어를 공부하고 싶은 개발자는 자습서로 사용하기 좋다.

| 옮긴이 소개 |

오현석(enshahar@gmail.com)

KAIST에서 전산학 학사와 석사 학위(프로그래밍 언어 연구실)를 취득했다. 삼성 메디슨, 비트앤펄스 등에서 UI 개발자와 개발 팀장을 지냈고, 현재 호주 브리즈번 JNF Soft에서 소프트웨어 개발자 및 컨설턴트로 일하면서 최근에는 블록체인 관련 기반 기술 연구개발과 블록체인을 활용한 서비스 개발에 참여하고 있다. 함수형 프로그래밍을 활용해 오류 발생 가능성이 적으면서 유지 보수가 편한 프로그램을 작성하는 방법과 이를 지원하는 여러 도구를 만드는 일에 관심이 많다. 『Programming in Scala 3/e』(에이콘. 2017), 『Kotlin in Action』(에이콘. 2017), 『엔터프라이즈 자바 마이크로서비스』(한빛미디어. 2019) 등 20여 권의 책을 번역했다.

함수형 프로그래밍이 개발자들 사이에서 기본 교양으로 자리 잡기 시작했지만, 아직도 함수형 언어나 함수형 프로그래밍은 느리다는 편견을 가진 개발자가 많다. 특히 데이터 구조에 있어서는 불변성을 활용한 데이터 구조를 사용하면 제자리에서 데이터를 갱신하면서 최적화된 알고리즘을 사용할 수 있는 명령형 데이터 구조보다 느릴 것이라는 편견이 있는 개발자가 많을 것이다. 실제로 1990년대 중반까지만 하더라도 불변성을 활용한 데이터 구조를 사용하면 명령형 데이터 구조보다 느릴 것이라는 생각은 단순한 편견은 아니었다. 물론 물밑에서는 이 문제를 해결하려는 여러 가지 노력과 연구가 진행되고 있었다. 크리스 오카사키$^{Chris\ Okasaki}$는 그런 연구 결과를 집약하고 자신의 연구 결과를 덧붙여서 박사 학위 논문을 썼고, 나중에 이를 좀 더 보완해 『Purely Functional Data Structures』라는 이름의 책으로 펴냈다. 이 책은 불변성^{immutability}과 지연 계산^{laziness}을 활용해 100% 함수적으로 만든 데이터 구조와 알고리즘도 명령형 데이터 구조나 알고리즘만큼 성능이 좋을 수 있다는 사실과, 그런 데이터 구조를 만들기 위한 몇 가지 방법을 제시한다. 그리고 함수형 프로그래밍을 공부하는 사람들 사이에서는 일종의 고전으로 자리 잡았다.

비록 책의 제목은 데이터 구조 책처럼 보이지만, 데이터 구조에 대해서만 써 놓은 책이 아니다. 이 책에서 제시하는 기수법을 활용한 데이터 구조 개발 방법이나 지연 계산을 활용해 비싼 연산을 분산시켜서 알고리즘의 효율을 높이는 기법 등을 읽어보고, 직접 코드를 작성하고 분석하다 보면 지금까지와는 전혀 다른 사고방식에 눈뜰 수 있을 것이다. 지연 계산을 활용해 연산을 분산시키는 것은 메모리와 실행 시간을 맞바꾸는 전통적인 트레이드오프$^{trade-off}$ 관계의 연장선상에 있다고 볼 수 있다. 힙에 맵(또는 딕셔너리) 등을 할당하고 이를 활용해 계산 결괏값을 저장함으로써 알고리즘의 효율을 높였던 방식에서 더 나아가 나중에 수행하거나 분산시켜 수행해야 할 계산을 함숫값(또는 클로저)이나 지연 계산 썽크^{thunk} 형태로 저장하고 이를 활용해 효율적인 알고리즘을 개발할 수 있다. 이를 좀 더 확장하면 마이크로서비스 아키텍처 등의 분산 시스템이나 동시성 시스템 기술에 활용할 수 있는 새로운 라이브러리나 기법을 만들 수 있을지도 모른다. 굳이 그런 실무 활용을 고려하지 않더라도, 이 책은 (약간은 어렵겠지만) 여러분이 원하는 작업을 처리하는 새로운 방법을 배우고 함수형 사고방식을 연습할 수 있는 교재로도 훌륭하다. 함수형 프로그래밍 기초 서적을 한 권 정도 마무리하고, 하스켈이나 스칼라 같은 언어 책을 읽은 개발자에게 한 번쯤 도전해보라고 권하고 싶다.

개인적으로는 이런 고전 수준의 책을 번역한다는 것이 상당히 설레면서도 두려웠다. 쉬운 작업은 아니었고 아마 실수한 부분도 있겠지만 몇 권 안 되는 번역서 중에 이런 책이 추가된 건 큰 행운이라고 생각한다. 번역이 이뤄졌으면 좋겠다고 말씀드렸을 때 그 자리에서 흔쾌히 번역을 진행하자고 허락해주신 에이콘 권성준 사장님과 번역과 편집 과정에서 계속 도움을 주신 에이콘출판사 관계자 여러분께 감사드린다. 그리고 베타리더로 참여해주신 박미정, 박지수, 박재유, 유인동, 이종수, 이종완, 조현태 님께 지면을 빌려 고맙다고 말씀드리고 싶다.

| 차례 |

| 들어가며 |

나는 1989년 SML 프로그래밍을 처음 시작했다. 데이터 구조를 효율적으로 구현하기를 좋아했기 때문에, 가장 좋아하는 데이터 구조 중 일부를 SML로 포팅하기 시작했다. 몇몇 데이터 구조는 쉽게 포팅할 수 있었으며, 기쁘게도 변환한 결과 코드는 C, 파스칼Pascal, 에이다Ada 등으로 작성했던 코드보다 더 간결하고 깔끔했다. 시간이 지나면서 내가 기존 값을 없애고 내용을 덮어쓰는 파괴적인 메모리 갱신destructive update을 사용하고 싶어 한다는 것을 깨달았다. 하지만 SML에서는 기존 내용을 덮어쓰는 갱신 사용을 권장하지 않고, 그 밖의 여러 함수형 언어는 메모리 갱신 사용을 아예 금지한다. 기존의 책과 논문에서 도움이 될 만한 내용을 찾아봤지만 소수의 논문을 제외하고는 관련 정보가 거의 없었다. 나는 이 분야가 아직 미개척지임을 깨달았고, 데이터 구조를 구현하는 새로운 방법을 탐색하기 시작했다.

8년[1]이 지난 지금도 탐색 중이다. 함수형 언어를 사용해 어떻게 해야 효율적으로 구현할 수 있을지 아직도 잘 모르는 데이터 구조가 많다. 하지만 나는 함수형 언어에서 어떤 것이 작동하는지 많이 배워왔다. 이 책은 내 배움을 코드로 표현하려는 시도다. 이 책이 함수형 프로그래머에게 참고서가 되고, 함수형 환경에서 데이터 구조를 작성하는 법을 배우고 싶은 사람들에게 교과서 역할을 할 수 있기를 바란다.

---

[1] 이 책의 영문판은 1998년에 나왔고, 오카사키가 CMU(미국 카네기 멜론 대학교)에서 이 내용으로 박사학위를 취득한 것은 1996년이다. 박사학위 논문은 인터넷 https://www.cs.cmu.edu/~rwh/theses/okasaki.pdf에서 볼 수 있다. – 옮긴이

SML

이 책의 데이터 구조는 실제로 어떤 함수형 언어를 사용하든 구현할 수 있지만, 나는 모든 예제에서 SML$^{Standard\ ML}$을 사용할 것이다. SML을 사용하면 다음과 같은 장점이 있다. (1) 엄격한^{strict} 계산을 사용하는 언어여서 어떤 알고리즘이 얼마나 많은 시간이 걸릴지를 추론하기가 쉽고, (2) 훌륭한 모듈 시스템이 있어서 다양한 유형의 추상 데이터 구조$^{abstract\ data\ type}$를 기술하기 좋다. 하지만 하스켈^{Haskell}이나 리습^{Lisp} 같은 언어를 사용하는 사람들도 이 책에서 다룬 예제를 자신의 언어에 채택하기가 상당히 쉽다는 사실을 알게 될 것이다(부록에 하스켈로 변환한 대부분의 예제를 실었다). 심지어 C나 자바 프로그래머들도 이런 데이터 구조를 구현하는 것이 상대적으로 간단하다는 사실을 깨닫게 될 것이다. 다만 C에는 자동 쓰레기 수집$^{garbage\ collection}$이 없기 때문에 가끔 불편할 때가 있다.

SML을 잘 모르는 독자라면 폴슨^{Paulson}의 『ML for Working Programmer』[Pau96]나 얼만^{Ullman}의 『Elements of ML Programming』[Ull94]을 살펴보기 바란다.

이 책을 읽는 데 필요한 사항

이 책은 데이터 구조를 친절하게 소개해주는 책이 아니다. 나는 독자들이 이미 스택^{stack}, 큐^{queue}, 힙^{heap}(우선순위 큐), 유한 맵^{map}(또는 사전^{dictionary}) 등의 기본적인 추상 데이터 타입에 익숙하다고 가정할 것이다. 또한 독자들이 기본적인 알고리즘 분석, 특히 '빅 오$^{big-O}$' 표기법[2](예: $O(n \log n)$) 등을 알고 있다고 가정할 것이다. 이런 주제는 보통 컴퓨터과학과 2학년 때 다룬다.

---

2 전산학에서 사용하는 로그는 보통 밑이 2인 경우가 많다. 따로 lg 등의 표기를 쓰기도 하지만, 이 책에서 로그의 밑을 표시하지 않은 경우에는 그 밑을 2로 생각하면 된다. 사실 밑이 2이든 10이든 상수 배 차이만 있어서, 복잡도의 관점에서는 밑의 선택이 크게 중요한 일이 아니라고 말할 수도 있다. - 옮긴이

감사의 글

다양한 사람과 토의하면서 데이터 구조에 대해 깊이 이해할 수 있었다. 특히 피터 리, 헨리 베이커, 거스 브로달, 밥 하퍼, 하임 캐플런, 그램 모스, 사이먼 P. 존스, 밥 타잔에게 감사를 전한다.

오탈자

내용을 정확하게 전달하려고 최선을 다했지만, 실수가 있을 수 있다. 책에서 텍스트나 코드상의 문제를 발견해서 알려준다면, 매우 감사하게 생각할 것이다. 그러한 참여를 통해 다른 독자에게 도움을 주고, 다음 버전에서 책을 더 완성도 있게 만들 수 있다. 오자를 발견한다면 http://www.acornpub.co.kr/contact/errata에서 구체적인 내용을 알려주기 바란다. 보내준 내용이 확인되면 해당 서적의 정오표에 그 내용이 추가될 것이다. 정오표는 에이콘출판사의 도서정보 페이지 http://www.acornpub.co.kr/book/purely-functional-structures에서 찾아볼 수 있다.

질문

이 책에 관한 질문은 옮긴이나 에이콘출판사 편집 팀(editor@acornpub.co.kr)으로 문의할 수 있다.

소개

C 프로그래머가 어떤 문제를 해결하기 위해 효율적인 데이터 구조가 필요하다면 기존의 교재나 핸드북을 들춰보기만 하면 된다. 하지만 불행히도 SML^Standard ML이나 하스켈^Haskell 같은 함수형 언어 프로그래머들은 그런 호사를 누릴 수 없다. 기본 교재들은 보통 알고리즘이 언어와 무관하다고 주장하지만, 실제로는 헨리 포드^Henry Ford의 방식[1]처럼 사용하려는 언어가 명령형^imperative 언어인 경우에 한해서만 언어와 무관하게 기존 서적을 참조할 수 있다. 우리는 SML을 예제에 사용할 것이지만 쉽게 하스켈이나 리습^Lisp으로 코드를 변경할 수 있다. 부록 A에서 하스켈로 변환한 프로그램을 볼 수 있다.

---

[1] 헨리 포드는 포드(Ford) 자동차 회사를 세우고 컨베이어벨트를 사용한 대량 생산을 적용했으며 직원들에게 높은 임금을 지급한 것으로 유명하다. 그는 20세기 초 자사의 모델 T 자동차를 판매하면서 "고객은 원하는 색상의 자동차를 가질 수 있습니다. 단, 원하는 색상이 검은색이기만 하다면 말입니다([Customers] can have any colors they want as long as it's black)."라고 말했다.

1.1 함수형 데이터 구조와 명령형 데이터 구조 비교

함수형 언어의 방법론적 이점은 잘 알려져 있다[Bac78, Hug89, HJ94]. 하지만 대부분의 프로그램은 아직도 C 언어 같은 명령형 언어로 작성되고 있다. 함수형 프로그래밍의 이점에도 불구하고 함수형 언어가 널리 채택되지 못한다는 모순은 함수형 언어가 전통적인 (명령형) 사촌 언어들보다 역사적으로 항상 더 느렸다는 이유로 쉽게 설명할 수 있다.[2] 다만 이 차이는 점점 줄어들고 있다. 기본적인 컴파일러 기술에서 복잡한 분석과 최적화 기법에 이르기까지 여러 분야에서 괄목할 만한 향상이 이뤄졌다. 하지만 함수형 프로그래밍 언어 컴파일러 개발자가 아무리 똑똑해도 해결할 수 없는 부분이 하나 있는데, 개발자가 문제에 적합하지 않거나 열등한 데이터 구조를 프로그램에 사용하는 경우다. 불행히도 기존의 책이나 문서는 이런 경우 아무 도움이 되지 못한다.

명령형 데이터 구조보다 함수형 데이터 구조를 설계하기가 더 어려운 이유가 뭘까? 기본적인 문제가 두 가지 있다. 첫째, 효율적인 데이터 구조의 설계와 구현이라는 관점에서 볼 때, 함수형 프로그래밍은 기존 내용을 덮어쓰는 갱신(즉, 변수 대입)을 쓸 수 없다는 불리함을 안고 있다. 이는 마치 셰프에게서 식칼을 빼앗는 것과 같다. 식칼과 마찬가지로 기존 내용을 덮어쓰는 갱신도 잘못 사용하면 위험하지만 적절히 사용하면 엄청난 효용을 제공한다. 명령형 데이터 구조는 대입에 크게 의존하는 경우가 많고, 함수형 프로그램에서는 그에 대한 대안을 찾아야만 한다.

두 번째 어려움은 함수형 데이터 구조가 그에 상응하는 명령형 데이터 구조보다 더 유연해야 한다는 점이다. 특히 명령형 데이터 구조를 갱신하는 경우, 보통 이전의 데이터 구조를 더 이상 사용할 수 없을 것이라 가정한다. 하지만 함수형 데이터 구조를 갱신할 때는 나중에 갱신 전의 데이터 구조와 갱신 후의 데이터 구조를 모두 사용할 수 있어야 한다. 여러 버전을 지원하는 데이터를 영속적persistent이라고 하며, 단일 버전만 지원하는 데이터를 일시적ephemeral(단명함/

---

2 최근(2010년대 중후반)에는 언어의 속도 격차보다 개발 편의성이 더 중시되는 분위기다. 명령형 언어에서도 C 언어 같은 전통의 강자보다는 파이썬이나 자바스크립트처럼 느리지만 개발하기 편리한 언어가 각광을 받고 있다. 또한 함수형 프로그래밍에서 사용하던 여러 요소나 기법이 다양한 언어에 채용되고 있다. – 옮긴이

짧게 존재함)이라고 한다[DSST89]. 함수형 프로그래밍 언어에는 모든 데이터 구조가 자동으로 영속적persistent이어야 한다는 흥미로운 특성이 있다. 명령형 데이터 구조는 보통 일시적이다. 그래서 명령형 프로그래머는 명령형 프로그래머는 영속적인 데이터 구조가 일반적인 데이터 구조보다 더 복잡하고, 점근적 복잡도asymptotical complexity가 비슷한 종류의 일반적인 데이터 구조보다 조금 더 나빠도 놀라지 않는다.

더 나아가 이론 전산학자들은 경우에 따라 함수형 프로그래밍 언어가 근본적으로 명령형 언어보다 덜 효율적일지도 모른다는 하위 바운드lower bound(아무리 빨라도 이보다는 더 빠를 수 없는 한계)를 설정해왔다[BAG92, Pip96]. 이 모든 측면에서 볼 때 함수형 데이터 구조에 대한 사람들의 태도는 마치 춤추는 곰을 보면서 "저 곰이 춤을 잘 추는 것은 놀랍지 않은데, 곰이 춤을 춘다는 사실 자체는 놀랍구나!"라고 하는 것과 같다(즉, 정상 작동하는 함수형 데이터 구조가 존재한다는 사실 자체에 더 놀라지, 그 함수형 데이터 구조의 성능이 뛰어날 수 있다는 점은 관심이나 놀람의 대상이 아니다). 하지만 실제로는 상황이 그렇게 절망적이지는 않다. 앞으로 보겠지만 최고의 명령형 데이터 구조만큼 효율적인 함수형 데이터 구조를 만들 수 있을 때도 많다.

1.2 미리 계산하는 언어와 지연 계산 언어

대부분의 함수형 언어는 연산 순서에 따라 미리 계산하는strict evaluation(또는 엄격한 계산3) 언어나 지연 계산lazy evaluation 언어로 분류할 수 있다. 함수형 프로그래머들 사이에 두 방식 중 어떤 방식이 더 나은가에 대한 논쟁은 종종 종교적이라고 할 수 있을 정도로 치열할 때도 있다. 두 연산 순서의 차이는 함수 인자를 처리할 때 분명히 드러난다. 미리 계산하는 언어에서는 함수의 인자를 미리 계산한

---

3 여기서 계산으로 번역한 영어 단어는 'evaluation'이다. 어떤 식의 값을 알아낸다는 'evalutation'의 뜻을 생각할 때 아마 가장 적절한 용어는 '평가'일 것이다. 하지만 용어를 원어에 따라 엄격히 구분할 필요는 없다고 생각한다. 또한 프로그래머로서 컴퓨터에서 실행되는 코드의 알고리즘을 살펴보는 관점에서 볼 때 '평가'와 '계산'을 굳이 구분할 필요도 없다고 생각해서 좀 더 친근한 단어인 '계산'을 사용했다. - 옮긴이

다음 함수 본문을 계산한다. 지연 계산 언어에서는 필요할 때$^{on\text{-}demand}$ 인자를 계산한다. 즉, 함수를 호출할 때 인자를 계산하지 않은 형태로 전달하고 함수의 결과를 계산하기 위해 그 인자가 필요할 때만 계산한다. 나아가 어떤 인자를 한 번 계산하고 나면 그 결과를 캐시에 넣고, 해당 값이 다시 필요할 때는 값을 재계산하는 대신 캐시해둔 값을 사용한다. 이런 캐싱을 메모화^{memoization}라고 한다 [Mic68].

두 계산 순서는 각각 장단점이 있지만 미리 계산하는 방식이 확실히 우월한 점이 하나 있다. 바로 점근적 복잡도를 계산하기 훨씬 편하다는 점이다. 미리 계산하는 언어에서는 언제 어떤 하위 식$^{sub\ expression}$이 계산될지를 문법을 통해 거의 확실히 알 수 있다. 따라서 미리 계산하는 언어로 작성된 프로그램의 실행 시간을 분석하는 일은 상대적으로 단순하다. 반면에 지연 언어에서는 전문가조차도 언제(심지어는 어떤 조건에서) 하위 식이 계산될지 예측하기 어려울 때가 있다. 그런 지연 언어를 사용하는 프로그래머들은 종종 대략적인 실행 시간 분석을 위해 언어를 미리 계산하는 언어인 것처럼 가정하기도 한다.

두 계산 방법 모두 데이터 구조의 설계와 분석에 영향을 끼친다. 앞으로 보겠지만 미리 계산하는 언어는 데이터 구조의 최악의 경우$^{worst\ case}$를 더 잘 표현하지만 점근적인 경우는 잘 표현하지 못한다. 반대로 지연 계산 언어는 점근적인 데이터 구조를 잘 표현하지만 최악의 경우는 잘 표현하지 못한다. 양 데이터 구조를 다 표현하기 위해서는 두 계산 방법을 모두 지원하는 언어가 필요하다. 나는 SML에 지연 계산을 추가함으로써 이를 해결했다. 이에 대해서는 4장에서 설명한다.

1.3 용어

데이터 구조를 설명하다 보면 혼동을 야기할 여지가 많다. 왜냐하면 데이터 구조$^{data\ structure}$라는 용어에는 다음과 같이 서로 연관은 있지만 다른 뜻이 네 가지나 있기 때문이다.

- 추상 데이터 타입^{abstract data type}(어떤 타입과 그 타입에 대해 쓰일 수 있는 여러 함수의 모임)을 뜻할 때가 있다. 이를 **추상화**^{abstraction}라고 부를 것이다.

- 추상 데이터 타입의 구체적 구현을 뜻하기도 한다. 이를 **구현**^{implementation}이라 부를 것이다. 하지만 구현이 꼭 코드를 뜻하지는 않음에 유의하라. 구체적인 설계만으로도 충분하다.

- 데이터 타입의 인스턴스^{instance}인 구체적인 트리^{tree}나 리스트^{list} 등을 뜻하기도 한다. 이런 인스턴스를 이야기할 때는 객체^{object}나 버전^{version}이라고 할 것이다. 하지만 데이터 타입에 따라서는 다른 이름을 사용하는 경우가 있다. 예를 들어, 스택이나 큐 객체를 지칭할 때는 그냥 스택이나 큐라고 부를 것이다.

- 갱신하더라도 변하지 않는 유일한 정체성을 뜻할 때도 있다. 예를 들어 스택 기반의 인터프리터에서 마치 하나의 스택이 있는 것처럼 그저 '스택'이라고 말하지만, 실제 스택은 시간에 따라 여러 가지 버전이 존재한다. 이때 시간에 따라 존재하는 모든 버전을 한데 아우를 수 있는 정체성을 **영속적 정체성**^{persistent identity}이라고 부를 것이다. 주로 영속적 데이터 구조 맥락에서 영속적 정체성이 발생한다. 우리가 한 데이터 구조의 여러 버전에 대해 이야기한다면, 이는 그 모든 버전이 영속적인 정체성을 공유한다는 뜻이다.

대강 이야기하자면 추상은 SML의 시그니처^{signature}에 해당하며, 구현은 SML의 펑터^{functor}/스트럭처^{structure}에 해당한다. 반면 SML에는 영속적 정체성에 해당하는 것이 없다.[4]

연산^{operation}이라는 말도 마찬가지다. 이 말은 추상 데이터 타입이 제공하는 함수들을 의미하기도 하고, 그런 함수를 실제 사용하는 것을 의미하기도 한다. 우리는 후자의 경우에만 연산이라는 말을 쓸 것이며, 전자의 경우 **함수**^{function}나 **연산자**^{operator}라는 용어를 쓸 것이다.

---

4 일시적 데이터 구조의 영속적인 정체성은 참조 셀(reference cell)로 실체화할 수 있다. 하지만 영속적 데이터 구조의 영속적인 정체성을 모델링하기에는 불충분하다.

1.4 접근 방법

모든 사용 목적에 대해 각각 효율적인 데이터 구조를 나열하는 대신(그런 작업이 끝날 희망은 없다!), 효율적인 함수형 데이터 구조를 설계하는 일반적인 기법 몇 가지에 집중하고 그 기법을 활용해 시퀀스^{sequence}, 힙^{heap}(우선순위 큐), 검색 등의 추상화를 구현하는 과정을 보여줄 것이다. 우리가 사용한 기법을 이해하고 나면 여러분이 필요로 하는 기존 데이터 구조에 그 기법을 쉽게 적용하거나 필요에 따라 새로운 데이터 구조를 처음부터 만들 수 있다.

1.5 이 책의 개요

이 책은 세 부분으로 나뉜다. 첫 번째 부분(2, 3장)은 함수형 데이터 구조에 대한 소개다.

- 2장은 함수형 데이터 구조가 영속성을 달성하는 방법을 보여준다.
- 3장은 레프티스트 힙$^{leftist\ heap}$, 이항 힙$^{binomial\ heap}$, 적흑 트리$^{red-black\ tree}$를 살펴보고 SML로 어떻게 각각을 구현할 수 있는지 살펴본다.

두 번째 부분(4~7장)은 지연 계산과 점근적 접근 방식을 살펴본다.

- 4장은 지연 계산의 개념을 간략히 살펴보고, SML에서 지연 계산을 표현할 때 사용할 수 있는 방법을 소개한다.
- 5장은 점근적 접근의 여러 기본 기법을 비교해보고, 각 기법이 영속적 데이터 구조를 분석할 때 적합하지 않은 이유를 설명한다.
- 6장은 점근적 접근과 영속성을 조합할 때 지연 계산이 어떤 중재 역할을 하는지 설명한다. 그리고 지연 계산을 통해 구현된 데이터 구조의 점근적 비용을 분석하는 두 가지 방법을 소개한다.
- 7장은 한 언어 안에서 미리 하는 계산과 지연 계산을 서로 조합할 수 있으면 강력한 힘을 발휘한다는 사실을 보여준다. 7장에서는 점근적인 데이터 구조에서 지연 계산 부분을 체계적으로 미리 계산함으로써

최악의 경우 성능을 보장하는 데이터 구조를 생성해내는 방법을 보여준다.

세 번째 부분(8~11장)은 함수형 데이터 구조를 설계할 때 사용할 수 있는 여러 기법을 설명한다.

- 8장은 지연 재구축$^{lazy\ rebuilding}$에 대해 설명한다. 이는 전역 재구축^{global} ^{rebuilding}을 지연 계산으로 만든 변종이다[Ove83]. 지연 재구축은 전역 재구축보다 훨씬 단순하지만, 최악의 경우보다 점근적으로 더 나은 바운드를 제공한다. 지연 재구축과 7장에서 설명한 스케줄링 기법을 조합하면 최악의 경우의 바운드를 보장하게 되곤 한다.

- 9장은 수치적 표현 기법을 다룬다. 여기서는 수를 표현하는 방법(이진수가 전형적인 예라 할 수 있다)과 비슷한 구현들을 보여준다. 이 모델에서 효율적인 삽입과 삭제 루틴을 설계하는 것은 바로 덧셈이나 뺄셈에서 상수 시간이 걸리는 이진수 체계를 만드는 것에 해당된다.

- 10장은 데이터 구조적 부트스트래핑$^{data\ structural\ bootstrapping}$을 다룬다[Buc93]. 이 기법은 세 가지 종류가 있다. 첫 방법인 구조적 분해 $^{structural\ decomposition}$는 다룰 수 있는 원소 개수에 제한이 있는 해법으로부터 그런 제한이 없는 해법을 도출해낸다. 두 번째 방법인 구조적 추상화$^{structural\ abstraction}$는 비효율적인 해법으로부터 효율적인 해법을 도출해낸다. 세 번째 기법인 조합된 타입으로 부트스트래핑$^{bootstrapping\ to}$ $^{aggregate\ type}$은 기본적인 요소들로 이뤄진 구현을 가지고 여러 요소가 조합된 구현을 도출해낸다.

- 11장은 암시적이며 재귀적인 감속$^{implicit\ recursive\ slowdown}$에 대해 설명한다. 이는 캐플런^{Kaplan}과 타잔^{Tarjan}의 재귀적인 감속 기법을 지연 계산을 통해 만든 변종이다[KT95]. 지연 재구축과 마찬가지로 암시적이며 재귀적인 감속도 재귀적인 감속보다 훨씬 단순하지만, 최악의 경우가 아니라 점근적인 바운드를 제공한다. 이 경우도 스케줄링을 통해 최악의 경우의 바운드를 다시 얻을 수 있다.

마지막으로, 부록 A는 이 책에서 다룬 대부분의 구현을 하스켈로 다시 구현해 보여준다.

영속성

함수형 데이터 구조의 독특한 특성 하나는 함수형 데이터 구조가 늘 영속적 persistent이라는 점이다. 함수형 데이터 구조는 갱신해도 예전 버전을 파괴하지 않는다. 대신 새로운 버전의 데이터 구조가 생겨서 이전 버전과 공존한다. 영속성은 기존 데이터 구조에서 변경에 따라 바뀌어야 하는 부분들을 복사한 후, 원본 대신 복사본을 변경함으로써 이뤄진다. 노드를 직접 변경하는 일이 없으므로 갱신이 이뤄져도 기존 노드들은 영향을 받지 않고, 어느 한쪽을 바꿔도 다른 쪽에 바꾼 내용이 전파될지 걱정할 필요 없이 새 버전과 옛 버전을 공유할 수 있다.

2장에서는 간단한 데이터 구조인 리스트와 이진 검색 트리를 예제로 사용해 복사와 공유를 자세히 살펴본다.

2.1 리스트

우선 간단한 연결 리스트linked list부터 살펴보자. 명령형 프로그래밍과 함수형 프로그래밍에 모두 연결 리스트가 있으며, 함수형 프로그래밍에서는 연결 리스트가 좀 더 널리 쓰인다. 모든 리스트가 지원해야 하는 핵심 함수는 그림 2.1의 스택stack 추상화(SML 시그니처)에서 볼 수 있다. 이 스택 추상화를 SML이 기본 제공하는 내장 리스트 타입을 통해 구현할 수도 있고(그림 2.2), 직접 데이터 타입을 정의해 구현할 수도 있다(그림 2.3).

```
signature¹ STACK =
sig
  type 'a² Stack

  val empty   : 'a Stack
  val isEmpty : 'a Stack -> bool

  val cons    : 'a * 'a Stack -> 'a Stack
  val head    : 'a Stack -> 'a        (* 스택이 비어 있으면 Empty 예외
발생시킴 *)
  val tail    : 'a Stack -> 'a Stack    (* 스택이 비어 있으면 Empty 예외
발생시킴 *)
end
```

그림 2.1 스택 추상화를 표현한 시그니처

---

1   SML에서 signature는 모듈의 시그니처(모듈이 제공하는 이름과 타입 정보)를 정의하는 데 쓰인다. signature로 선언된 것을 structure로 구현하고, open으로 불러오거나, 구현.함수( )처럼 전체 이름으로 해당 모듈이 제공하는 기능을 사용할 수 있다. – 옮긴이

2   SML에서 'a는 그리스 문자 α를 뜻한다. 함수형 언어에 대한 문헌에서 보통 다형성이 있는 타입의 타입 파라미터 (type parameter)를 표현할 때 그리스 문자를 사용하는데, 아스키 키보드에서 그리스 문자를 입력할 수 없으므로 'a를 사용한다. – 옮긴이

```
structure List: STACK =
struct
  type 'a Stack = 'a list

  val empty = [ ]
  fun isEmpty s = null s

  fun cons (x, s) = x :: s
  fun head s = hd s
  fun tail s = tl s
end
```

그림 2.2 스택 추상화를 SML 내장 리스트 타입으로 구현

```
structure CustomStack: STACK =
struct
  datatype 'a Stack = NIL | CONS of 'a * 'a Stack

  val empty = NIL
  fun isEmpty NIL = true | isEmpty _ = false

  fun cons (x,s) = CONS(x,s)
  fun head NIL = raise Empty
    | head (CONS (x,s)) = x
  fun tail NIL = raise Empty
    | tail (CONS (x,s)) = s
end

(* 스트럭처를 open 하지 않고 사용하는 경우 다음과 같이 쓴다. *)
val emptyList = List.empty
val oneList = List.cons(1, emptyList)
val remains = List.tail(oneList)
```

그림 2.3 스택 추상화를 직접 정의한 데이터 타입을 사용해 구현

STACK에 들어 있지는 않지만 리스트에서 자주 볼 수 있는 일반적인 함수로 ++를 들 수 있다. ++는 두 리스트를 서로 연결(concatenation 또는 append)한다. 명령형 방식에서는 리스트의 첫 셀과 마지막 셀에 대한 포인터를 유지함으로써 $O(1)$만에 두 리스트를 이어 붙일 수 있다. 그런 포인터가 있다면 첫 번째 리스트의 마지막 셀이 두 번째 리스트의 첫 번째 셀을 가리키도록 변경함으로써 ++를 쉽게 구현할 수 있다. 이런 방식의 연산을 그림 2.4에서 볼 수 있다. 이 연산

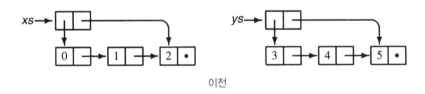

이전

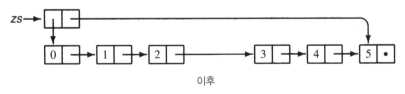

이후

그림 2.4 zs = xs ++ ys를 명령형 방식으로 처리하는 과정. ++ 연산이 xs와 ys를 파괴한다는 점에 유의하라.

이 인자로 받은 두 리스트를 모두 파괴한다는 점에 유의하라. zs = xs ++ ys를 하고 나면 xs와 ys를 재사용할 수 없다.

함수형 방식에서는 첫 번째 리스트의 마지막 셀을 이런 식으로 변경할 수 없다. 대신 우리는 마지막 셀을 복사하면서, 복사본에서 다음 셀을 가리키는 (꼬리) 포인터가 두 번째 리스트의 첫 셀을 가리키게 만든다. 그런 다음, 끝에서 두 번째 셀을 복사하면서 꼬리 포인터가 방금 생긴 마지막 셀의 복사본을 가리키게 한다. 이런 과정을 첫 번째 리스트를 모두 다 복사할 때까지 반복한다. 이 과정을 일반적으로 구현하면 다음과 같다.

```
(* ++를 중위 연산자, 우선순위 3으로 선언 *)
(* 우선순위는 0부터 9까지. 0이 가장 낮음 *)
infix 3 ++

fun xs ++ ys = if isEmpty xs then ys else cons (head xs, tail xs ++ ys)
```

구현에 사용하는 하위 구조를 잘 알고 있다면(예를 들어, SML 내장 리스트를 사용한다는 등), 패턴 매치를 사용해 다음과 같이 작성할 수도 있다.

```
infix 3 ++
fun [] ++ ys = ys
  | (x :: xs) ++ ys = x :: (xs ++ ys)
```

그림 2.5는 두 리스트를 붙이는 과정을 보여준다. ++ 연산이 끝나도 결과인 zs는 물론 원본인 xs와 ys도 마음껏 사용할 수 있음에 유의하라. 따라서 이 경우 영속성이 생겨나는 대신 복사에 $O(n)$이라는 추가 비용이 든다.[3]

물론 이런 식으로 구현하면 복사가 엄청나게 많이 일어난다. 실제로는 두 번째 리스트인 ys를 복사할 필요는 없다. 대신 ys는 zs와 노드를 공유한다. 복사와 공유라는 개념을 보여주는 또 다른 예로 update를 들 수 있다. update 함수는 리스트에서 주어진 인덱스index(첨자 또는 색인)에 해당하는 원소의 값을 바꾼

---

3   10장과 11장에서 영속성은 그대로 남겨둔 채 $O(1)$ 시간에 ++를 구현하는 방법을 살펴본다.

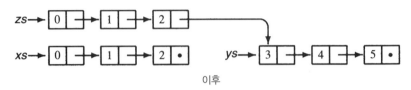

그림 2.5 함수형 환경에서 zs = xs ++ ys를 실행하기. 이 연산을 수행한 다음에도 인자 목록의 xs와 ys가 영향을 받지 않는다는 사실에 유의하라.

다. 이 함수를 다음과 같이 구현할 수 있다.

```
fun update ([], i, y) = raise SUBSCRIPT
  | update (x :: xs, 0, y) = y :: xs
  | update (x :: xs, i, y) = x :: update (xs, i-1, y)
```

여기서도 인자로 주어진 리스트 전체를 복사할 필요는 없다. 대신 변경해야 할 노드(i번째 노드)와 그 노드를 직간접적으로 가리키는 노드들을 복사한다. 다시 말해, 한 노드를 변경하려면 리스트의 시작부터 변경할 대상 노드에 이르는 경로에 있는 모든 노드를 변경한다. 이 경로에 있지 않은 다른 노드들은 모두 원본과 변경본에서 공유된다. 그림 2.6은 노드가 5개인 리스트에서 3번째 노드를 변경한 경우를 보여준다. 앞으로부터 3개의 노드를 복사하고 나머지 2개는 공유한다.

> **(!) 일러두기**
>
> 복사와 공유를 활용하는 방식으로 프로그램을 작성하는 경우 자동 쓰레기 수집garbage collection을 사용하면 쾌적하게 코딩할 수 있다. 더 이상 사용하지 않는 복사본이 차지하는 메모리를 재활용하는 일이 중요해지지만 노드 공유가 너무 흔하게 일어나기 때문에 수동으로 메모리를 관리하기는 어렵다.

이전

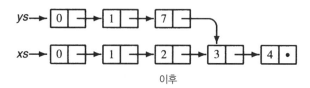

이후

그림 2.6 ys = update(xs, 2, 7)의 실행. xs와 ys 사이에 노드 공유가 일어남에 유의하라.

📝 **연습문제 2.1**

'a list -> 'a list 타입의 함수 suffixes를 작성하라. 이 suffixes 함수는 xs라는 리스트를 받아서 xs의 모든 접미사를 길이가 점점 짧아지는 순서로 반환해야 한다. 예를 들면 다음과 같다.

suffixes [1,2,3,4] = [[1,2,3,4], [2,3,4], [3,4], [4], []]

함수 suffixes가 결과 리스트를 $O(n)$ 시간 만에 만들어내며, $O(n)$ 공간만을 사용해 이를 표현할 수 있음을 증명하라.

2.2 이진 검색 트리

노드에 포인터가 2개 이상 있다면 더 복잡한 공유 패턴이 생긴다. 이진 검색 트리BST, binary search tree가 그런 공유 패턴을 잘 보여준다.

이진 검색 트리는 원소들이 대칭적 순서symmetric order를 따라 저장된 이진 트리를 말한다. 대칭적 순서란 어떤 노드에 저장된 값이 그 노드의 왼쪽 하위 트리

subtree에 들어 있는 모든 값보다 크고 그 노드의 오른쪽 하위 트리에 들어 있는 모든 값보다 작다는 뜻이다. 이를 다음 SML 타입으로 표현할 수 있다.

```
datatype Tree = E | T of Tree * Elem * Tree
```

여기서 원소 Elem의 타입인 T는 모든 원소의 순서가 정해지는totally-ordered 타입이어야 한다.[4]

> **(!) 일러두기**
>
> 이진 검색 트리는 어떤 특성(순서가 완전히 정해짐)을 만족하는 타입의 값만 원소로 받아들일 수 있기 때문에 원소 타입에 대해 완전히 다형적polymorphic이지는 않다. 하지만 그렇다고 각 원소 타입에 대해 이진 검색 트리를 매번 다시 정의해야 하는 것은 아니다. 대신 이진 검색 트리의 원소 타입이 크기를 비교하는 함수를 제공하도록 만들 수 있다. 언어마다 약간씩 제공하는 방식이 다른데, SML은 펑터functor(그림 2.9)를 사용하고 하스켈은 타입 클래스type class를 사용한다.

집합을 구현하기 위해 이 트리 표현을 사용할 것이다. 하지만 타입 생성자인 T에 필드를 추가하면 쉽게 다른 추상화(예: 유한한 맵)나 더 멋진 기능(예: i번째로 작은 원소를 찾기)을 구현할 수 있다.

그림 2.7은 집합의 최소 시그니처를 보여준다. 이 시그니처에는 빈 집합을 표현하는 함수와 새 원소를 추가하는 연산자, 원소의 포함 여부를 테스트하는 연산자가 들어 있다. 더 실제적인 구현에는 원소 삭제나 모든 원소를 열거하는 등 다양한 연산이 필요할 것이다.

---

4 어떤 이항 관계(binary relation) ⟨=와 집합 S가 있고, ⟨=이 반사성(reflexity), 반대칭성(anti-symmetry), 추이성(transitivity), 비교 가능성(comparability, S의 모든 원소 a, b에 대해 a ⟨= b나 a ⟩= b가 정의됨)을 만족할 때 이 집합 S를 ⟨=의 의해 순서가 완전히 정해지는 집합(totally ordered set)이라 부른다. 참고로 비교 가능성이 없이 나머지 세 가지만 만족하는 경우 부분적으로 순서가 정해지는 집합(partially ordered set)이다. – 옮긴이

```
signature SET =
sig
  type Elem
  type Set

  val empty  : Set
  val insert : Elem * Set -> Set
  val member : Elem * Set -> bool
end
```

그림 2.7 집합의 시그니처

member 함수는 주어진 원소를 트리 루트와 비교하면서 트리 검색을 시작한
다. 질의한 값이 트리 루트보다 작다면 재귀적으로 왼쪽 하위 트리를 검색한다.
반대로 질의한 값이 트리 루트보다 크면 오른쪽 하위 트리를 재귀적으로 검색
한다. 질의한 값과 트리 루트가 같다면 true를 반환한다. 빈 트리에 도착했다면
질의한 값과 같은 원소가 트리에 없으므로 false를 반환한다.

```
fun member (x, E) = false
  | member (x, T(a, y, b)) =
    if x < y then member (x, a)
    else if x > y then member (x, b)
    else true
```

(!) 일러두기

단순화를 위해 비교 함수가 <와 >라고 가정했다. 하지만 (SML에서는) 그
림 2.9처럼 비교 함수는 펑터의 인자로 전달돼야 하므로, <와 >는 정수
등 기본 타입을 비교하도록 남겨두고 leq, lt 같은 이름을 사용하는 것이
더 편리하다.

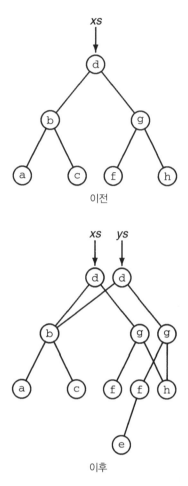

이전

이후

그림 2.8 ys = insert("e", xs)를 실행하는 과정. 여기서도 xs와 ys 사이에 데이터 공유가 일어남에 유의하라.

insert 함수는 member와 마찬가지 전략을 사용해 트리를 검색한다. 다만, 검색을 진행하는 동안 방문하는 노드를 복사한다는 점이 member와 다르다. 빈 노드에 도착하면 insert는 그 빈 노드를 새로운 원소가 들어 있는 노드로 바꾼다.

```
fun insert (x, E) = T (E, x, E)
  | insert (x, s as T (a, y, b)) =
```

```
if x < y then T (insert(x, a), y, b)
else if x > y then T (a, y, insert (x, b))
else s
```

```
signature ORDERED =
(* 완전히 순서가 정해지는 타입과 그 타입의 값에 대한 비교 함수들 *)
sig
  type T

  val eq  : T * T -> bool
  val lt  : T * T -> bool
  val leq : T * T -> bool
end

functor UnbalancedSet (Element: ORDERED): SET =
struct
  type Elem = Element.T
  datatype Tree = E | T of Tree * Elem * Tree
  type Set = Tree

  val empty = E

  fun member (x, E) = false
    | member (x, T (a, y, b)) =
      if Element.lt (x, y) then member (x, a)
      else if Element.lt (y, x) then member (x, b)
      else true

  fun insert (x, E) = T (E, x, E)
    | insert (x, s as T (a, y, b)) =
      if Element.lt (x, y) then T (insert (x, a), y, b)
      else if Element.lt (y, x) then T (a, y, insert (x, b))
      else s
end
```

그림 2.9 SML 펑터로 구현한 이진 검색 트리

그림 2.8은 전형적인 삽입 연산을 보여준다. 복사되는 모든 노드는 하위 트리 중 하나(검색 대상이 아닌 쪽의 하위 트리)를 원래의 트리와 공유한다. 대부분의 경우 검색 경로는 전체 트리의 노드 중 극히 일부만을 포함한다. 따라서 대부분의 노드는 공유된 하위 트리에 들어 있다.

그림 2.9는 SML 펑터^{functor}를 사용해 이진 검색 트리를 구현한 것을 보여준다.[5] 이 펑터는 원소 타입과 그 타입이 지원해야 하는 비교 연산을 파라미터로 받는다. 비교 연산을 지원하는 타입을 파라미터로 사용할 일이 많기 때문에(예: 연습문제 2.6), 이를 ORDERED라는 별도의 시그니처로 만들어서 스트럭처가 그 시그니처를 따르도록 만들었다.

✏ 연습문제 2.2(앤더슨[And91])

최악의 경우 member 함수는 약 $2d$번 비교를 수행한다. 여기서 d는 트리의 깊이다. 질의 대상 원소와 같을지도 모르는 후보 원소(말하자면 <가 false를 반환하거나, ≤가 true를 반환한 마지막 원소)들을 추적하고, 트리의 리프에서만 동등성을 체크하게 만듦으로써 최대 $d + 1$번만 비교를 수행하도록 member를 다시 작성하라.

✏ 연습문제 2.3

이진 검색 트리에 이미 존재하는 원소를 넣으면, 그 원소를 기존 원소와 구분할 방법이 없어도 비교 경로에 있는 모든 원소를 복사하게 된다. 이런 복사를 피하기 위해 예외를 사용하도록 insert를 재작성하라. 반복을 1회 할 때마다 예외 핸들러를 설정하지 말고, 삽입 1회에 대해 예외 핸들러를 1개만 설정하라.

---

5 SML에서 다른 타입을 인자로 받아서 스트럭처를 반환하는 모듈이 펑터다. 이름은 같지만 함수형 프로그래밍에서 일반적으로 말하는 펑터(매핑 함수인 map을 지원하는 타입 클래스)와는 구분해야 한다. - 옮긴이

연습문제 2.2와 2.3의 아이디어를 합쳐서 불필요한 복사를 하지 않으면서 비교도 $d + 1$번보다 많이 하지 않는 insert를 작성하라.

여러 객체 사이뿐 아니라, 단일 객체 안에서도 공유가 도움이 될 수 있다. 예를 들어, 어떤 노드의 두 하위 트리가 동일하다면 그들을 같은 트리로 표현할 수 있다.

(a) 이 아이디어를 사용해 Elem * int -> Tree 타입인 함수 complete 를 만들어라. complete(x, d)는 모든 노드에 x가 들어 있는 깊이 d 인 트리를 만든다(물론 이 함수는 집합을 추상화한다는 관점에서는 전혀 의미가 없다). 이 함수는 $O(d)$ 시간에 작동해야 한다.

(b) complete 함수를 확장해서 임의 크기의 균형 잡힌 트리를 만들게 하라. 이 complete가 만드는 트리는 완전한 이진 트리일 필요는 없지만 가능한 한 균형이 잡혀야 한다. 즉, 어떤 노드를 선택하더라도 그 노드의 두 하위 트리의 크기 차이가 최대 1이어야 한다. 이 함수는 $O(\log n)$ 시간에 실행돼야 한다(힌트: 주어진 크기 m에 대해 한쪽은 크기가 m이고, 다른 쪽은 크기가 m + 1인 트리 쌍을 만들어내는 create2라는 도우미 함수를 사용하라).

UnbalancedSet 펑터를 변경해서 집합이 아니라 유한한 맵map을 지원하게 만들어라. 그림 2.10은 유한 맵의 최소 시그니처를 보여준다(NotFound 예외가 SML에 없기 때문에 여러분이 직접 정의해야 한다. 이 예제를 FiniteMap 시그니처의 일부분으로 만들 수도 있지만 그보다는 별도로 정의하는 게 더 낫다. FiniteMap 시그니처의 일부분으로 만들면 각각의 유한 맵이 서로 다른 NotFound 예외를 사용하지만, 별도로 정의하면 모든 유한 맵이 같은 예외를 사용할 수 있다).

```
signature FINITEMAP =
sig
  type Key
  type 'a Map

  val empty  : 'a Map
  val bind   : Key * 'a * 'a Map -> 'a Map
  val lookup : Key * 'a Map -> 'a (* 키를 못 찾으면 NotFound를 발생시킨다.
*)
end
```

그림 2.10 유한 맵의 시그니처

2.3 참고사항

마이어스Myers[Mye82, Mye84]는 영속적인 이진 검색 트리(그의 경우 AVL 트리)를 구현하기 위해 복사와 공유를 사용했다. 사나크Sarnak와 타잔Tarjan은 [ST86a]에서 영향을 받는 모든 노드를 복사하는 방식으로 영속적인 데이터 구조를 구현하는 일반적인 기법에 경로 복사path copying라는 용어를 처음 붙였다. 영속적인 데이터 구조를 만드는 다른 일반적인 기법으로는 드리스콜[Driscoll], 사나크, 슬리터[Sleator], 타잔의 기법[DSST89]과 디에츠[Dietz]의 기법[Die89]이 있다. 하지만 이 기법들은 완전히 함수적인 기법은 아니다.

이미 잘 알려져 있는
데이터 구조의 함수형 구현

많은 명령형 데이터 구조들은 함수형 환경에 적용하기 어렵거나 불가능하다. 하지만 몇몇은 꽤 쉽게 적용이 가능하다. 3장에서는 명령형 환경에서 자주 다루는 데이터 구조 세 가지를 다시 살펴본다. 첫 번째로 다룰 레프티스트 힙leftist heap은 명령형에서나 함수형에서나 아주 간단하지만, 다른 두 가지인 이항 큐binomial queue와 적흑 트리red-black tree는 명령형 환경에서 구현할 때도 포인터를 조작하는 과정에서 꼬여서 악몽 같은 일이 벌어지는 경우가 흔할 정도로 상당히 복잡하다. 반면 이 두 데이터 구조를 함수형으로 구현하면 문제가 생기기 쉬운 포인터 조작 없이 추상화할 수 있고, 고차원적인 아이디어를 직접 반영할 수 있다. 이런 데이터 구조를 함수형으로 구현해서 얻을 수 있는 좋은 점은 영속성을 공짜로 얻을 수 있다는 것이다.

3.1 레프티스트 힙

집합과 유한 맵은 일반적으로 임의의 원소에 효율적으로 접근할 수 있도록 지원한다. 하지만 때로는 최소^{minimum} 원소에만 효율적으로 접근하면 되는 경우도 있다. 이런 접근을 제공하는 데이터 구조로는 우선순위 큐$^{priority\ queue}$나 힙^{heap}이 있다. FIFO 큐와 우선순위 큐를 혼동하는 경우를 막기 위해 우리는 힙이라는 이름을 사용할 것이다. 그림 3.1은 힙의 간단한 시그니처를 보여준다.

> ⓘ 일러두기
>
> 집합의 시그니처(그림 2.7)와 힙의 시그니처를 비교해보면, 힙에서는 원소 간의 순서 관계가 시그니처에 포함된 반면 집합에서는 그렇지 않다는 것을 알 수 있다. 이런 불일치는 의미상 힙에서는 원소 간의 크기 비교가 필수적인 반면 집합에서는 그렇지 않기 때문이다. 반면 누군가가 집합에서는 동등성^{equality} 관계가 필수적이므로 시그니처에 꼭 동등성을 포함시켜야 한다고 주장한다면 그 주장은 상당히 수긍할 만하다.

```
signature HEAP =
sig
  structure Elem: ORDERED

  type Heap

  val empty    : Heap
  val isEmpty  : Heap -> bool

  val insert   : Elem.T * Heap -> Heap
  val merge    : Heap * Heap -> Heap

  val findMin   : Heap -> Elem.T (* 힙이 비어 있으면 Empty 예외를 발생시킨다. *)
  val deleteMin : Heap -> Heap   (* 힙이 비어 있으면 Empty 예외를 발생시킨다. *)
end
```

그림 3.1 힙(우선순위 큐)의 시그니처

힙은 종종 힙 순서[heap-order]에 따른 트리로 구현된다. 힙 순서를 따르는 트리의 경우 모든 노드의 원소는 자신의 자식 노드들보다 더 크지 않다. 이런 순서를 지키면 트리에서 가장 작은 원소는 항상 트리의 루트가 된다.

레프티스트 힙[Cra72, Knu73a]은 레프티스트 성질[leftist property]을 만족하는 힙 순서를 지키는 트리다. 레프티스트 성질이란 어떤 노드의 왼쪽 자식의 랭크[rank]가 오른쪽 자식의 랭크보다 크거나 같다는 뜻이다. 노드의 랭크는 오른쪽 스파인[right spine](등뼈라는 뜻. 대상 노드로부터 빈 노드에 이르는 가장 오른쪽 경로)의 길이로 정해진다. 이 레프티스트 성질에서 비롯되는 당연한 사실 중 하나는 어떤 노드의 오른쪽 스파인은 항상 빈 노드[1]에 이르는 가장 최단 경로라는 점이다.

📝 **연습문제 3.1**

크기가 n인 레프티스트 힙의 오른쪽 스파인에는 항상 최대 $\lfloor \log(n + 1) \rfloor$ 원소가 들어 있음을 증명하라.[2]

순서가 정해지는 원소들로 이뤄진 스트럭처 Elem에 대해 레프티스트 힙은 랭크 정보가 추가된 이진 트리로 표현할 수 있다.

```
datatype Heap = E | T of int * Elem.T * Heap * Heap
```

레프티스트 힙의 오른쪽 스파인상에 있는 원소들은 정렬된 순서로 저장된다(실제로는 어떤 힙 순서를 지키는 트리의 경우에도 이 성질이 성립한다). 레프티스트 힙에 담겨 있는 직관은 두 힙을 병합할 때, 정렬된 리스트를 병합하는 것처럼 오른쪽 스파인들을 가지고 병합하는 과정에서 레프티스트 성질을 만족하도록 각 노드의 자식들을 교환하는 것이다. 이 과정을 다음과 같이 구현할 수 있다.

---

1 힙의 루트에서부터 계속 부모 자식 관계를 쫓아 내려가다 보면 맨 아래쪽 말단을 표시하는 빈 노드가 있어야 한다. – 옮긴이

2 '들어가며'에서도 언급했지만, 이 책에서 log는 특별히 이야기하지 않으면 밑이 2인 로그를 뜻한다. – 옮긴이

```
fun merge (h, E) = h
  | merge (E, h) = h
  | merge (h1 as T (_, x, a1, b1), h2 as T (_, y, a2, b2)) =
      if Elem.leq (x, y) then makeT (x, a1, merge (b1, h2))
      else makeT (y, a2, merge (h1, b2))
```

여기서 makeT는 T 노드의 랭크를 계산하면서 필요할 때 자식을 서로 맞바꾸는 도우미 함수다.

```
fun rank E = 0
  | rank (T (r, _, _, _)) = r

fun makeT (x, a, b) = if rank a >= rank b then T (rank b+1, x, a, b)
                      else T (rank a+1, x, b, a)
```

트리의 오른쪽 스파인의 길이가 트리 깊이의 로그에 비례하기 때문에 merge는 $O(\log n)$ 시간으로 실행된다.

이제 효율적인 merge 함수가 있으므로 나머지 함수 구현은 단순하다. insert 는 노드가 1개뿐인 새로운 트리를 만들고 그 트리를 기존 힙에 병합한다. findMin은 루트 원소를 반환하고, deleteMin은 루트 원소를 제거하고 루트의 두 자식을 병합한다.

```
fun insert (x, h) = merge (T (1, x, E, E), h)
fun findMin (T (_, x, a, b)) = x
fun deleteMin (T (_, x, a, b)) = merge (a, b)
```

merge가 $O(\log n)$이므로, insert와 deleteMin도 $O(\log n)$이다. findMin이 $O(1)$인 것은 자명하다. 레프티스트 힙의 완전한 구현은 그림 3.2에 있다. 펑터 는 순서가 정해지는 원소를 표현하는 스트럭처를 파라미터로 받는다.

```
functor LeftistHeap (Element: ORDERED): HEAP =
struct
  struct Elem = Element

  datatype Heap = E | T of int * Elem.T * Heap * Heap

  fun rank E = 0
    | rank (T (r, _, _, _)) = r
  fun makeT (x, a, b) = if rank a >= rank b then T (rank b+1, x, a, b)
                        else T (rank a+1, x, b, a)

  val empty = E
  fun isEmpty E = true | isEmpty _ = false

  fun merge (h, E) = h
    | merge (E, h) = h
    | merge (h1 as T (_, x, a1, b1), h2 as T (_, y, a2, b2)) =
      if Elem.leq (x, y) then makeT (x, a1, merge (b1, h2))
      else makeT (y, a2, merge (h1, b2))

  fun insert (x, h) = merge (T (1, x, E, E), h)

  fun findMin E = raise Empty
    | findMin (T (_, x, a, b)) = x
  fun deleteMin E = raise Empty
    | deleteMin (T (_, x, a, b)) = merge (a, b)
end
```

그림 3.2 레프티스트 힙

구현에서 중요하지 않은 세부사항으로 독자들의 이해를 방해하는 일이 없도록 이 책에서 설명 중간중간 코드 조각을 보여줄 때는 오류가 날 수 있는 경우를 무시하기도 한다. 예를 들어 44페이지의 코드에서 findMin, deleteMin을 빈 힙에 대해 호출하는 경우는 따로 표기하지 않았다. 하지만 그림 3.2처럼 완전한 구현을 표시할 때는 오류가 나는 부분도 포함시켜 보여준다.

✍ 연습문제 3.2

merge를 호출하지 말고 insert를 직접 구현하라.

✍ 연습문제 3.3

원소들이 순서와 관계없이 섞여 있는 리스트로부터 레프티스트 힙을 생성해내는 Elem.T list -> Heap 타입인 formList 함수를 구현하라. 이때 처음에는 각 원소를 원소가 1개뿐인 힙으로 변환하고, 각 힙들을 서로 병합해 하나의 힙으로 만들어라. 왼쪽에서 오른쪽이나 오른쪽에서 왼쪽 방향으로 한 번에 하나씩 foldl, foldr을 사용해 병합하지 말고, 인접한 힙을 둘씩 병합하는 단계를 $\lceil \log n \rceil$번 수행하는 방식으로 힙을 병합하라. 이 fromList의 실행 복잡도가 $O(n)$에 불과함을 보여라.

연습문제 3.4(조^{cho}, 사니^{Sahni}[CS96])

가중치에 의해 치우친 레프티스트 힙^{WBLH, weight-biased leftist heap}은 레프티스트 성질을 가중치에 의해 치우친 레프티스트 성질로 바꾼 힙이다. 그 성질은 왼쪽 자식의 크기(랭크가 아님)가 오른쪽 자식의 크기보다 크거나 같다는 성질이다.

(a) WBLH의 오른쪽 스파인에는 최대 $\lfloor \log(n + 1) \rfloor$ 원소가 들어 있음을 보여라.

(b) 그림 3.2의 구현을 변경해 WBLH를 만들어라.

(c) 현재 merge는 두 단계로 이뤄진다. 첫 단계는 merge를 재귀 호출해 가면서 트리를 내려가는(하향식^{top-down}) 단계이고, 두 번째 단계는 도우미 함수인 makeT를 호출하면서 아래로부터 위로 올라오며(상향식 ^{bottom-up}) 트리를 재구축하는 단계다. merge를 변경해서 WBLH가 단 한 단계(하향식)만 거쳐 힙을 병합하게 만들어라.

(d) 지연 계산^{lazy evaluation}이 이뤄지는 환경에서 하향식 버전의 장점은 무엇일까? 동시성 환경에서는 하향식 방법이 어떤 장점이 있을까?

3.2 이항 힙

힙 구현 중 자주 쓰이는 것으로는 이항 큐^{binomial queue}가 있다[Vui78, Bro78]. FIFO 큐와의 혼동을 막기 위해 이를 이항 힙^{binomial heap}이라 부를 것이다. 이항 힙은 레프티스트 힙보다 더 복잡하고, 한눈에 알 수 있는 장점도 없어 보인다. 하지만 이 책의 뒷부분에서 여러 변형 이항 힙에 대해 insert와 merge를 $O(1)$에 실행되도록 만들 수 있음을 보일 것이다.

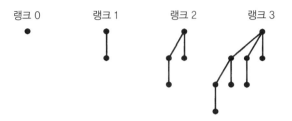

그림 3.3 랭크 0~3인 이항 트리

이항 힙은 이항 트리라는 더 기본이 되는 객체들로 구성된다. 이항 트리는 다음 성질에 의해 귀납적으로 정의된다.

- 랭크가 0인 이항 트리는 노드가 하나뿐인 트리^{singleton}다.
- 랭크가 $r + 1$인 이항 트리는 랭크가 r인 이항 트리를 2개 연결^{linking}하되, 두 트리 중 하나를 다른 트리의 가장 왼쪽 자식으로 만드는 방식으로 연결해 만들어진다.

이 정의로부터 랭크 r인 이항 트리의 노드가 정확히 2^r개임을 쉽게 보일 수 있다. 또한 가끔 유용하게 쓰일 수 있는 다른 이항 트리 정의가 있다. 그 정의는 바로 "랭크가 r인 이항 트리는 r개의 자식이 있는 노드가 루트인 트리로, 자식들 t_1, t_2, ..., t_r 중 각 t_i의 랭크는 $r - i$이다."라는 것이다. 그림 3.3은 랭크 0부터 랭크 3까지 이항 트리를 보여준다. 두 번째 정의를 따라 살펴보면 랭크 3인 트리의 첫 번째 자식 t_1은 랭크가 2인 트리, t_2는 랭크가 1인 트리, t_3은 랭크가 0인 트리임을 알 수 있다.

이항 트리의 노드는 원소와 자식 트리들의 리스트로 표현할 수 있다. 편의상 각 노드에 랭크를 붙인다.

```
datatype Tree = Node of int * Elem.T * Tree list
```

자식 리스트는 랭크가 큰 것부터 작은 쪽으로 정렬된 순서를 유지하고, 원소들은 힙 순서를 지키며 저장된다. 힙 순서를 유지하기 위해서는 루트 원소가 더 큰 트리를 루트 노드가 더 작은 트리의 가장 왼쪽, 즉 첫 번째 자식으로 만들어야 한다.

```
fun link (t1 as Node (r, x1, c1), t2 as Node (_, x2, c2)) =
    if Elem.leq(x1, x2) then Node (r+1, x1, t2::c1)
    else Node(r+1, x2, t1::c2)
```

이항 트리에서 트리를 연결할 때는 항상 같은 랭크의 트리를 연결한다.

이제 이항 힙을 정의해보자. 이항 힙은 합 순서를 지키는 이항 트리들로 이뤄진 컬렉션이다. 이때 어느 두 이항 트리도 같은 랭크일 수 없다. 이 컬렉션을 랭크가 점점 커지는 트리들로 이뤄진 리스트로 표현한다.

```
type Heap = Tree list
```

각 이항 트리에는 2^r개의 원소가 들어 있고, 이항 힙에 속한 어떤 트리도 서로 랭크가 같을 수는 없으므로, 크기가 n인 이항 힙의 트리들은 정확히 n을 이진수로 표현한 것의 각 비트와 대응시킬 수 있다. 예를 들어 21은 이진수로 10101이므로, 크기가 21인 이항 힙은 랭크 0인 트리 1개, 랭크 2인 트리 1개, 랭크 4인 트리 1개(각각의 크기는 1, 4, 16)로 구성된다. 여기서 n을 이진수로 표현하면 최대 $\lfloor \log(n + 1) \rfloor$개의 값이 1인 비트가 필요한 것처럼, 크기가 n인 이항 힙은 최대 $\lfloor \log(n + 1) \rfloor$개의 트리를 포함한다.

이제 이항 힙에 대한 함수를 설명할 준비가 됐다. 처음에 insert와 merge부터 시작한다. 이들은 이진수를 증가시키거나 더하는 것에 비유할 수 있다(이런 비유를 9장에서 더 자세히 다룰 것이다). 새 원소를 힙에 넣으려면 우선 원소가 1개인 트리(즉, 랭크 0인 이항 트리)를 만든다. 그 후 힙에 들어 있던 기존 트리들을 랭크가 작은 것부터 차례대로 연결한다. 따라서 랭크가 같은 트리를 차례로 서로 연결해야 하는데, 이 작업을 빠진 랭크를 처음 발견할 때까지 진행한다. 각 연결은 2진 연산에서 올림[carry]을 전달하는 것에 해당한다.

```
fun rank (Node (r, x, c)) = r
fun insTree (t, []) = [t]
  | insTree (t, ts as t' :: ts') =
      if rank t < rank t' then t::ts else insTree (link (t, t'), ts')
fun insert (x, ts) = insTree (Node (0, x, []), ts)
```

최악의 경우는 힙 크기 $n = 2^k - 1$일 때 발생하며, 이때 연결을 k번 수행해야
하고, $O(k) = O(\log n)$ 시간이 걸린다.

두 힙을 병합하려면, 랭크에 따라 오름차순으로 정렬된 트리의 리스트 둘을
앞에서부터 차례로 살펴보면서 랭크가 같은 트리들을 연결하면 된다. 여기서도
연결하는 작업은 이진 덧셈의 올림 전달에 해당한다.

```
fun merge (ts1, []) = ts1
  | merge ([], ts2) = ts2
  | merge (ts1 as t1 :: ts1', ts2 as t2::ts2') =
      if rank t1 < rank t2 then t1 :: merge(ts1', ts2)
      else if rank t2 < rank t1 then t2 :: merge (ts1, ts2')
      else insTree (link (t1, t2), merge (ts1', ts2'))
```

findMin과 deleteMin은 모두 removeMinTree라는 별도의 함수를 호출한다.
removeMinTree는 루트가 가장 작은 트리를 찾아서 리스트에서 그 트리를 제거
하고, 제거한 트리와 나머지 리스트를 반환한다.

```
fun removeMinTree [t] = (t, [])
  | removeMinTree (t :: ts) =
      let val (t', ts') = removeMinTree ts
      in if Elem.leq(root t, root t') then (t, ts) else (t', t::ts') end
```

이제 findMin은 이렇게 추출한 최소 트리의 루트를 반환하는 것으로 끝난다.

```
fun findMin ts = let val (t, _) = removeMinTree ts in root t end
```

deleteMin 함수는 좀 더 교묘하다. 찾아낸 트리의 루트를 제거하고 남은 자식 트리를 나머지 트리 리스트에 다시 돌려줘야 한다. 이때 남은 자식 트리를 표현하는 리스트는 거의 올바른 이항 힙이다. 이 리스트에는 이미 서로 랭크가 겹치지 않는 이항 트리들이 들어 있지만, 트리들의 순서가 랭크 오름차순이 아니라 내림차순이라는 점만 올바른 이항 힙 정의와 다를 뿐이다. 따라서 이 자식 리스트의 순서를 뒤집어서 올바른 이항 힙으로 만들고 나머지 트리 리스트와 병합하자.

```
fun deleteMin ts = let val (Node (_, x, ts1), ts2) = removeMinTree ts
                   in merge (rev ts1, ts2) end
```

그림 3.4에 이항 힙 전체 구현을 표시했다. 주요 연산 네 가지는 모두 최악의 경우 $O(\log n)$이다.

```
functor BinomialHeap(Element: ORDERED): HEAP =
struct
  structure Elem = Element

  datatype Tree = Node of int * Elem.T * Tree list
  type Heap = Tree list

  val empty = []
  fun isEmpty ts = null ts

  fun rank (Node (r, x, c)) = r
  fun root (Node (r, x, c)) = x
  fun link (t1 as Node (r, x1, c1), t2 as Node (_, x2, c2)) =
      if Elem.leq(x1, x2) then Node (r+1, x1, t2::c1)
      else Node(r+1, x2, t1::c2)
  fun insTree (t, []) = [t]
    | insTree (t, ts as t' :: ts') =
      if rank t < rank t' then t::ts else insTree (link (t, t'),
ts')
```

(이어짐)

```
    fun insert (x, ts) = insTree (Node (0, x, []), ts)
    fun merge (ts1, []) = ts1
      | merge ([], ts2) = ts2
      | merge (ts1 as t1 :: ts1', ts2 as t2::ts2') =
          if rank t1 < rank t2 then t1 :: merge(ts1', ts2)
          else if rank t2 < rank t1 then t2 :: merge (ts1, ts2')
          else insTree (link (t1, t2), merge (ts1', ts2'))

    fun removeMinTree [] = raise Empty
      | removeMinTree [t] = (t, [])
      | removeMinTree (t :: ts) =
          let val (t', ts') = removeMinTree ts
          in if Elem.leq(root t, root t') then (t, ts) else (t',
t::ts') end

    fun findMin ts = let val (t, _) = removeMinTree ts in root t end
    fun deleteMin ts =
          let val (Node (_, x, ts1), ts2) = removeMinTree ts
          in merge (rev ts1, ts2) end
end
```

그림 3.4 이항 힙

 연습문제 3.5

removeMinTree를 호출하지 않는 방식으로 findMin을 다시 정의하라.

연습문제 3.6

사실 본문 이항 힙의 대부분은 랭크 표기가 필요하지 않다. 랭크가 r인 노드의 자식들은 각각 랭크가 $r - 1, \ldots, 0$이라는 사실을 이미 알고 있기 때문이다. 따라서 각 노드에서 랭크 표기를 없애고, 이항 힙을 이루는 각 트리의 최상위에서만 랭크를 지정할 수 있다. 즉, 다음과 같이 할 수 있다.

```
datatype Tree = Node of Elem * Tree list
type Heap = (int * Tree) list
```

이 데이터 표현을 가지고 이항 힙을 다시 구현하라.

연습문제 3.7

레프티스트 힙이 이항 힙보다 분명히 더 나은 점 하나는 findMin의 시간 복잡도가 $O(\log n)$이 아니라 $O(1)$이라는 점이다. 다음 펑터 뼈대는 최소 원소를 나머지 힙과 분리함으로써 findMin의 실행 시간 복잡도를 $O(1)$로 개선한다.

```
functor ExplicitMin(H: HEAP): HEAP =
struct
  structure Elem = H.Elem
  datatype Heap = E | NE of Elem.T * H.Heap
  ...
end
```

이 펑터가 꼭 이항 힙에만 한정된 것이 아니고 어떤 힙이든 파라미터로 받을 수 있다는 점에 유의하라. findMin이 $O(1)$에 끝나고, insert, merge, deleteMin이 $O(\log n)$ 시간이 걸리도록 이 펑터를 완성하라(파라미터로 받는 H의 구현이 이 네 연산에 대해 $O(\log n)$ 이상의 시간 복잡도를 보장한다고 가정한다).

3.3 적흑 트리

2.2절에서 이진 검색 트리를 소개했다. 이런 트리들은 랜덤하거나 정렬되어 있지 않은 데이터에 대해 잘 작동하지만, 한 원소를 처리하는 데 $O(n)$이라는 시간이 걸리기 때문에 정렬된 데이터에 대한 성능은 아주 좋지 못하다. 이 문제의 해법은 각각의 트리를 거의 균형 잡힌 상태로 유지하는 것이다. 균형이 유지되면 연산이 $O(\log n)$ 안에 끝난다. 적흑 트리[GS78]는 가장 유명한 균형 잡힌 이진 검색 트리 중 하나다.

적흑 트리는 모든 노드에 빨간색이나 검은색 중 한 가지 색이 부여된 이진 검색 트리를 말한다. 2.2절에서 정의한 이진 검색 트리의 타입에 색 필드를 덧붙여 적흑 트리를 표현한다.

```
datatype Color = R | B
datatype Tree = E | T of Color * Tree * Elem * Tree
```

모든 빈 노드는 검은색으로 간주된다. 따라서 빈 트리를 나타내는 E 데이터 생성자에는 별도의 색 필드가 필요 없다.

모든 적흑 트리는 트리의 균형과 관련해 다음과 같은 두 가지 불변조건 invariant을 만족해야 한다.

불변조건 1. 빨간 노드는 빨간 노드를 자식으로 두지 않는다.

불변조건 2. 루트로부터 어떤 빈 노드에 이르는 모든 경로는 모두 같은 개수의 검은 노드를 포함한다.

이 두 조건을 함께 고려해보면, 이 두 조건이 적흑 트리의 가장 긴 경로의 길이가 가장 짧은 경로 길이의 최대 2배임을 보장한다. 가장 긴 경로는 적흑-적흑처럼 노드의 색이 번갈아 나타나는 경로이며, 가장 짧은 경로는 모두 검은 노드로만 이뤄진 경로다.

적흑 트리의 member 함수는 색을 무시한다. 따라서 T에 대한 패턴에서 색을 무시하기 위해 와일드카드(_)를 사용한다는 점을 제외하면 일반(균형을 따로 고려하지 않는) 이진 검색 트리와 적흑 트리의 member 구현은 동일하다.

```
fun member (x, E) = false
  | member (x, T (_, a, y, b)) =
    if x < y then member (x, a)
    else if x > y then member (x, b)
    else true
```

insert 함수는 앞에서 보인 두 가지 불변조건을 지켜야만 하기 때문에 더 재미있어진다.

```
fun insert (x, s) =
      let fun ins E = T (R, E, x, E)
          | ins (s as T (color, a, y, b)) =
              if x < y then balance (color, ins a, y, b)
              else if x > y then balance (color, a, y, ins b)
              else s
          val T (_, a, y, b) = ins s (* 빈 노드가 아님을 보장할 수 있다. *)
      in T (B, a, y, b) end
```

이 함수는 일반 이진 검색 트리의 insert 함수를 세 가지 측면에서 확장한다. 첫째, ins E에서 빈 노드에 원소를 추가할 때, 색을 빨간색으로 지정한다. 둘째, ins가 반환한 트리의 색이 어떤 색이든 관계없이, 마지막에 반환하는 루트의 색을 검은색으로 지정한다. 마지막으로, x < y이거나 x > y인 경우에 T 생성자를 호출하는 대신 balance 함수를 호출한다. balance 함수는 균형을 위한 불변조건을 만족해야 한다는 사실을 전파하는 부분(ins 호출)을 제외하면 T 생성자와 똑같이 작동한다.

새 노드를 빨간색으로 칠하면 불변조건 2를 유지할 수 있다(검은 노드가 추가되지 않으면 경로 내 검은 노드 개수가 바뀔 일도 없다). 하지만 새로 추가한 노드의 부모가 빨간 노드이면 불변조건 1에 위배된다. 한 번에 적-적 위반을 하나만 허

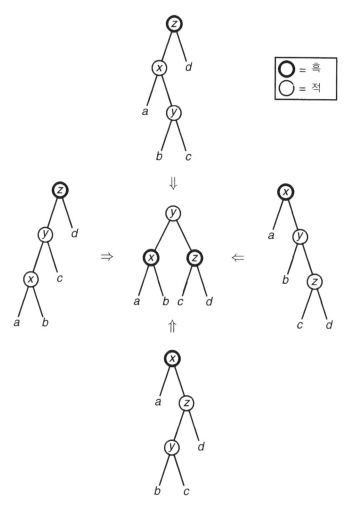

그림 3.5 적-적 위반 해결하기

용하고, 검색 경로를 거슬러 올라가면서 균형을 새로 맞추는 과정에서 이 (적-적) 위반을 전달한다. balance 함수는 검은 노드의 자식이 빨간 노드를 자식으로 하는 빨간 노드인 경우를 감지하고 수정한다. 이런 흑-적-적 경로가 발생할 수 있는 가능성은 두 빨간 노드가 오른쪽 자식인지 왼쪽 자식인지 여부에 따라 네 가지뿐이다. 그렇지만 해법은 네 가지 경우 모두 동일하다. 흑-적-적 경로를 빨간 노드가 부모이면서 두 자식이 모두 검은 노드가 되도록 바꿔 쓴다. 이런 변환을 그림 3.5에서 볼 수 있고, 이를 코드로 바꾸면 다음과 같다.

```
fun balance (B,T(R,T(R,a,x,b),y,c),z,d) = T(R,T(B,a,x,b),y,T(B,c,z,d))
  | balance (B,T(R,a,x,T(R,b,y,c)),z,d) = T(R,T(B,a,x,b),y,T(B,c,z,d))
  | balance (B,a,x,T(R,T(R,b,y,c),z,d)) = T(R,T(B,a,x,b),y,T(B,c,z,d))
  | balance (B,a,x,T(R,b,y,T(R,c,z,d))) = T(R,T(B,a,x,b),y,T(B,c,z,d))
  | balance body = T body
```

이 결과 만들어지는 (하위) 트리에 대해 두 불변조건이 성립하는지 검증하는 것은 그리 어렵지 않다.

> **(!) 일러두기**
>
> balance 함수의 네 절에서 우변은 모두 같다. 일부 SML 구현(특히 SML/NJ[New Jersey])은 우변이 같은 경우 여러 절의 패턴을 하나로 묶어서 사용할 수 있게 해주는 or 패턴[or-patterns]이라는 기능을 지원하기도 한다 [FB97]. 이 or 패턴을 쓰면 balance 함수를 다음과 같이 바꿀 수 있다.
>
> ```
> fun balance ( (B,T (R,T (R,a,x,b),y,c),z,d)
>             | (B,T (R,a,x,T (R,b,y,c)),z,d)
>             | (B,a,x,T (R,T (R,b,y,c),z,d))
>             | (B,a,x,T (R,b,y,T (R,c,z,d))) =
> T (R,T (B,a,x,b),y,T (B,c,z,d))
>   | balance body = T body
> ```

주어진 하위 트리의 균형을 잡은 후 그 하위 트리의 루트(빨간 노드)가 다시 다른 빨간 노드의 자식이 될 수도 있다. 따라서 이런 균형 잡는 작업을 검색 트리의 최상위 노드에 이르기까지 계속 반복해야 한다. 반복의 막바지에 보면 트리 최상위가 빨간 노드인데 빨간 자식이 있을 수 있다. 이럴 땐 검은 부모가 없으므로 balance에 썼던 방법을 쓸 수는 없다. 이런 경우에는 항상 루트 노드의 색을 검은색으로 바꿔서 문제를 해결한다.

적흑 트리의 구현은 그림 3.6과 같다.

⚡ 전문가를 위한 힌트

최적화를 하지 않더라도 여기 있는 이진 검색 트리가 이미 가장 빠른 검색 트리 중 하나다. 하지만 연습문제 2.2나 연습문제 3.10에 있는 최적화를 적절히 추가하면, 검색 속도가 광속으로 빨라질 것이다!

---

① 일러두기

여기서 설명한 구현이 전형적인 적흑 트리의 구현(예: [CLR90]의 14장)보다 훨씬 더 간단해진 이유 중 하나는 재균형 작업에서 트리를 변형하는 방법이 엄청나게 다르기 때문이다. 명령형 구현에서는 보통 여기 설명한 네 가지 위험한 경우를 여덟 가지의 경우로(빨간 노드가 자식인 빨간 노드의 형제 노드 색에 따라 두 가지 경우로 더 자세히 나눔) 나눠서 처리한다. 빨간 노드의 형제 노드의 색을 알면 변형 시 대입을 좀 더 적게 사용할 수 있고, 일부 경우에는 더 빨리 재균형 작업을 마무리할 수 있다. 하지만 함수형 환경에서는 어차피 처리 대상 노드를 복사할 것이므로 대입 횟수를 더 줄일 수 없고, 복사를 더 빨리 끝낼 수도 없다. 따라서 굳이 더 복잡한 변환 알고리즘을 사용할 이유가 없다.

```
functor RedBlackSet (Element: ORDERED): SET =
struct
  type Elem = Element.T

  datatype Color = R | B
  datatype Tree = E | T of Color * Tree * Elem * Tree
  type Set = Tree

  val empty = E

  fun member (x, E) = false
    | member (x, T (_, a, y, b)) =
      if Element.lt (x, y) then member (x, a)
      else if Element.lt (y, x) then member (x, b)
      else true

  fun balance (B,T(R,T(R,a,x,b),y,c),z,d) = T(R,T(B,a,x,b),y,T(B,c,z,d))
    | balance (B,T(R,a,x,T(R,b,y,c)),z,d) = T(R,T(B,a,x,b),y,T(B,c,z,d))
    | balance (B,a,x,T(R,T(R,b,y,c),z,d)) = T(R,T(B,a,x,b),y,T(B,c,z,d))
    | balance (B,a,x,T(R,b,y,T(R,c,z,d))) = T(R,T(B,a,x,b),y,T(B,c,z,d))
    | balance body = T body

  fun insert (x, s) =
      let fun ins E = T (R, E, x, E)
            | ins (s as T (color, a, y, b)) =
              if Element.lt (x, y) then balance (color, ins a, y, b)
              else if Element.lt (y, x) then balance (color, a, y, ins b)
              else s
          val T (_, a, y, b) = ins s  (* 빈 노드가 아님을 보장할 수 있다. *)
      in T (B, a, y, b) end
end
```

그림 3.6 적흑 트리

중복이 없이 정렬된 리스트를 적흑 트리로 변환하는 fromOrdList라는 함수(타입은 Elem list -> Tree)를 정의하라. 이 함수는 $O(n)$에 작동해야 한다.

현재 balance 함수는 불필요한 검사를 몇 가지 수행한다. 예를 들어 ins 함수가 왼쪽 자식에 대해 재귀 호출될 때는 오른쪽 자식과 관련해 적-적 위반을 검사할 필요가 없다.

(a) balance를 왼쪽 자식의 불변조건을 처리하는 lbalance와 오른쪽 자식의 불변조건을 처리하는 rbalance로 분리하라. ins에 있는 balance 호출을 lbalance와 rbalance 호출로 변경하라.

(b) 같은 로직을 한 단계 더 적용하면, 손자에 대한 테스트도 불필요해진다. ins를 검색 경로에 있지 않은 노드의 색을 검사하지 않도록 다시 작성하라.

3.4 참고사항

누네즈[Núñez], 팔라오[Palao], 페나[Peña]는 [NPP95]에서 레프티스트 힙의 구현을, 킹[King]은 [Kin94]에서 이항 힙의 구현을 하스켈로 설명했다. 적흑 트리 구현이 함수형 프로그래밍 관련 문헌에 나온 적은 없다. 하지만 AVL 트리[Mye82, Mye84, BW88, NPP95], 2-3 트리[Rea92], 가중치가 부여된 균형 트리[Ada93]에 대한 연구는 있었다.

크누스^{Knuth}[Knu73a]는 레프티스트 힙이라는 개념을 크레인^{Crane}이 [Cra72]에서 생각했던 데이터 구조를 단순화한 것으로 소개했다. 뷸레민 ^{Vuillemin}은 [Vui78]에서 이항 힙을 고안했고, 브라운^{Brown}은 [Bro78]에서 이 고 상한 데이터 구조(이항 힙)의 여러 특성을 연구했다. 구이바스^{Guibas}와 세지윅 ^{Sadgewick}은 [GS78]에서 여러 다른 균형 트리들을 설명하기 위한 일반적인 프레 임워크로서 적흑 트리를 제안했다.

04

지연 계산

지연 계산$^{\text{lazy evaluation}}$은 여러 함수형 언어의 기본 계산 전략이다(하지만 SML의 기본 계산 전략은 아니다). 이 전략에는 핵심 특성이 두 가지 있다. 첫째로 어떤 식의 값이 실제 필요해질 때까지는 그 식의 계산을 지연 또는 일시중단^{suspend}한다. 둘째로 일시중단된 식을 처음 계산할 때 그 결과를 캐시에 넣는다(메모화). 따라서 일단 계산한 식의 값이 다시 필요한 경우 그 식을 다시 계산하기보다는 캐싱했던 값을 바로 사용한다. 지연 계산의 이 두 측면(계산 지연과 캐싱)은 모두 알고리즘을 만들 때 유용하다.

4장에서는 지연 계산을 표현하는 편리한 표기법을 소개하고, 간단한 스트림^{stream} 패키지를 개발해서 지연 계산 표기법을 설명한다. 이 책의 나머지 부분에서 지연 계산과 스트림을 폭넓게 사용할 것이다.

4.1 $ 표기법

불행히도 SML 정의[MTHM97]에는 지연 계산 지원이 들어 있지 않아서, 각 컴파일러가 자체적으로 지연 계산 기본 도구를 제공해도 된다. 여기서는 지연 계산 기본 도구로 $ 표기법을 소개한다. $ 표기법으로 작성된 프로그램을 다른 지연 계산 표기로 변환하기는 쉽다.

$ 표기법에서는 일시중단된 계산을 표기하기 위해 'a susp라는 타입을 소개한다. 이 타입에는 $라는 단항 생성자만 존재한다. 'a susp와 $를 마치 일반적인 데이터 타입 선언으로 정의한 것과 똑같이 작동하는 것으로 우선 어림짐작할 수 있다.

---

datatype 'a susp = $ **of** 'a

T 타입의 식 e를 사용해 $\$e$라고 쓰면 새로운 T 타입의 일시중단인 T susp를 만들 수 있다. 마찬가지로 이미 존재하는 일시중단에서 내용을 끄집어낼 때는 $\$p$라는 패턴을 사용한다. 이때 p라는 패턴이 T라는 타입의 값과 매치된다면 $\$p$는 T susp 타입의 일시중단과 매치된다.

$와 일반적인 데이터 생성자의 주된 차이는 $가 자신의 인자를 즉시 계산하지 않는다는 점에 있다. 대신 $는 인자로 받은 식의 계산을 나중에 재개하기에 충분한 정보를 모두 저장한다(보통 이런 정보에는 코드에 대한 포인터와 식 e에 들어 있는 여러 자유 변수free variable의 값이 포함된다). 일시중단이 p라는 패턴과 매치될 때까지는 인자 식의 계산이 미뤄진다. 패턴 매치가 일어나면 인자 식을 계산하고, 결괏값을 p라는 패턴에 다시 매치시킨다. 이 일시중단을 나중에 다시 $\$p'$라는 다른 패턴에 대해 매치시키면, 식을 다시 계산하는 대신 메모했던 값을 찾아서 p'라는 패턴에 매치시킨다.

$ 생성자는 일반 생성자와는 다른 방식으로 파싱된다. 우선, $의 영역scope은 최대한 오른쪽으로 확장된다. 예를 들어 $f x는 ($f) x가 아니라 $(f x)로 파싱되며, $CONS (x, xs)는 ($CONS) (x, xs)가 아니라 $(CONS (x, xs))로 파싱된다. 둘

째로 $는 그 자체로는 올바른 식을 만들지 못한다. $에는 반드시 인자가 함께 있어야 한다.

$ 표기법의 예로 다음 코드를 살펴보자.

```
val s = $primes 1000000 (* 빠름 *)
...
val $x = s              (* 느림 *)
...
val $y = s              (* 빠름 *)
...
```

이 프로그램은 100만 번째 소수를 계산한다. 첫 번째 줄에서는 일시중단을 만들어내기만 하기 때문에 실행이 아주 빨리 끝난다. 두 번째 줄에서는 일시중단된 식을 실제로 계산해 소수를 구한다.[1] 소수 계산 알고리즘에 따라서는 아주 오랜 시간이 걸릴 수도 있다. 세 번째 줄에서는 메모한 결괏값을 찾기만 하면 되기 때문에 매우 빠르게 실행이 끝난다.

두 번째 예로 다음을 보자.

```
let val s = $primes 1000000
in 15 end
```

이 프로그램은 100만 번째 소수를 절대 요구하지 않으므로 primes 1000000이라는 식은 결코 계산되지 않는다.

이 책에 있는 모든 예제를 $ 식과 $ 패턴만으로 프로그래밍할 수 있지만, 편의를 위해 두 가지 문법 설탕syntactic sugar을 추가한다. 첫 번째는 force라는 연산자다.

---

1 혹시 본문을 보고 이해를 못 한 독자들을 위해 여기서 val $x = s의 패턴 매치 과정을 한 번 더 설명한다. primes 가 반환하는 값의 타입이 int라면 $x는 T susp 타입의 값과 매치될 수 있으므로 s와 매치 가능하다. 이때 s는 $primes 1000000으로 만들어진 일시중단이므로, 패턴 매치에서 $를 떼어내려면 primes 1000000을 계산해야 한다. 계산이 끝나면 $x 패턴 안에는 int 타입의 변수 x가 있으므로, 이 x에는 primes 1000000을 계산한 결과가 들어가고, primes 1000000의 결괏값은 메모화된다. - 옮긴이

```
fun force ($x) = x
```

이 연산자는 식 중간에 있는 일시중단을 (계산을 강제로 수행한 후) 가져올 때 유용하다. 그런 경우 식 중간에서 일시중단을 강제로 수행하기 위해 패턴 매치를 사용하면 코드가 복잡해지지만, force를 쓰면 식 중간에서 패턴 매치 없이 일시중단을 강제로 수행할 수 있다.

　　두 번째 문법 설탕은 어떤 유형의 계산 함수를 작성할 때 유용하다. 예를 들어, 다음 함수는 일시중단된 정수 둘을 서로 더한다.

```
fun plus ($m, $n) = $m+n
```

이 함수는 겉보기에 문제 없어 보이지만, 실제로는 우리가 의도한 대로 작동하는 함수가 아닐 수 있다. 여기서 문제는 일시중단됐던 인자들의 계산을 너무 빨리 요청할 수 있다는 점이다. 특히 plus를 호출하면 plus가 본문에서 정의한 일시중단을 계산하는 대신, plus에 전달된 인자들이 강제 계산된다.[2] 우리가 원하는 동작을 만들어내려면 다음과 같이 패턴 매치를 명시적으로 지연시켜야 한다.

```
fun plus (x, y) = $case (x, y) of ($m, $n) => m+n
```

하지만 이런 식으로 코드를 작성해야 하는 경우가 너무도 흔하기 때문에, 편리하게 이를 처리할 수 있으면 좋다. 그래서 다음과 같이 작성하는 대신에[3]

```
fun f x = $case x of p => force e
```

2　이 plus 함수의 의도는 m과 n이라는 두 일시중단을 받아서 그 둘의 합을 구하는 일시중단을 만들되, m과 n을 이 plus 함수를 호출하는 시점에 계산하지는 않는 것이다. 그러나 함수 정의에 $m과 $n이라는 패턴이 있으면 인자로 넘어온 일시중단을 강제 계산하므로 문제가 생긴다. – 옮긴이

3　여기서 x는 임의의 식, p는 임의의 패턴이라는 점에 유의하라. – 옮긴이

아래처럼 쓸 수 있게 문법 설탕을 제공한다.

---

fun lazy f p = e

여기(**lazy**를 쓰지 않은 정의에서) force가 추가된 이유는 **lazy**라는 키워드가 함수의 타입에 아무런 영향도 끼치지 못하도록 확실히 하기 위해서다(이때 e의 타입이 susp 타입임을 가정한다). 따라서 이 **lazy**라는 표기를 함수 본문을 변경하지 않아도 항상 추가하거나 제거할 수 있다.[4] 이제 우리가 만들고 싶은 일시중단된 두 정수를 더하는 함수를 다음과 같이 작성할 수 있다.

---

fun lazy plus ($m, $n) = $m+n

이 함수에 적용된 문법 설탕의 정의에 따라 함수를 펼치면 다음과 같다.

---

fun plus (x, y) = $**case** (x, y) **of** ($m, $n) => force ($m+n)

이 코드는 m+n 앞에 $와 force가 있다는 점을 제외하면 손으로 직접 작성한 코드와 같다. 또 컴파일러가 충분히 좋다면 force ($e)는 항상 e와 같기 때문에 여기 있는 force와 $는 최적화에 의해 사라진다.

plus 함수는 **lazy** 표기를 사용해 패턴 매치를 늦춘다. 따라서 $ 패턴이 너무 일찍 매치되는 일이 없다. 하지만 함수 정의의 우변이 일시중단을 반환하는 식인데, 그 일시중단을 만들어내는 연산이 아주 오랜 시간이 걸릴 가능성이 있는 경우에도 **lazy**를 추가하는 편이 유용하다. 이때 추가한 **lazy**는 함수 적용 시점에서 함수가 반환하는 일시중단이 실제 필요한 시점(따라서 그 값을 강제로 계산

4　물론 lazy가 있을 때와 없을 때의 의미는 다르다. 본문에서 이야기한 것처럼 lazy가 있으면 $m, $n 계산이 지연되지만 없으면 $m, $n을 계산해버린다. – 옮긴이

해야만 하는 시점)으로 시간이 오래 걸릴 수 있는 연산을 미뤄주는 효과가 있다.[5] 다음 절에서는 이런 방식으로 **lazy**를 활용하는 몇 가지 함수를 살펴본다.

$ 표기의 문법과 의미는 [Oka96a]에 엄밀히[6] 정의되어 있다.

4.2 스트림

SML의 지연 연산과 $ 표기법에 대한 더 확장된 예제로, 지금부터는 간단한 스트림 패키지를 개발한다. 이후 여러 장에 걸쳐 여기서 만든 스트림을 다양한 데이터 구조에 활용할 것이다.

스트림(지연 계산 리스트[lazy list]라고도 함)은 일반 리스트와 비슷하다. 스트림과

---

5 글로 쓰면 이해하기 어려운데. 다음과 같은 경우를 말한다.

```
fun foo $e = long_evaluation_to_suspension(e)
…
val suspension = foo e
…
val value = force suspension        // 실제로는 패턴 매치에서 suspension을 씀
… value를 사용한 계산
```

long_evaluation_to_suspension은 일시중단을 만드는 식이며, 일시중단을 만들기 위해 오랜 시간이 걸린다. 이 경우 foo e를 호출하면 일시중단이 만들어지지만 시간이 너무 오래 걸리기 때문에 이를 가능하면 최후로 미루고 싶다. 이럴 때 다음과 같이 쓸 수 있다.

```
fun lazy foo $e = long_evaluation_to_suspension(e)
…
val suspension_suspension = foo e
…
val value = force force suspension_suspension // 실제로는 패턴 매치에서 suspension_
suspension을 씀
… value를 사용한 계산
```

여기서는 설명상 편의를 위해 force를 여러 번 사용하는 코드를 만들었지만, 실제로는 패턴 매치와 지연 계산에 의해 값이 진짜 필요할 때만 계산이 일어난다. 물론 계산이 일어나는 순간에 일시중단을 만들어내는 계산과 일시중단을 강제 계산하는 과정이 한꺼번에 일어나므로 최초 실행은 지연이 상당히 커질 수 있다. – 옮긴이

6 영어로는 'formal'이다. 수학에서는 번역어로 '형식적'이라는 말을 사용하는데, 이는 논리적인 절차를 따라서 차근차근 증명을 이끌어내면서 각 과정에서 그 근거를 명시하는 방식을 뜻한다고 할 수 있다. 하지만 우리말로 '형식적'이라고 말하면 다소 부정적인(가식적이거나 겉으로만 하는 행위) 뜻이 있어서 여기서는 '엄밀한'이라는 형용사를 사용했다. – 옮긴이

일반 리스트의 차이는 스트림의 각 셀이 체계적으로 일시중단된 식으로 이뤄진다는 점이다. 스트림의 타입은 다음과 같다.

```
datatype 'a StreamCell = Nil | Cons of 'a * 'a Stream
withtype 'a Stream = 'a SstreamCell susp
```

1, 2, 3을 원소로 포함하는 간단한 스트림은 다음과 같이 쓸 수 있다.

```
$Cons (1, $Cons (2, $Cons (3, $Nil)))
```

이 코드는 'a list susp 타입의 리스트와 스트림의 차이를 잘 보여준다. 'a list susp이 표현하는 계산은 근본적으로 모놀리식monolithic하다. 즉, 일시중단된 'a list susp 타입의 값을 강제 계산하면 리스트 원소가 모두 생길 때까지 계산이 이뤄진다. 반면 스트림이 표현하는 계산은 점진적incremental이다. 가장 바깥쪽 셀을 만들 때까지만 실행이 이뤄지고, 나머지 부분은 일시중단된다. 이런 동작 방식은 스트림처럼 내부에 일시중단을 내포하는 데이터 타입에서 흔히 있는 방식이다.

이 둘 사이의 차이를 더 명확히 살펴보기 위해 s ++ t라고 쓸 수 있는 이어붙이기 함수를 살펴보자. 일시중단시킨 리스트의 경우 ++는 다음과 같다.

```
fun s ++ t = $(force s @ force t)
```

이를 다음과 같이 작성할 수도 있다.

```
fun lazy ($xs) ++ ($ys) = $(xs @ ys)
```

이 함수가 만드는 일시중단은 두 인자를 각각 강제 계산해서 만들어지는 두 리스트를 연결해 결과를 만든다. 따라서 이 일시중단은 모놀리식하다. 그래서 이 함수(++)를 모놀리식하다고 말하기도 한다. 스트림의 경우 이어붙이기 함수는 다음과 같다.

```
fun lazy ($Nil) ++ t = t
    | ($Cons (x,s)) ++ t = $Cons (x, s ++ t)
```

이 함수는 즉시 일시중단을 반환한다. 그 일시중단을 강제로 계산하면 $ 패턴과 매치시키기 위해 왼쪽 스트림의 첫 번째 셀을 요청한다. 이때 얻은 셀이 Cons라면 x와 s ++ t로부터 결과를 만들어낸다. 이때 ++에 **lazy**가 붙어 있기 때문에, 재귀 호출은 단지 다른 일시중단을 만들어내기만 하고, 다른 계산을 수행하지 않는다. 따라서 이 함수가 표현하는 계산은 점진적이다. 결과의 첫 번째 셀만 만들고 나머지 계산은 지연시키기 때문이다. 이런 경우 이 함수가 점진적이라고 말하기도 한다.

또 다른 점진적 함수로 take를 들 수 있다. take는 스트림의 맨 앞에서 원소를 n개 취한다.

```
fun lazy take (0, s) = $Nil
    | take (n, $Nil) = $Nil
    | take (n, $Cons (x, s)) = $Cons (x, take (n-1, s))
```

++와 마찬가지로 take (n-1, s)라는 재귀 호출은 함수의 나머지 부분을 실행하는 대신 즉시 일시중단을 만들어 반환한다.

한편 스트림의 맨 앞에서부터 원소를 n개 제거하는 함수를 생각해보면 다음과 같을 것이다.

```
fun lazy drop (0, s) = s
    | drop (n, $Nil) = $Nil
    | drop (n, $Cons (x, s)) = drop (n-1, s)
```

이를 좀 더 효율적으로 작성하면 다음과 같다.

```
fun lazy drop (n, s) = let fun drop' (0, s) = s
                             | drop' (n, $Nil) = $Nil
                             | drop' (n, $Cons (x, s)) = drop' (n-1, s)
                       in drop' (n, s) end
```

이 함수는 drop' 재귀 호출이 결코 지연되지 않기 때문에 모놀리식하다. 결과의 첫 번째 셀을 계산하려면 함수 전체를 실행해야만 한다. 여기 쓰인 **lazy**는 패턴 매치를 미루기보다는 drop'에 대한 최초 호출을 지연시키는 역할을 한다.

📝 연습문제 4.1

force ($e)가 e와 동등하다는 사실을 이용해 방금 보여준 두 drop 구현이 동등함을 보여라.

흔히 볼 수 있는 또 다른 모놀리식 스트림 함수로 reverse를 들 수 있다.

```
fun lazy reverse s =
    let fun reverse' ($Nil, r) = r
          | reverse' ($Cons (x, s), r) = reverse' (s, $Cons (x, r))
    in reverse' (s, $Nil) end
```

여기서 reverse'에 대한 재귀 호출은 결코 지연되지 않는다. 하지만 각 재귀 호출은 $Cons (x, r) 형태의 일시중단을 만들어낸다. 따라서 reverse가 한꺼번에 모든 처리를 완료하지 않는 것 같아 보일 것이다. 하지만 이런 식으로 내부에 함수 적용이 없고 데이터 생성자와 변수만 존재하는 일시중단을 뻔한[trivial] 일시중단이라고 말한다. 뻔한 일시중단은 알고리즘적으로 계산을 미루기 위한 것이 아니고, 타입을 맞추기 위한 것일 뿐이다. 이런 뻔한 일시중단은 그 본문을 일시중단 생성 시점에 실행하는 것으로 간주해도 좋다. 실제로 이런 일시중단을 미리 계산해 메모화하는 것도 컴파일러가 수행하기에 충분히 타당한 최적화라 할 수 있다. 최적화를 하든 하지 않든 뻔한 일시중단을 계산하는 데는 최대 $O(1)$ 시간이 걸린다.

```
signature STREAM =
sig
  datatype 'a StreamCell = Nil | Cons of 'a * 'a Stream
  withtype 'a Stream = 'a StreamCell susp

  val ++      : 'a Stream * 'a Stream -> 'a Strem (* 스트림 연결 *)
  val take    : int * 'a Stream -> 'a Stream
  val drop    : int * 'a Stream -> 'a Stream
  val reverse : 'a Stream -> 'a Stream
end

structure Stream: STREAM =
struct
  datatype 'a StreamCell = Nil | Cons of 'a * 'a Stream
  withtype 'a Stream = 'a StreamCell susp

  fun lazy ($Nil) ++ t = t
        | ($Cons (x, s)) ++ t = $Cons (x, s ++ t)
  fun lazy take (0, s) = $Nil
        | take (n, $Nil) = $Nil
        | take (n, $Cons (x, s)) = $Cons (x, take(n-1, s))
  fun lazy drop (n, s) =
        let fun drop' (0, s) = s
              | drop' (n, $Nil) = $Nil
              | drop' (n, $Cons (x,s)) = drop' (n-1, s)
        in drop' (n,s) end
  fun lazy reverse s =
        let fun reverse' ($Nil, r) = r
              | reverse' ($Cons (x, s), r) = reverse' (s, $Cons (x, r))
        in reverse' (s, $Nil) end
end
```

그림 4.1 간단한 스트림 패키지

drop이나 reverse 같은 모놀리식 스트림 함수가 많이 있지만, ++나 take 같은 점진적인 함수야말로 스트림의 진정한 존재 이유다. 점진적인 함수가 만들어내는 각 일시중단에는 약간의 부가 비용이 존재한다. 따라서 효율을 최대화하기위해 지연 계산을 활용할 만한 충분한 이유가 있을 때만 지연 계산을 사용해야한다. 지연 리스트를 사용하는 데 모놀리식한 함수만 사용하는 프로그램이 있다면, 그 프로그램은 스트림이 아니라 일시중단된 리스트를 사용해야 한다.

그림 4.1은 표준 SML 모듈로 스트림 함수를 표현한 코드다. 이 모듈이 (일부 독자의 예상과 달리) isEmpty와 cons 같은 함수를 제공하지 않음에 유의하라. 그 대신 우리는 의도적으로 내부 데이터 표현을 외부에 노출시켜서, 필요할 때 스트림에 대한 패턴 매치를 사용하게 했다.

> **✏️ 연습문제 4.2**
>
> 스트림에 대한 삽입 정렬insertion sort을 구현하라. sort xs가 만들어낸 스트림의 맨 앞에서 원소를 k개 가져오는 데 걸리는 시간은 일반적인 삽입정렬에서 예상할 수 있는 $O(n^2)$이 아니라 $O(nk)$임을 보여라(여기서 n은 xs의 길이다).

4.3 참고사항

지연 계산 워즈워스Wadsworth는 [Wad71]에서 람다 계산법의 정규 순서 축약 NOR, normal-order reduction[7]에 대한 최적화로 지연 계산을 처음 제안했다. 빌레민

---

7 람다 계산법에서 NOR은 가장 왼쪽, 가장 바깥쪽의 축약 가능 식(redex, reducible expression)을 먼저 축약하는 축약 방식이다. 직관적으로는 함수의 인자보다 함수 본문을 먼저 (NOR을 적용해) 가장 간단하게 축약한 다음, 인자를 본문에 치환한다고 생각할 수 있다. 이와 대비되는 축약 방법으로 AOR(applicative-order reduction)이 있으며, 이는 가장 오른쪽, 가장 안쪽 축약 가능 식을 먼저 축약하는 축약 방식이다. (λz.z z) ((λx.x)y)를 예로 들면 NOR을 사용하면 제일 바깥의 함수 적용이 먼저 일어나서 ((λx.x)y) ((λx.x)y)가 되고, 그 후 y ((λx.x)y)를 거쳐 y y가 되지만, AOR을 사용하면 맨 오른쪽, 맨 안쪽이 먼저 계산되면서 (λz.z z) y가 되고, 그 이후 함수 적용이 한 번 더 일어나서 y y가 된다. - 옮긴이

Vuillemin은 나중에 [Vui74]에서 일부 제약이 가해진 환경에서는 지연 계산이 최적의 계산 전략임을 증명했다. 지연 계산의 엄밀한 수학적 의미에 대한 연구가 이미 광범위하게 존재한다[Jos89, Lau93, OLT94, AFM+95].

스트림 란딘Landin은 [Lan65]에서 스트림을 소개했다. 하지만 란딘의 스트림에는 메모화가 없었다. 프리드먼Friedman과 와이즈Wise는 [FW76]에서, 핸더슨Handerson과 모리스Morris는 [HM76]에서 란딘의 스트림에 메모화를 추가해 확장했다.

메모화 미치Michie는 [Mic68]에서 함수 인자와 결괏값을 캐시하도록 함수에 부가적인 장치를 추가하는 과정에 메모화memoization라는 단어를 처음 사용했다. 일시중단을 영항 함수(인자가 없는 함수nullary function)로 간주하면, 메모화에 의해 덧붙여진 필드들이 일시중단 시 사라져버린다. 휴스Hughes는 [Hug85]에서 미치가 원래 생각했던 그 의미 그대로 함수형 프로그래밍에 메모화를 적용했다.

알고리즘 지연 계산의 두 가지 구성요소(계산을 지연시키는 것과 결과를 메모하는 것)는 알고리즘 설계에 오래전부터 쓰여왔던 기법이다. 물론 이 두 기법이 항상 함께 쓰였던 것은 아니다. 비용이 비쌀 가능성이 있는 계산(보통 데이터를 제거하는 연산이 비싼 경우가 많다)을 지연시키는 아이디어는 해시 테이블[WV86], 우선순위 큐[ST86b, FT87], 검색 트리[DSST89] 등에서 좋은 결과를 보였다. 한편 메모화는 [Bel57]에 있는 동적 프로그래밍dynamic programming[8]이나 [HU73, TvL84]에 있는 경로 압축path compression의 기본적인 원리라 할 수 있다.

---

8 동적 프로그래밍은 배열(행렬) 등을 사용하고 계산하는 순서를 잘 조정해서 이전에 계산한 결과를 이후 계산하는 식에서 참조하게 만드는 방식으로 문제를 해결한다. 동적 프로그래밍이라는 이름은 사실 이 해법의 성질을 잘 나타내는 적절한 이름은 아니라 할 수 있다. 그래서 졸역의 은사이신 이광근 교수 저 『컴퓨터과학이 여는 세계』(인사이트, 2015)에서는 '기억하며 풀기'라는 용어를 사용하기도 했다. 한편, 지연 계산을 사용하는 언어의 경우 굳이 계산 순서를 고려해 루프를 도는 순서를 정할 필요 없이 식 사이의 관계를 잘 나열하면 컴파일러가 만들어내는 코드가 알아서 값 사이의 의존관계를 잘 처리해준다는 장점이 있다. http://travis.athougies.net/posts/2018-05-05-dynamic-programming-is-recursion.html을 읽어보라. - 옮긴이

05

분할 상환 기초

80년 중반부터 분할 상환(아모타이제이션amortization)이 데이터 구조 설계와 분석에서 강력한 도구로 떠올랐다. 분할 상환 바운드amortized bound[1] 구현이 그와 대응하는 최악의 경우의 바운드worst-case bound 구현보다 더 단순하면서 빠르게 작동하는 경우가 자주 있다. 5장에서는 기본적인 분할 상환 기법을 살펴보고 간단한 FIFO 큐와 몇 가지 힙 구현을 통해 그런 분할 상환 기법들을 설명한다.

불행히도 이번 장에서 보여주는 것처럼 분할상환을 단순하게 처리하면 영속성을 파괴한다. 즉, 영속성 데이터 구조에 이번 장에서 설명하는 분할 상환 기법을 적용하면 효율성이 극도로 나빠진다. 하지만 실제로는 영속성이 필요하지 않은 응용 분야도 많이 있다. 이런 경우 이번 장에서 제시한 구현이 훌륭한 선택지가 될 수 있다. 다음 장에서는 분할 상환이라는 개념과 영속성이라는 개념을 지연 계산을 통해 하나로 엮는 방법을 살펴본다.

---

1 표준 수학 용어로 'upper bound', 'lower bound'는 상한/하한 등으로 번역이 가능할 듯하나, bound라는 단어만 쓰일 때 '한'이라고 번역하기도 애매하고, '한계'라고 번역하기도 조금 애매해서 이 책에서는 '바운드'라고 영어 단어를 음차하기로 결정했다. 이에 따라 상한/하한도 상위 바운드/하위 바운드로 각각 부른다. – 옮긴이

5.1 분할 상환 분석 기법들

분할 상환은 이제부터 설명할 관찰로부터 도출된 개념이다. 주어진 일련의 연산에 대해 각 연산에 걸린 수행 시간에는 큰 관심이 없고 전체 연산 시퀀스를 실행하는 데 걸린 시간에 주로 관심이 있는 경우가 있다. 예를 들어 n개의 연산 하나하나가 모두 $O(1)$로 실행될 필요는 없지만, n개의 연산 전체는 최대 $O(n)$ 안에 실행되기를 바랄 수도 있다. 이런 경우 전체 연산을 수행하는 비용이 $O(n)$인한, 일부 연산이 $O(\log n)$이거나 심지어 $O(n)$인 것까지 허용할 수 있다. 이런 자유가 주어지면 설계 시 우리가 선택할 수 있는 해법의 종류가 매우 많아진다. 그리고 그런 해법 중 일부는 똑같은 최악의 경우의 바운드를 제공하는 해법보다도 훨씬 더 단순하고 빠르게 작동할 수도 있다.

분할 상환 상위 바운드를 증명하기 위해서는 먼저 각 연산의 분할 상환 비용 amortized cost을 정의한다. 그리고 어떤 순서로 연산이 진행되든, 연산의 전체 분할 상환 비용은 실제 비용의 상위 바운드upper bound임을 보여야 한다.

$$\sum_{i=1}^{m} a_i \geq \sum_{i=1}^{m} t_i$$

여기서 a_i는 연산 i의 분할 상환 비용이고, t_i는 연산 i의 실제 비용이다. m은 전체 연산의 개수다. 사실 보통은 이보다 살짝 더 강력한 조건을 증명하곤 한다. 그 조건은 어떤 연산 시퀀스의 중간 상태에서 그 시점까지 누적된 분할 상환 비용이 그때까지 누적된 실제 비용의 상위 바운드임을 보이는 것이다. 이는 모든 j에 대해 다음을 증명하는 것과 같다.

$$\sum_{i=1}^{j} a_i \geq \sum_{i=1}^{j} t_i$$

이때 누적된 분할 상환 비용의 합과 누적된 실제 비용 사이의 차이를 누적 절감 비용accumulated savings이라 부른다(또는 간단하게 누적 저축이라고도 부른다). 따라서 누적 절감 비용이 음이 아닌 경우, 누적 분할 상환 비용은 누적 실제 비용의 상위 바운드다.

분할 상환을 사용하면 가끔은 연산의 실제 비용이 그 연산의 분할 상환 비용을 넘어서도 된다. 그런 연산을 비싼expensive 연산이라고 부른다. 실제 비용이 분할 상환 비용보다 낮은 연산은 싼cheap 연산이라고 한다. 비싼 연산은 누적 절감 비용을 감소시키고, 싼 연산은 누적 절감 비용을 증가시킨다. 분할 상환 바운드를 증명할 때 핵심은 누적 절감 비용이 비싼 연산의 비용을 처리하기에 충분할 정도임을 보이는 것이다.

타잔은 [Tar85]에서 분할 상환 데이터 구조를 분석하는 두 가지 기법을 설명했다. 첫 번째는 은행원 기법banker's method이고, 두 번째는 물리학자 기법physicist's method이다. 은행원 기법에서는 누적 절감 비용을 데이터 구조의 각 위치와 연관시킨 신용credit으로 표현한다. 나중에 그 위치에 접근할 때 필요한 비용을 지불하기 위해 위치별로 누적시킨 신용을 사용할 수 있다. 어떤 연산의 분할 상환 비용은 연산 실제 비용에 그 연산에 할당된 신용을 더하고 그 연산이 사용해야 하는 신용을 빼서 이뤄진다. 이를 식으로 쓰면 다음과 같다.

$$a_i = t_i + c_i - \bar{c}_i$$

여기서 c_i는 연산 i에 의해 할당되는 신용을 표현하는 값이며, $\bar{c}_i$는 연산 i가 사용하는 신용을 표현하는 값이다. 모든 신용은 사용하기 전에 먼저 할당돼야만 하며, 할당된 신용을 두 번 이상 사용할 수는 없다. 따라서 $\sum c_i \geq \sum \bar{c}_i$이며, 그로 인해 우리가 원하는 대로 $\sum a_i \geq \sum t_i$임이 보장된다. 이런 은행원 기법을 활용한 증명에서는 보통 신용의 분배를 규정하는 신용 불변조건credit invariant을 정의한다. 이런 신용 불변조건은 비싼 연산이 일어날 가능성이 있는 위치마다, 그 연산의 비용을 감당하기에 충분한 신용을 할당해주는 방식으로 정해진다.

물리학자 기법에서는 각 객체 d를 d의 포텐셜potential(위치 에너지)이라는 실숫값과 매핑해주는 함수 Φ를 정의한다. 함수 Φ는 보통 최초 포텐셜이 0이고 항상 음이 아닌 값을 갖도록 정의된다. 그런 식으로 정의한 Φ는 누적 절감 비용의 하위 바운드lower bound를 표현한다.

d_i가 연산 i의 출력이고 연산 $i + 1$의 입력이라고 하자. 이 경우 연산 i의 분할 상환 비용은 실제 비용에 d_{i-1}과 d_i 사이의 포텐셜 차이를 더한 값으로 정의된다. 즉, 다음과 같다.

$$a_i = t_i + \Phi(d_i) - \Phi(d_{i-1})$$

연산 시퀀스의 누적된 실제 비용은 다음과 같다.

$$
\begin{aligned}
\sum_{i=1}^{j} t_i &= \sum_{i=1}^{j}(a_i + \Phi(d_{i-1}) - \Phi(d_i)) \\
&= \sum_{i=1}^{j} a_i + \sum_{i=1}^{j}(\Phi(d_{i-1}) - \Phi(d_i)) \\
&= \sum_{i=1}^{j} a_i + \Phi(d_0) - \Phi(d_j)
\end{aligned}
$$

$\sum(\Phi(d_{i-1}) - \Phi(d_i))$와 같은 합계를, 음수와 양수 항이 서로 상쇄되므로 망원수열$^{telescoping series}$이라고 부른다. Φ를 선택할 때 $\Phi(d_0)$가 0이고, $\Phi(d_j)$가 음이 아닌 수열이 되도록 선택했으므로, $\Phi(d_j) \geq \Phi(d_0)$이며, $\sum a_i \geq \sum t_i$이다. 따라서 누적된 분할 상환 비용은 우리가 원하는 대로 항상 누적된 실제 비용의 상위 바운드가 된다.

> **(!) 일러두기**
>
> 여기서 설명한 방식은 물리학자 기법을 단순화한 것이다. 실제 분석에서는 종종 여기 설명한 프레임워크에 맞추기 힘든 상황에 부딪히게 될 것이다. 예를 들어, 객체를 둘 이상 반환하는 함수는 어떻게 처리해야 할까? 하지만 여기서 설명한 단순화한 관점도 관련된 문제점을 설명하려는 목적에는 충분하다.

분명 이 두 기법은 매우 유사하다. 위치를 무시하고 객체 전체에 대해 신용 불변조건이 요구하는 대로 정의된 각 지점의 신용을 모두 더한 값으로 포텐셜을 정의하면 은행원 기법을 물리학자 기법으로 쉽게 바꿀 수 있다. 비슷하게, 포텐셜을 신용으로 변환하고 모든 신용을 루트에만 부여하면 물리학자 기법을 은행원 기법으로 바꿀 수 있다. 은행원 기법에서 위치에 대한 지식이 증명을 더 쉽게 해주거나 더 많은 증명 가능성을 부여해주지 못하며, 실제로는 은행원 기법과 물리학자 기법이 서로 동등하다는 사실을 알면 놀랄지도 모르겠다[Tar85, Sch92]. 보통은 물리학자 기법이 더 단순하다. 하지만 가끔은 위치를 고려하면 편한 경우가 있다.

신용이나 포텐셜 모두 단지 분석 도구에 불과하다는 사실을 일러둔다. 그 어느 쪽도 (주석을 제외한) 실제 프로그램 코드에 직접 드러나는 경우는 없다.

5.2 큐

다음으로 FIFO 큐 추상화의 간단한 함수형 구현을 살펴보면서 은행원 기법과 물리학자 기법을 보여줄 것이다. 큐의 시그니처는 그림 5.1과 같다.

```
signature QUEUE =
sig
  type 'a Queue

  val empty   : 'a Queue
  val isEmpty : 'a Queue -> bool

  val snoc² : 'a Queue * 'a -> 'a Queue
  val head  : 'a Queue -> 'a        (* 큐가 비어 있는 경우 Empty 예외
발생시킴 *)
  val tail  : 'a Queue -> 'a Queue  (* 큐가 비어 있는 경우 Empty 예외
발생시킴 *)
end
```

그림 5.1 큐의 시그니처

---

2 어원 설명: snoc은 cons의 스펠링을 뒤집은 것으로, '오른쪽으로 cons함'이라는 뜻이다.

순수 함수형 큐 구현 중 가장 흔한 것은 두 리스트 f와 r의 쌍으로 큐를 표현하는 것이다. f에는 정상 순서대로 큐의 앞부분에 있는 원소가 들어가고, r에는 역순으로 큐의 뒷부분에 있는 원소가 들어간다. 예를 들어 1부터 6까지 정수가 들어 있는 큐는 f = [1,2,3], r = [6,5,4]처럼 표현할 수 있다. 다음 타입은 이런 표현을 보여준다.

```
type 'a Queue = 'a list * 'a list
```

이 표현에서 큐의 첫 원소[head]는 f의 첫 번째 원소다. 따라서 head와 tail은 바로 f의 첫 번째 원소를 제거하는 것으로 구현할 수 있다.

```
fun head(x :: f, r) = x
fun tail(x :: f, r) = (f, r)
```

마찬가지로 큐의 마지막 원소는 r의 첫 번째 원소다. 따라서 snoc은 r의 앞에 새 원소를 덧붙이면 된다.

```
fun snoc((f, r), x) = (f, x :: r)
```

원소는 r에 추가되고, f에서 제거된다. 따라서 어느 시점에는 r에 있는 원소를 f로 옮겨야 한다. 원소를 옮기려면 f가 빈 리스트가 되자마자 r을 뒤집은 리스트를 f로 지정하면 된다. 그와 동시에 r을 []으로 설정해야 한다. 이렇게 하는 이유는 r이 비어 있을 때만 f가 비어 있게 하기 위해서다(이렇게 r과 f가 모두 비었다는 말은 큐 전체가 비었다는 뜻이다). r이 비어 있지 않은데 f가 비어 있을 수 있다면, 큐의 첫 번째 원소로 r의 마지막 원소를 사용해야 하는데, 이 경우 접근에 $O(n)$ 시간이 걸린다. 조금 전에 설명한 대로 r이 비어 있는 경우에만 f를 비워놓는다는 불변조건을 지키면, 첫 번째 원소를 가져오는 시간 비용을 항상 $O(1)$로 유지할 수 있다.

snoc과 tail은 이제 이런 불변조건에 위배되는 경우가 생길지 감지해야 한다. 두 함수의 구현을 적절히 바꾸자.

```
fun snoc (([], _), x) = ([x], [])
  | snoc ((f, r), x) = (f, x :: r)
fun tail ([x], r) = (rev r, [])
  | tail (x :: f, r) = (f, r)
```

snoc 첫 번째 절의 와일드카드 사용을 주의 깊게 보라. 여기서 r 필드는 중요하지 않다. 우리는 불변조건으로 인해 f가 []이면 r도 []임을 이미 알고 있다.

이 함수들을 약간 더 깔끔하게 작성하는 방법은 snoc이나 tail에서 불변조건을 유지하는 부분을 별도로 분리해서 checkf라는 함수로 만드는 것이다. checkf는 f가 비어 있으면 rev r로 대치하고, 비어 있지 않으면 아무 일도 하지 않는다.

```
fun checkf ([], r) = (rev r, [])
  | checkf q = q
fun snoc ((f, r), x) = checkf (f, x :: r)
fun tail (x :: f, r) = checkf (f, r)
```

그림 5.2에서 전체 큐 구현을 볼 수 있다. snoc과 head는 최악의 경우 시간 복잡도가 $O(1)$이지만, tail은 $O(n)$이다. 하지만 은행원 기법이나 물리학자 기법을 통해 snoc과 tail이 둘 다 분할 상환 시간 복잡도로는 $O(1)$임을 보일 수 있다.

은행원 기법을 사용할 경우, 큐의 뒷부분에 해당하는 리스트의 모든 원소에 신용이 1씩 걸린다는 신용 불변조건을 유지할 수 있다. 비어 있지 않은 큐에 대한 snoc은 실제로는 한 단계를 수행하면서 뒷부분 리스트에 새로 할당되는 원소에 신용을 1 적립한다. 이때 드는 분할 상환 비용은 2이다. 뒷부분 리스트를 뒤집지 않는 경우, tail은 실제 한 단계만 수행하면 되고 신용을 적립하지도, 사용하지도 않는다. 따라서 분할 상환 비용은 1이다. 마지막으로, 뒷부분 리스트를 뒤집는 tail은 실제 $m + 1$ 단계를 수행한다(m은 뒷부분에 해당하는 리스트의 길이다). 이때 리스트에 m개의 신용이 적립되어 있으므로(원소가 m개이고 각 원

```
signature BatchedQueue : QUEUE =
struct
  type 'a Queue = 'a list * 'a list

  val empty = ([], [])
  fun isEmpty (f, r) = null f

  fun checkf ([], r) = (rev r, [])
    | checkf q = q

  fun snoc ((f, r), x) = checkf (f, x :: r)

  fun head ([], _) = raise Empty
    | head (x :: f, r) = x
  fun tail ([], _) = raise Empty
    | tail (x :: f, r) = checkf (f, r)
end
```

그림 5.2 순수 함수형 큐의 일반적인 구현

소마다 신용이 1씩 적립), 분할 상환 비용은 $m + 1 - m = 1$이다.

물리학자 기법을 사용할 경우, 포텐셜 함수 Φ는 뒷부분에 해당하는 리스트의 길이로 정의할 수 있다. 이제 비어 있지 않은 큐에 대한 snoc은 항상 한 단계를 실행하고 포텐셜을 1 증가(뒷부분 리스트 길이가 1 증가함)시킨다. 따라서 분할 상환 비용은 2이다. 뒷부분 리스트를 뒤집지 않는 모든 tail은 한 단계만 실행하며, 포텐셜은 바뀌지 않는다. 따라서 분할 상환 비용도 1이다. 마지막으로, 뒷부분 리스트를 뒤집는 경우 실제로는 $m + 1$ 단계를 실행하면서 뒷부분 리스트가 []로 바뀌므로 포텐셜이 m 감소한다. 따라서 분할 상환 비용은 $m + 1 - m = 1$이다.

이 간단한 예제의 경우 두 증명은 실질적으로 동일하다. 그렇지만 이때도 다음과 같은 이유로 물리학자 기법이 좀 더 간단하다. 은행원 기법을 사용하는 경우, 먼저 신용 불변조건을 찾아야 한다. 그 후, 각 함수가 언제 신용을 할당하거나 사용할지 결정해야 한다. 물론 이런 결정을 내릴 때 신용 불변조건이 참고가 되긴 하지만, 자동으로 신용 할당 시점이나 신용 값을 결정할 수는 없다. 예를 들어 snoc이 신용을 1 할당하고 0 소비해야 할지, 신용을 2 할당하고 1 소비해야 할지 어떻게 결정할 수 있을까? 이런 경우 순수한 신용 증가/감소 값은 +1로 같지만, 이런 식으로 선택할 수 있는 가짓수가 많아지면 혼란을 유발할 가능성이 있다. 반면 물리학자 기법을 택할 경우에는 한 가지 결정(포텐셜 함수 정의)만 내리면 된다. 일단 포텐셜 함수를 정하고 나면 분석은 그냥 계산일 뿐이며, 다른 선택의 여지는 없다.

⚡ **전문가를 위한 힌트**

영속성이 필요 없으며 분할 상환 복잡도로 충분한 경우(즉, 최악의 상황 복잡도가 필요하지 않은 경우), 본문의 큐보다 더 성능이 좋은 큐를 만들 수는 없다.

📝 **연습문제 5.1(후거우드**Hoogerwoord**, [Hoo92])**

이 설계를 쉽게 양방향 큐(데크deque, double-ended queue)라는 추상화로 확장할 수 있다. 데크는 큐의 양쪽 끝에서 데이터 추가와 삭제를 허용한다(그림 5.3 참조). 이 경우 f와 r의 처리에 대해 불변조건을 대칭적으로 정의할 수 있다. 즉, 데크에 원소가 2개 이상 존재하는 경우, f와 r은 모두 비어 있을 수 없다. 한 리스트가 빈 리스트가 될 때는 반대쪽 리스트를 반 나눠서 뒤집은 다음 반대쪽 리스트로 설정한다.

(a) 이런 아이디어를 사용하는 데크를 구현하라.

(b) 포텐셜 함수로 $\Phi(f, r) = abs(|f| - |r|)$을 사용해 이 데크 구현이 $O(1)$ 분할 상환 복잡도가 걸림을 증명하라. 여기서 abs는 절댓값 함수다.

```
signature DEQUE =
sig
  type 'a Queue

  val empty   : 'a Queue
  val isEmpty : 'a Queue -> bool

  (* 맨 앞에서 원소를 삽입, 검사, 제거한다. *)
  val cons    : 'a * 'a Queue -> 'a Queue
  val head    : 'a Queue -> 'a       (* 큐가 비어 있는 경우 Empty 예외
발생시킴 *)
  val tail    : 'a Queue -> 'a Queue (* 큐가 비어 있는 경우 Empty 예외
발생시킴 *)

  (* 맨 뒤에서 원소를 삽입, 검사, 제거한다. *)
  val snoc    : 'a Queue * 'a -> 'a Queue
  val last    : 'a Queue -> 'a       (* 큐가 비어 있는 경우 Empty 예외
발생시킴 *)
  val init    : 'a Queue -> 'a Queue (* 큐가 비어 있는 경우 Empty 예외
발생시킴 *)
end
```

그림 5.3 양방향 큐의 시그니처

5.3 이항 힙

3.2절에서는 이항 힙에 대한 insert가 최악의 경우 $O(\log n)$에 실행됨을 보였다. 여기서는 insert가 $O(1)$ 분할 상환 복잡도로 실행됨을 보일 것이다.

여기서는 물리학자 기법을 사용한다. 이항 힙의 포텐셜을 힙에 있는 트리의 개수로 정의한다. 이 수가 힙의 원소 개수 n을 이진수로 표현한 값에 있는 1인 비트의 수라는 사실을 기억하라. 이제 insert 호출은 $k + 1$ 단계가 필요하다 (k는 link 호출 횟수다)고 하자. 처음에 이항 힙에 트리가 t개 있었다면, 삽입이

끝나면 힙에는 $t - k + 1$개의 트리가 들어 있다.[3] 따라서 이때 포텐셜의 변화는 $(t - k + 1) - t = 1 - k$이며, 삽입의 분할 상환 복잡도는 $(k + 1) + (1 - k)$ $= 2$이다.

✍ 연습문제 5.2

은행원 기법을 사용해 다시 증명해보라.

증명을 마무리하려면 merge와 deleteMin의 분할 상환 복잡도가 여전히 $O(\log n)$임을 보여야 한다. deleteMin 증명은 아무 문제가 없다. 하지만 merge를 증명하려면 물리학자 기법을 약간 확장해야 한다. 이전에는 연산 하나의 분할 상환 복잡도를 다음과 같이 정의했다.

$$a = t + \Phi(d_{out}) - \Phi(d_{in})$$

여기서 d_{in}은 연산의 입력, d_{out}은 연산의 출력이다. 하지만 어떤 연산이 객체를 둘 이상 반환한다면 이 규칙을 다음과 같이 일반화해야 한다.

$$a = t + \sum_{d \in Out} \Phi(d) - \sum_{d \in In} \Phi(d)$$

여기서 In은 입력의 집합, Out은 출력의 집합이다. 이 규칙을 만든 분할 상환 복잡도 분석이라는 목적하에서 입력과 출력을 고려할 때는 분석 대상 타입의 입력과 출력만을 고려한다.

✍ 연습문제 5.3

merge와 deleteMin의 분할 상환 복잡도가 여전히 $O(\log n)$임을 증명하라.

---

3 왜 이 값이 나오는지 조금 설명을 해보자. 삽입 시 우선 노드가 1개뿐인 트리를 하나 만들고(트리 개수 + 1), k번 링크하면서 두 트리가 하나로 합쳐지기 때문에 링크 1회당 트리가 1개 줄어든다(트리 개수 − 1, 총 k번이므로 −k). 따라서 총합은 $t - k + 1$이다. − 옮긴이

5.4 스플레이 힙

스플레이 트리$^{splay tree}$[ST85]는 아마도 분할 상환 데이터 구조 중 가장 유명하며 성공적인 구조일 것이다. 스플레이 트리는 균형 이진 검색 트리와 가까운 친척이지만, 트리 균형 관련 정보를 명시적으로 유지하지는 않는다. 대신 스플레이 트리의 각 연산은 균형을 증가시키는 경향이 있는 간단한 변환들을 사용해 트리의 구조를 맹목적으로 잡아나간다. 우리는 어느 한 연산이 $O(n)$ 시간이 걸리는 경우도 있지만, 모든 연산이 $O(\log n)$ 분할 상환 시간 안에 끝남을 보일 것이다.

스플레이 트리와 3.3절에서 설명한 적흑 트리 같은 균형 이진 트리의 가장 큰 차이는 스플레이 트리는 갱신 연산(예: insert)뿐만 아니라 질의 연산(예: member)을 하는 동안에도 트리 구조를 재조직한다는 점에 있다.[4] 이런 특성으로 인해 순수 함수적 환경에서 스플레이 트리를 사용해 집합이나 유한 맵 같은 추상화를 구현하기는 어렵다. 왜냐하면 스플레이 트리에 대해 질의를 수행하려면 질의에 대한 응답과 새로운 트리를 함께 반환받아야 하기 때문이다.[5] 하지만 일부 추상화에서는 이런 문제를 피할 수 있게 질의에 제약을 가할 수 있다. 좋은 예가 바로 힙이다. 힙에서는 findMin에만 관심이 있다. 실제로 (앞으로 보게 되겠지만) 스플레이 트리는 힙을 아주 훌륭히 구현한다.

스플레이 트리의 표현은 균형을 고려하지 않는 이진 검색 트리와 같다.

```
datatype Tree = E | T of Tree * Elem.T * Tree
```

하지만 2.2절에서 다룬 비균형 이진 검색 트리와 달리, 여기서는 한 트리 안에서 원소 중복을 허용한다. 사실 이 특징(원소 중복)은 스플레이 트리와 비균형 이

---

4 스플레이 트리의 질의 연산에서는 질의를 처리하는 과정에서, 질의받은 값을 키로 하는 노드가 루트로 가도록 트리를 맹목적으로(높이 등의 정보 없이 단순한 트리 회전 연산을 통해) 재구축한다. 직관적으로 보자면 이로 인해 두 가지 장점이 생긴다. 첫 번째는 어차피 질의에서 노드를 검색하면서 각 노드를 방문하는데 방문 과정에서 트리를 재구축함으로써 트리의 균형을 매번 조금씩 회복한다는 점이고, 두 번째는 자주 검색되는 키일수록 루트에 가까운 쪽으로 이동하게 되어 참조 지역성(locality)을 살릴 가능성이 커진다는 점이다. – 옮긴이

5 SML 같은 언어에서는 스플레이 트리의 루트를 참조 셀(ref cell)에 저장하고 질의가 실행될 때마다 그 셀을 갱신할 수 있다. 하지만 이는 순수 함수적 해법은 아니다.

진 검색 트리 사이의 근본적인 차이는 아니다. 단지 힙과 집합이라는 두 추상화의 차이를 반영하는 것뿐이다.

insert를 구현하는 전략을 살펴보자. 이 방법은 기존 트리를 두 가지 하위 트리로 분할한다. 한 트리에는 삽입할 원소보다 더 작은 원소들을 모두 모으고, 다른 한 트리에는 삽입할 원소보다 더 큰 원소들을 모은다. 그 후 새 원소와 두 하위 트리를 사용해 새로운 노드를 구성한다. 트리의 말단(잎leaf)에 새 원소를 삽입하는 일반적인 이진 검색 트리의 경우와 달리, 이 과정은 새 원소를 트리의 루트에 삽입한다. insert 코드는 간단히 다음과 같다.

```
fun insert (x, t) = T (smaller (x, t), x, bigger (x, t))
```

여기서 smaller와 bigger는 각각의 의미에 적합한 하위 트리를 뜻한다. 이 과정은 퀵소트quicksort의 분할partitioning 단계와 비슷하므로, 여기서 새로 삽입한 원소를 피봇pivot이라 부르자.

bigger를 안일하게 구현하면 다음과 같을 것이다.

```
fun bigger (pivot, E) = E
  | bigger (pivot, T (a, x, b)) =
      if x <= pivot then bigger (pivot, b)
      else T (bigger (pivot, a), x, b)
```

하지만 이 코드는 트리를 더 균형 있게 만들기 위한 시도를 전혀 하지 않는다. 이 방식 대신, 우리는 왼쪽 브랜치branch를 연속으로 두 번 따라간 경우에 그 두 노드를 회전시킨다는 아주 간단한 재구축 휴리스틱heuristic을 사용한다.

```
fun bigger (pivot, E) = E
  | bigger (pivot, T (a, x, b)) =
      if x <= pivot then bigger (pivot, b)
      else case a of
           E => T (E, x, b)
         | T (a1, y, a2) =>
```

```
if y <= pivot then T (bigger (pivot, a2), x, b)
else T (bigger (pivot, a1), y, T (a2, x, b))
```

그림 5.4는 균형이 심하게 어긋난 트리에 bigger를 수행하는 경우의 효과를 보여준다. 결과는 일반적인 의미에서 볼 때 여전히 균형이 잡혀 있지 않다. 그래도, 새 트리는 원래의 트리보다는 훨씬 더 균형 트리에 가깝다. 노드의 깊이가 d에서 $\lfloor d/2 \rfloor$ 또는 $\lfloor d/2 \rfloor + 1$로 절반 가까이 줄어들었다. 물론 트리의 모든 노드의 깊이를 절반으로 줄일 수는 없지만, 검색 경로상의 모든 노드는 깊이를 반으로 줄일 수 있다. 사실 이 성질이 스플레이 트리의 핵심 원칙이다. 즉, 스플레이 트리는 검색 경로상의 노드들을 재구축해서 깊이를 절반으로 줄여야 한다.

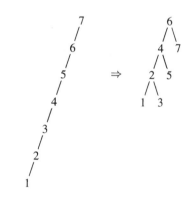

그림 5.4 0을 피벗으로 bigger를 호출한 경우

📝 **연습문제 5.4**

smaller를 구현하라. smaller는 크기가 같은 원소를 그대로 남겨둬야 한다는 점에 유의하라(원소가 같은 경우에 대해 검사를 만들지 말라!).

smaller와 bigger는 모두 같은 검색 경로를 방문한다. 따라서 같은 경로 방문을 두 번 반복하기보다는 smaller와 bigger를 partition이라는 한 함수로 엮고, 결과를 트리 쌍으로 반환하면 좋다. 이 함수는 단순하지만 구현하기 약간은 지루하다.

```
fun partition (pivot, E) = (E, E)
  | partition (pivot, t as T (a, x, b)) =
      if x <= pivot then  (* zag *)
          case b of
            E => (t, E)
          | T (b1, y, b2) =>
              if y <= pivot then  (* zag *)
                  let val (small, big) = partition (pivot, b2)
                  in (T (T (a, x, b1), y, small), big) end
              else                (* zig *)
                  let val (small, big) = partition (pivot, b1)
                  in (T (a, x, small), T (big, y, b2)) end
      else                (* zig *)
          case a of
            E => (E, t)
          | T (a1, y, a2) =>
              if y <= pivot then      (* zag *)
                  let val (small, big) = partition (pivot, a2)
                  in (T (a1, y, small), T (big, x, b)) end
              else                (* zig *)
                  let val (small, big) = partition (pivot, a1)
                  in (small, T (big, y, T (a2, x, b))) end
```

> **(!) 일러두기**
>
> 이 함수는 처리 단계가 다르기 때문에 smaller 및 bigger와 완전히 동등
> 하지는 않다. partition은 항상 노드를 쌍으로 처리하는 반면, smaller
> 와 bigger는 한 노드만을 처리하는 경우도 있다. 따라서 때로 smaller와
> bigger가 회전시키는 노드 쌍과 partition이 회전시키는 노드 쌍이 다를
> 수도 있다. 하지만 이런 차이가 그리 크게 중요하지는 않다.

다음으로, findMin과 deleteMin을 생각해보자. 스플레이 트리의 최소 원소는 가장 왼쪽^{leftmost}의 T 노드에 저장된다. 이 노드를 찾는 것은 쉽다.

```
fun findMin (T (E, x, b)) = x
  | findMin (T (a, x, b)) = findMin a
```

deleteMin은 최소 노드를 없애야 한다. 그와 동시에 트리를 bigger와 같은 방식으로 재구축한다. 항상 맨 왼쪽 브랜치를 취하기 때문에 비교할 필요는 없다.

```
fun deleteMin (T (E, x, b)) = b
  | deleteMin (T (T (E, x, b), y, c)) = T (b, y, c)
  | deleteMin (T (T (a, x, b), y, c)) = T (deleteMin a, x, T (b, y, c))
```

그림 5.5는 스플레이 트리 구현을 한꺼번에 보여준다. 완결성을 위해 스플레이 트리에 대한 merge 함수를 포함시켰다. merge는 입력이 클 때 $O(n)$이 걸린다는 효율성 문제가 있다.

```
functor SplayHeap (Element: ORDERED): HEAP =
struct
  structure Elem = Element

  datatype Heap = E | T of Heap * Elem.T * Heap

  val empty = E
  val isEmpty E = true | isEmpty _ = false

  fun partition (pivot, E) = (E, E)
    | partition (pivot, t as T (a, x, b)) =
        if Elem.leq(x, pivot) then      (* zag *)
          case b of
```

(이어짐)

90

```
                 E => (t, E)
               | T (b1, y, b2) =>
                    if Elem.leq(y, pivot) then  (* zag *)
                       let val (small, big) = partition (pivot, b2)
                       in (T (T (a, x, b1), y, small), big) end
                    else                     (* zig *)
                       let val (small, big) = partition (pivot, b1)
                       in (T (a, x, small), T (big, y, b2)) end
          else                          (* zig *)
             case a of
               E => (E, t)
             | T (a1, y, a2) =>
                    if Elem.leq (y, pivot) then  (* zag *)
                       let val (small, big) = partition (pivot, a2)
                       in (T (a1, y, small), T (big, x, b)) end
                    else                     (* zig *)
                       let val (small, big) = partition (pivot, a1)
                       in (small, T (big, y, T (a2, x, b))) end

  fun insert (x, t) = let val (a, b) = partition (x, t) in T (a, x, b)
end
  fun merge (E, t) = t
    | merge (T (a, x, b), t) =
        let val (ta, tb) = partition(x, t)
        in T (merge (ta, a), x, merge (tb, b)) end
  fun findMin E = raise Empty
    | findMin (T (E, x, b)) = x
    | findMin (T (a, x, b)) = findMin a

  fun deleteMin E = raise Empty
    | deleteMin (T (E, x, b)) = b
    | deleteMin (T (T (E, x, b), y, c)) = T (b, y, c)
    | deleteMin (T (T (a, x, b), y, c)) = T (deleteMin a, x, T (b, y,
c))
end
```

그림 5.5 스플레이 트리를 사용하는 힙의 구현

다음으로 insert가 $O(\log n)$ 시간에 실행됨을 보인다. #t는 t의 크기에 1을 더한 값을 표현한다. $t = \mathsf{T}(a, x, b)$라면 #t = #a + #b라는 점을 기억하자. 개별 노드에 대한 포텐셜 $\phi(t)$는 $\log(\#t)$로 정의하고, 전체 트리의 포텐셜 $\Phi(t)$는 그 트리에 있는 모든 개별 노드의 포텐셜을 더한 값이라고 하자. 이제 로그 함수에 대해 아래와 같은 기본 내용이 필요하다.

보조정리 5.1

$y + z \leq x$인 모든 양수 x, y, z에 대해, 다음이 성립한다.

$$1 + \log y + \log z < 2 \log x$$

증명

일반성을 잃지 않고 $y \leq z$라고 가정할 수 있다. 이때 $y \leq x/2$가 되며, $z \leq x$이다. 따라서 $1 + \log y < \log x$이고, $\log z < \log x$이다.

트리 t에 대해 partition을 호출하는 데 드는 실제 비용을 $\mathcal{T}(t)$라고 표현하자. partition에 대한 재귀 호출의 전체 횟수로 $\mathcal{T}(t)$를 정의한다. $\mathcal{A}(t)$는 t에 대해 partition을 호출하는 데 드는 분할 상환 비용이며, 다음과 같이 $\mathcal{A}(t)$를 정의한다.

$$\mathcal{A}(T) = \mathcal{T}(t) + \Phi(a) + \Phi(b) - \Phi(t)$$

여기서 a와 b는 partition이 반환하는 하위 트리들이다.

정리 5.2

$$\mathcal{A}(t) \leq 1 + 2\phi(t) = 1 + 2 \log(\#t)$$

증명

두 가지 흥미로운 경우가 있다. 재귀 과정에서 발생하는 각 partition 호출을 살펴볼 때, 직전에 왼쪽 브랜치를 두 번(대칭적으로 오른쪽 브랜치를 두 번) 탔다면 지그-지그$^{\text{zig-zig}}$이고, 왼쪽 브랜치를 탄 다음에 오른쪽 브랜치를(대칭적으로, 오른쪽 브랜치를 타고 왼쪽 브랜치를) 탄 다음 partition 호출이 일어난다면 지그-재그$^{\text{zig-zag}}$라고 부른다.

지그-지그의 경우에는 원래의 트리와 결과로 만들어지는 트리가 다음과 같은 모양이라고 가정한다.

$$
\begin{array}{ccc}
\begin{array}{c}
s = x \\
/ \;\backslash \\
t = y \quad d \\
/ \;\backslash \\
u \quad c
\end{array}
& \Rightarrow &
a \;\|\;
\begin{array}{c}
y = s' \\
/ \;\backslash \\
b \quad x = t' \\
\quad\; / \;\backslash \\
\quad\; c \quad d
\end{array}
\end{array}
$$

여기서 a와 b는 partition (pivot, u)의 결과다.[6] 이 경우,

$$
\begin{aligned}
&\mathcal{A}(s) \\
={}& \quad \{\mathcal{A} \text{의 정의}\} \\
&\mathcal{T}(s) + \Phi(a) + \Phi(s') - \Phi(s) \\
={}& \quad \{\,\mathcal{T}(s) = 1 + \mathcal{T}(u)\,\} \\
&1 + \mathcal{T}(u) + \Phi(a) + \Phi(s') - \Phi(s) \\
={}& \quad \{\,\mathcal{T}(u) = \mathcal{A}(u) - \Phi(a) - \Phi(b) + \Phi(u)\,\} \\
&1 + \mathcal{A}(u) - \Phi(a) - \Phi(b) + \Phi(u) + \Phi(a) + \Phi(s') - \Phi(s) \\
={}& \quad \{\Phi(s'), \Phi(s) \text{ 확장 후 정리}\} \\
&1 + \mathcal{A}(u) + \phi(s') + \phi(t') - \phi(s) - \phi(t) \\
\leq{}& \quad \{\text{수학적 귀납법의 가정: } \mathcal{A}(u) \leq 1 + 2\phi(u)\,\} \\
&2 + 2\phi(u) + \phi(s') + \phi(t') - \phi(s) - \phi(t) \\
<{}& \quad \{\,\phi(u) < \phi(t) \text{이고 } \phi(s') \leq \phi(s)\,\} \\
&2 + \phi(u) + \phi(t') \\
<{}& \quad \{\,\sharp u + \sharp t' < \sharp s \text{이고, 보조정리 5.1에 의해}\,\} \\
&1 + 2\phi(s)
\end{aligned}
$$

지그-재그의 경우는 연습문제로 남긴다.

---

6 상황을 좀 더 자세히 설명하자면, 전체 트리 루트에서 시작해 partition을 재귀적으로 호출하는 과정에서, partition (pivot, s)가 호출되고 s의 키 x가 pivot보다 커서 s의 자식 t의 키 y를 pivot과 비교해보니, 그 또한 pivot보다 커서 t의 왼쪽 자식인 u에 대해 partition (pivot, u)를 호출하는 상황이다(소스 코드에서 zig라고 주석을 단 부분을 쫓아가 보라). 이 시점에서 보면 s, t와 그 두 노드의 오른쪽 자식들은 모두 u에 있는 노드들보다 더 큰 키 값을 갖는 노드로만 구성되어 있다는 점에 착안하자. partition (pivot, u)가 반환한 a, b는 각각 u보다 작거나 같은 원소들이 들어 있는 트리와 u보다 큰 원소들이 들어 있는 트리이므로, 마지막에 partition (pivot, x)가 반환해야 하는 u보다 더 큰 노드들로 이뤄진 트리는 b와 x, y, c, d로 재구축한 트리다. 여기서 b ≤ y ≤ c ≤ x ≤ d이므로, 트리 모양이 T (b, y, T (c, x, d))가 돼야 한다. — 옮긴이

📝 연습문제 5.5

지그–재그의 경우를 증명하라.

partition의 추가 비용보다 insert에서 더 드는 추가 비용은 1단계의 실제 비용과 partition이 반납하는 두 트리와 최종 트리의 포텐셜 사이의 변화의 합이다. 여기서 포텐셜 변화는 단지 새로 생기는 루트의 ϕ이다. partition의 분할 상환 복잡도 상위 바운드가 $1 + 2 \log(\#t)$이므로, insert의 분할 상환 복잡도는 $2 + 2 \log(\#t) + \log(\#t + 1) \approx 2 + 3 \log(\#t)$이다.

📝 연습문제 5.6

deleteMin도 $O(\log n)$ 시간에 실행됨을 보여라.

이제 findMin은 어떨까? 균형이 많이 어긋난 트리의 경우 findMin이 $O(n)$ 시간만큼 걸릴 수 있다. 하지만 findMin은 재구축을 수행하지 않고, 그러므로 포텐셜의 변화도 없다. 따라서 이 비용을 분할 상환할 방법이 없다! 하지만 findMin이 deleteMin에 비례하는 시간이 걸리기 때문에, deleteMin에 부가되는 비용을 두 배로 늘리면 결과적으로는 한 번 deleteMin을 호출할 때마다 공짜로 findMin을 실행하는 것과 같다. 항상 findMin과 deleteMin을 같이 호출하는 애플리케이션의 경우 이런 분석만으로도 충분하다. 하지만 일부 애플리케이션에서는 deleteMin을 한 번 부를 때 findMin을 여러 번 부를 수도 있다. 이런 애플리케이션의 경우 SplayHeap 펑터를 직접 사용하지 않고, 예제 3.7의 ExplicitMin 펑터와 SplayHeap 펑터를 조합해 사용할 수 있다. ExplicitMin 펑터의 목적은 findMin을 $O(1)$ 시간에 실행하게 만드는 것이었음을 기억하라. insert와 deleteMin은 이 경우에도 여전히 $O(\log n)$ 분할 상환 시간이 걸릴 것이다.

스플레이 트리에서 특히 멋진 특징은 입력 데이터의 순서가 어떻든 스플레이 트리가 자연스럽게 자신을 맞출 수 있다는 점이다. 예를 들어, 이미 정렬된 리스트에 대해 스플레이 힙을 사용하면 $O(n \log n)$이 아닌 $O(n)$ 시간이 걸린다 [MEP96]. 레프티스트 힙에도 이런 성질이 있지만, 내림차순으로 정렬된 경우에만 그렇다. 스플레이 힙은 부분적으로만 정렬된 시퀀스는 물론, 오름차순과 내림차순으로 정렬된 시퀀스에서도 모두 훌륭하게 동작한다.

📝 **연습문제 5.7**

스플레이 트리에 원소를 삽입하고 트리를 중위 순회inorder traversal하면서 원소를 리스트에 넣음으로써 원소들을 정렬하는 함수를 작성하라. 이 함수가 이미 정렬된 리스트에 대해 오직 $O(n)$ 시간만 소요됨을 증명하라.

5.5 페어링 힙

페어링 힙pairing heap[FSST86]은 계산 이론 학자들을 미치게 만드는 데이터 구조다. 한편으로 페어링 힙은 구현하기 간단하며 실전에서 성능이 아주 좋다. 다른 한편으로 페어링 힙은 거의 10년 동안이나 분석이 잘 이뤄지지 않고 있었다!

페어링 힙은 힙 순서를 지키는 멀티웨이multiway(자식이 2개 이상 여럿 있을 수 있는) 트리다. 이를 다음과 같은 데이터 타입으로 정의할 수 있다.

```
datatype Heap = E | T of Elem.T * Heap list
```

우리는 잘 정리된well-formed 트리만 허용한다. 잘 정리된 트리에서는 T 노드의
자식 리스트에 E(빈 트리)는 들어 있지 않다.

트리들이 힙 순서로 정렬되어 있으므로, findMin 함수는 뻔하다.

```
fun findMin (T (x, hs)) = x
```

merge와 insert 함수도 그리 많이 어렵지는 않다. merge는 루트가 더 큰 트리를
루트가 가장 작은 트리의 가장 왼쪽 자식으로 만든다. insert는 먼저 (원소가 하
나인) 싱글톤singleton 트리를 만들고 즉시 merge를 호출한다.

```
fun merge (h, E) = h
  | merge (E, h) = h
  | merge (h1 as T (x, hs1), h2 as T (y, hs2)) =
      if Elem.leq(x, y) then T (x, h2 :: hs1) else T (y, h1 :: hs2)
fun insert (x, h) = merge (T (x, []), h)
```

페어링 힙이라는 이름은 deleteMin 연산에서 비롯된 것이다. deleteMin은 루
트를 버리고 자식을 두 단계로 나눠 병합한다. 첫 번째 단계에서는 자식들을 왼
쪽에서 오른쪽으로 둘씩(한 쌍씩) 병합한다(즉, 첫 번째 자식과 두 번째 자식을 병합
하고 세 번째 자식과 네 번째 자식을 병합하는 식으로 병합이 이뤄진다). 두 번째 단계
에서는 첫 번째 단계의 결과로 나온 트리들을 오른쪽에서 왼쪽으로 둘씩 병합한
다. 이 두 단계를 간결하게 다음과 같이 코드로 표현할 수 있다.[7]

---

7 이해를 위해 간단하게 트리가 4개인 [h1,h2,h3,h4]에 대해 이 코드를 실행해보면 다음과 같은 계산을 거친다.

   merge(merge(h1,h2),mergePairs([h3,h4]))
  = merge(merge(h1,h2),merge(merge(h3,h4),mergePairs([])))
  = merge(merge(h1,h2),merge(merge(h3,h4),[]))
  = merge(merge(h1,h2),merge(h3,h4))

  – 옮긴이

```
fun mergePairs [] = E
  | mergePairs [h] = h
  | mergePairs (h1 :: h2 :: hs) = merge (merge(h1, h2), mergePairs hs)
```

이 함수가 있으면 deleteMin은 간단하다.

```
fun deleteMin (T (x, hs)) = mergePairs hs
```

전체 구현을 그림 5.6에서 볼 수 있다.

```
functor PairingHeap(Element: ORDERED): HEAP =
struct
  structure Elem = Element

  datatype Heap = E | T of Elem.T * Heap list

  val empty = E
  fun isEmpty E = true | isEmpty _ = false

  fun merge (h, E) = h
    | merge (E, h) = h
    | merge (h1 as T (x, hs1), h2 as T (y, hs2)) =
        if Elem.leq (x, y) then T (x, h2 :: hs1) else T (y, h1 :: hs2)
  fun insert (x, h) = merge (T (x, []), h)

  fun mergePairs [] = E
    | mergePairs [h] = h
    | mergePairs (h1 :: h2 :: hs) = merge (merge(h1, h2), mergePairs hs)

  fun findMin E = raise Empty
    | findMin (T (x, hs)) = x
  fun deleteMin E = raise Empty
    | deleteMin (T (x, hs)) = mergePairs hs
end
```

그림 5.6 페어링 힙

이제 findMin, insert, merge가 모두 최악의 경우 $O(1)$에 작동함을 보이기는 쉽다. 하지만 deleteMin은 최악의 경우 최대 $O(n)$까지 시간이 걸린다. 스플레이 트리와 비교하는 그림을 그리면(연습문제 5.8 참조), insert, merge, deleteMin이 모두 $O(\log n)$ 분할 상환 시간이 걸림을 보일 수 있다. insert와 merge가 실제로는 $O(1)$ 분할 상환 시간으로 실행된다는 추측conjecture이 있다 [FSST86]. 하지만 아직까지 이 추측을 증명하거나 반증한 사람은 없다.

⚡ **전문가를 위한 힌트**

페어링 힙은 실전에서 merge 함수를 사용하지 않는 애플리케이션의 경우 스플레이 힙만큼 빠르며, merge 함수를 사용하는 애플리케이션의 경우 스플레이 힙보다 훨씬 빠르다. 하지만 스플레이 힙과 마찬가지로 페어링 힙도 영속성을 사용하지 않는 애플리케이션에서만 사용할 수 있다.

✏️ **연습문제 5.8**

이진 트리가 종종 멀티웨이 트리보다 더 편리하다. 다행히도 임의의 멀티웨이 트리를 이진 트리로 표현할 수 있는 방법이 있다. 이진 트리의 왼쪽 자식이 멀티웨이 노드의 가장 왼쪽 자식을 표현하고, 이진 트리의 오른쪽 자식이 어떤 멀티웨이 노드의 바로 오른쪽에 있는 형제 노드를 표현하게 만들면 된다. 멀티웨이 노드의 가장 왼쪽 자식이나 바로 오른쪽 형제가 없는 경우, 이진 노드에서 그에 해당하는 필드를 비워둔다(이는 멀티웨이 트리를 이진 트리로 표현할 경우, 이진 트리 루트의 오른쪽 자식은 항상 비어 있다는 뜻이다). 이 변환을 페어링 힙에 적용해서 반만 순서가 정해진half-ordered 이진 트리를 만들어라. 그 이진 트리 안에서는 각 노드의 원소가 자신의 왼쪽 하위 트리의 모든 원소보다 크지 않다.

(a) 앞에서 정의한 페어링 힙 타입의 트리를 다음 타입으로 바꾸는 toBinary 함수를 작성하라.

datatype BinTree = E' | T' **of** Elem.T * BinTree * BinTree

(b) 이 새로운 표현을 활용해 페어링 힙을 다시 구현하라.
(c) 스플레이 트리의 분석을 이 트리(이진 트리로 구현한 페어링 힙)에 적용해서 deleteMin과 merge가 $O(\log n)$ 분할 상환 시간에 실행됨을 증명하라(그리고 그에 따라 페어링 힙의 예전 표현에서도 $O(\log n)$이 걸림을 증명하라). 스플레이 트리와 같은 포텐셜 함수를 사용하라.

5.6 나쁜 소식

지금까지 본 대로 분할 상환 데이터 구조는 종종 실전에서 엄청나게 효과적이다. 하지만 불행히도 이번 장에서 분석한 내용들은 모두 대상 데이터 구조가 일시적ephemeral(즉, 단일 스레드에서 작동하는 방식으로 작동)이라는 가정을 암시하고 있다. 하지만 이런 데이터 구조 중 하나를 영속적으로 사용하면 어떤 일이 벌어질까?

5.2절에서 다룬 큐를 생각해보자. q가 초기에 비어 있던 큐에 n개의 원소를 삽입한 결과인데, q의 앞부분 리스트에는 원소가 1개 있고, 뒷부분 리스트에는 원소가 $n - 1$개 들어가 있다고 하자. 이제 q를 영속적으로 사용하면서 tail을 n번 호출한다고 가정하자. tail q 호출이 실행되려면 매번 n단계가 필요하다. 이때 q를 만드는 데 드는 비용을 포함한 전체 시퀀스의 실제 비용은 $n^2 + n$이다. 연산에 정말로 $O(1)$ 분할 상환 시간이 걸린다면, 실제 비용의 합계도 $O(n)$이 걸릴 것이다. 하지만 분명히 이런 큐를 영속적으로 사용하면 5.2절에서 증명했던 $O(1)$이라는 분할 상환 바운드 시간 분석을 무효로 만든다. 그렇다면 이 증명 중 어디가 잘못된 걸까?

어떤 기법을 사용하든지, 영속적인 데이터 구조는 분석의 핵심 요구사항에 위배된다. 은행원 기법에서는 신용을 두 번 이상 사용하지 말아야 하며, 물리학자 기법에서는 한 연산의 출력이 바로 다음 연산의 입력이 되어야만 한다(혹은 더 일반적으로 말해 어떤 출력도 다른 연산의 입력으로 두 번 이상 쓰여서는 안 된다). 이제 앞에서 큐에 대해 든 예에서 tail q를 두 번째 호출하는 경우를 살펴보자. tail q에 대한 첫 번째 호출은 q의 뒤쪽 리스트의 모든 신용을 사용해버리기 때문에 두 번째나 그 이후로 tail q를 다시 호출하면 더 이상 사용할 수 있는 신용이 남아 있지 않아서 은행원 기법이 실패한다. 그리고 q를 두 번째 호출할 때는 첫 번째 tail q의 출력을 사용하는 게 아니라 원래의(최초 tail q를 할 때 썼던) q를 다시 사용한다. 따라서 물리학자 기법도 실패한다.

두 실패 모두 누적된 절감 비용을 기반으로 하는 회계 기법의 근본적인 약점을 잘 보여준다. 누적시킨 절감 비용은 오직 한 번만 사용할 수 있다. 전통적인 분할 상환 분석 방법들은 누적된 절감 비용(그 비용이 신용이든 포텐셜이든)을 나중에 사용한다는 사실을 바탕으로 한다. 일시적 데이터 구조의 경우 모든 연산에는 논리적인 미래logical future가 오직 하나씩 존재하므로 이 방법이 잘 작동한다. 하지만 영속성이 있으면 어떤 연산에 대해 여러 가지 논리적 미래가 존재할 수 있다. 이런 여러 논리적인 미래는 서로 같은 누적 절감 비용을 사용하기 위해 서로 경쟁한다.

다음 장에서는 연산에 대한 '논리적 미래'라는 말의 의미를 더 명확히 할 것이다. 그리고 지연 계산을 활용해 분할 상환과 영속성을 함께 잘 사용하는 방법을 살펴본다.

📝 **연습문제 5.9**

이항 힙, 스플레이 힙, 페어링 힙에 대해 분할 상환 분석으로 예측할 수 있는 상위 바운드보다 더 오랜 시간이 걸리는 연산 순서의 예를 제시하라.

5.7 참고사항

5장에서 설명한 분할 상환 분석 기법은 슬리터[Sleator]와 타잔[Tarjan]이 개발하고 [ST85, ST86b], 타잔에 의해 유명해졌다[Tar85]. 숀마커스[Schoenmakers]는 [Sch92]에서 영속성이 없는 함수형 환경에서 분할 상환 바운드를 체계적으로 이끌어내는 방법을 보였다.

그리스[Gries][Gri81, pp. 250–251]와 후드[Hood] 및 멜빌[Melville]은 [HM81]에서 5.2절에 설명한 큐를 처음 제시했다. 버튼[Burton]은 [Bur82]에서 비슷한 구현을 제안했지만, 큐가 비어 있지 않은 한 앞쪽 리스트가 비어 있지 말아야 한다는 제약을 포함하지는 않았다. 버튼은 head와 tail을 한 함수로 구현했기 때문에 head를 효율적으로 지원하기 위한 이런 제약이 필요 없었다.

스플레이 힙[Jon86]과 페어링 힙[MS91, Lia92]에 대한 여러 통계적 연구가 이 두 힙이 가장 빠른 힙 구현에 속함을 보여왔다. 스타스코[Stasko]와 비터[Vitter]는 [SV87]에서 페어링 힙의 변종 하나에 대해 insert의 분할 상환 바운드가 $O(1)$이라는 추측이 실제로 성립함을 확인했다.

06

지연 계산을 통해 분할 상환과
영속성을 동시에 달성하기

5장에서는 분할 상환을 소개하고, 분할 상환이 좋은 복잡도 바운드를 만들어내는 데이터 구조 예제를 몇 가지 살펴봤다. 하지만 이런 데이터 구조들은 모두 영속성이 들어가면 항상 분할 상환 바운드가 깨져버린다는 특성이 있다. 6장에서는 지연 계산이 분할 상환과 영속성 사이의 충돌을 어떻게 중재할 수 있는지 살펴보고, 은행가와 물리학자 기법을 사용해 지연 계산의 비용을 평가해본다. 그 후 이 새로운 방법을 내부에 지연 계산을 사용하는 여러 가지 분할 상환 데이터 구조에 적용해본다.

6.1 실행 트레이스와 논리적 시간

5장에서 영속성이 존재하는 경우 전통적인 분할 상환 기법이 깨진다는 사실을 살펴봤다. 분할 상환에서는 미래가 유일해서 저장해뒀던 비용을 나중에 최대 한 번만 사용한다는 가정이 있다. 하지만 영속성이 있으면 저축해둔 비용을 사용할 수 있는 논리적인 미래가 여러 군데 있을 수 있기 때문에 분할 상환이 깨진다.

그렇다면 여기서 어떤 연산의 '논리적인 미래'라는 말이 정확히 어떤 의미일까?

우리는 논리적인 시간을 실행 트레이스$^{execution\ trace}$로 모델링한다. 이는 수행된 계산의 역사에 대한 추상적인 뷰를 제공한다. 실행 트레이스는 관심 대상 연산들(보통 갱신 연산)이 노드로 되어 있는 방향성 그래프다. 어떤 v에서 v'으로 가는 간선^{edge}은 v의 결과 중 일부나 전부를 v'이 사용한다는 뜻이다. 어떤 연산의 논리적 역사$^{logical\ history}$는 $\hat{v}$으로 표시하며, v의 결과가 의존하는 모든 연산의 집합이다(v 자신도 포함됨). 이를 다른 말로 하면 $\hat{v}$은 w에서 v로 가는 경로가 존재하는 모든 노드 w의 집합을 말한다(이때 경로 길이는 0일 수 있다). 어떤 노드 v의 논리적 미래$^{logical\ future}$는 v로부터 종단 노드(즉, 출력 차수$^{out\ degree}$(밖으로 나가는 간선 개수)가 하나도 없는 노드)로 가는 모든 경로를 말한다. 그런 경로가 2개 이상 있으면 v 노드에 여러 논리적 미래가 있다고 한다. 때로 어떤 객체의 논리적 역사나 논리적 미래를 언급할 때가 있는데, 이는 그 객체를 만들어낸 연산의 논리적 역사나 논리적 미래를 뜻한다.

📝 연습문제 6.1

다음 연산들에 대해 실행 트레이스를 그려라. 트레이스 안에 있는 각 노드마다 그 노드의 논리적 미래의 개수를 적어라.

```
val a = snoc (empty, 0)
val b = snoc (a, 1)
val c = tail b
val d = snoc (b, 2)
val e = c ++ d
val f = tail c
val g = snoc (d, 3)
```

실행 트레이스는 버전 그래프version graph를 더 일반화한 것이다[DSST89]. 영속적인 데이터 구조의 역사를 모델링할 때 버전 그래프를 사용하곤 한다. 버전 그래프에서 노드들은 한 영속적인 대상의 여러 버전을 표현하며, 간선은 버전 사이의 의존성을 표현한다. 따라서 버전 그래프는 연산 결과를 모델링하고, 실행 트레이스는 연산 자체를 모델링한다. 여러 영속적인 대상(타입이 같지 않을 수도 있다)의 버전 역사를 하나로 합치거나, 새로운 버전을 만들어내지 못하는 연산(예: 질의)을 추론하는 경우나, 여러 결과를 내놓는 연산(예: 한 리스트를 두 리스트로 분할)을 추론할 때 실행 트레이스가 더 편리한 경우가 많다.

일시적인 데이터 구조의 경우, 버전 그래프나 실행 트레이스의 모든 노드의 출력 차수는 보통 최대 1로 제한된다. 이는 객체가 한 번에 최대 한 번만 변경될 수 있다는 제약을 반영한다. 여러 유형의 영속성을 모델링하기 위해 버전 그래프에서는 모든 노드의 출력 차수의 상한을 없애는 대신, 다른 제약을 추가한다. 예를 들어, 버전 그래프는 모든 노드의 입력 차수를 최대 1로 제한해서 트리(또는 포레스트) 구조를 강제하는 경우가 많다. 그렇지 않은 버전 그래프에서는 입력 차수를 1보다 크게 만들 수 있지만, 순환cycle을 금지해서 모든 그래프를 방향성 비순환 그래프dag로 제한하기도 한다. 우리는 영속적 데이터 구조에 대한 실행 트레이스에 대해 이런 제약을 추가하지 않을 것이다. 실행 트레이스에서 1보다 큰 입력 차수는 인자가 1개보다 많은 연산(리스트 연결이나 합집합 연산 등)에 해당한다는 사실을 알아둬라. 순환은 재귀적으로 정의된 객체에서 생겨나며, 여러 지연 계산 언어가 그런 객체를 지원한다. 우리는 심지어 두 노드 사이에 간선이 여러 번 오가는 것도 허용한다. 예를 들어, 리스트를 자기 자신과 연결하면 그런 간선이 생길 수 있다.

6.3.1절에서 영속성을 다루기 위해 은행원 기법을 확장할 때 실행 트레이스를 사용할 것이다.

6.2 영속성과 분할 상환 사이를 중재하기

이번 절에서는 은행원 기법과 물리학자 기법에서 누적된 저축[1]이란 개념을 누적된 부채debt로 바꾸는 방식으로 두 기법을 수정할 수 있음을 보여준다. 여기서 부채는 아직 계산하지 않은 지연 계산의 비용을 측정한다. 직관적으로 보면, 저축은 오직 한 번만 소비할 수 있지만, 부채는 여러 번 상환해도 아무런 해가 없다.

6.2.1 지연 계산의 역할

비싼 연산이란 실제 비용이 (우리가 원하는) 분할 상환 비용보다 더 큰 연산임을 기억하라. 예를 들어 어떤 함수 적용 f x가 비싸다고 가정하자. 영속성이 있으면, 악의적인 상대방이 f x를 얼마든지 자주 호출할 수 있다(이때 각 연산은 x의 논리적 미래다). 각 연산에 같은 시간이 걸린다면, 분할 상환 바운드는 최악의 경우의 바운드로 나빠진다. 따라서 f를 x에 맨 처음 적용할 때는 비록 f가 비싸더라도, 그 이후 벌어지는 f x 적용은 비싸지 않게 보장할 방법을 찾아야만 한다.

부작용side effect이 없다면, 값에 의한 호출(즉시 계산, 엄격한 계산)이나 이름에 의한 호출(메모화를 사용하지 않는 지연 계산)에서는 f x 적용에 항상 똑같은 시간이 걸리기 때문에, 이런 보장이 불가능하다. 따라서 이 두 가지 계산 방식만을 지원하는 언어에서는 영속성과 분할 상환을 유용하게 조합할 수 없다.

이제 필요에 의한 계산call-by-need(메모화를 사용하는 지연 계산)을 고려해보자. x에 계산을 진행하지 않은 부분이 존재하고, 그 부분을 f가 필요로 한다면, 처음 f를 x에 적용하면 (잠재적으로 비쌀 수 있는) 진행하지 않았던 부분의 계산이 일어나고 결과는 메모화된다. 그 이후 모든 연산은 메모화된 결과를 직접 사용한다. 이런 동작은 정확히 우리가 원하는 것과 일치한다!

---

1 은행원 기법의 신용과 물리학자 기법의 누적 포텐셜을 합쳐서 저축이라고 부른다. - 옮긴이

(!) 일러두기

과거를 회고해보면, 지연 계산과 분할 상환 사이의 관계는 그리 놀랍지 않다. 지연 계산은 일종의 자기 변경self-modification으로 볼 수 있고, 분할 상환도 역시 자기 변경을 수반하곤 한다[ST85, ST86b]. 하지만 분할 상환을 사용하는 일시적인 데이터 구조에 적용한 모든 자기 변경이 지연 계산으로 인코딩 가능하지는 않다는 점에서, 지연 계산은 특히 좀 더 잘 제어가 되는 자기 변경이라 할 수 있다. 특히 스플레이 트리는 지연 계산을 사용해 영속화하기 어려운 것으로 알려져 있다.

6.2.2 지연 계산 데이터 구조를 분석하기 위한 프레임워크

순수 함수적으로 분할 상환 데이터 구조를 구현하려면 지연 계산이 필요함을 방금 보았다. 불행히도 지연 계산이 포함된 프로그램의 실행 시간 분석은 어렵기로 악명이 높다. 역사적으로 지연 계산 프로그램을 분석하는 가장 일반적인 기법은 그 프로그램이 실제로는 엄격한 프로그램이라고 가정하는 것이었다. 하지만 이 기법은 지연 분할 상환 데이터 구조를 분석하기에 전혀 적합하지 않다. 다음으로 우리는 그런 분석을 지원하는 기본 프레임워크를 설명할 것이다. 이번 장의 나머지 부분에서는 은행원과 물리학자 기법을 이 프레임워크에 맞춰 변경해서 영속적 분할 상환 데이터 구조를 분석할 수 있는 최초의 기법을 만들어낼 것이다. 게다가 그 기법은 단순하지 않은 지연 계산 프로그램들을 분석할 수 있는 실용적인 기법이기도 하다.

우리는 주어진 연산의 비용을 몇 가지로 분류한다. 첫째로 연산의 **비공유 비용**unshared cost은 연산을 시작하기 전 시스템의 모든 일시중단을 강제 계산해서 메모화한 상태를 가정하고 연산을 수행할 때 걸리는 시간이다(이는 force가 $O(1)$ 시간이 걸린다는 가정하에 계산한 시간이라 할 수 있다. 이때 한 연산 안에서 일시중단을 만들고 바로 그 일시중단을 강제 계산하는 경우는 $O(1)$ 가정의 대상이 아니다). 어떤 연산의 공유 비용^{shared cost}은 이미 만들어진 모든 일시중단을 실행하되, 연산은 계산하지 않을 때 걸리는 시간을 말한다(이때 앞에서 했던 가정을 유지한다). 연산의 완전한 비용^{complete cost}은 공유 비용과 비공유 비용의 합계다. 이때 어떤 연산의 완전한 비용은 지연 계산을 엄격한 계산으로 대치했을 때 그 연산의 실제 비용과 같다.[2]

더 나아가 우리는 연산 시퀀스의 전체 공유 비용을 실현된 비용과 미실현된 비용으로 나눈다. 실현된 비용^{realized cost}은 전체 계산을 진행하는 동안 실행된 일시중단들의 공유 비용이다. 미실현된 비용^{unrealized cost}은 전혀 수행되지 않는 일시중단들의 공유 비용이다. 어떤 연산 시퀀스의 전체 실제 비용^{total actual cost}은 모든 비공유 비용과 실현된 공유 비용의 합계다. 이때 미실현된 비용은 실제 비용에 아무 영향을 끼치지 않는다. 여기서 어떤 특정 연산이 전체 실제 비용에 기여하는 부분은 최소 그 연산의 비공유 비용 이상이고,[3] 최대 그 연산의 완전한 비용 이하이며,[4] 실제 기여분은 공유 비용을 그 연산이 얼마나 많이 실현하는가에 따라 달라진다.

공유 비용을 회계하기 위해 **누적 부채**^{accumulated debt}라는 개념을 쓴다. 맨 처음에 누적 부채는 0이지만, 일시중단이 만들어질 때마다 누적 부채 값을 그 일시중단(그리고 그 안에 내포된 모든 일시중단)의 공유 비용만큼 증가시킨다. 그 후 각 연산은 누적 부채 중 일부를 상환해나간다. 연산의 분할 상환 비용은 그 연산의

---

2 예를 들어 리스트 xs 뒤에 ys를 덧붙이는 연산 ++를 다음 로직으로 구현했다고 가정하자.

   1. xs의 head를 계산한다.

   2. ys 앞에 tail(xs)를 재귀적으로 ++하되, 이를 일시중단시켜 놓는다.

   3. 1과 2를 cons한다.

   4. 결과적으로 xs++ys는 cons (head xs, @(tail(xs) ++ ys))가 된다.

   이 경우 이 ++의 공유 비용은 @(tail(xs)++ys)를 강제 계산하는 데 드는 비용이다. 비공유 비용은 @(tail(xs)++ys) 계산이 $O(1)$에 끝난다고 가정하고, head를 계산하는 비용과 cons하는 비용의 합에 $O(1)$을 더한 값이다. 완전한 비용은 공유 비용과 비공유 비용의 합인데, 이는 엄격한 계산으로 cons (head xs, tail(xs)++ys)를 계산하는 데 걸리는 비용과 같다. – 옮긴이

3 공유 비용에 해당하는 연산들을 하나도 실행하지 않고 미뤄뒀는데 미래에도 그 공유 비용이 계속 미실현 상태로 남는다면 실제 비용에 최소로 기여하게 된다. 이때는 당연히 비공유 비용만큼만 실제 비용에 영향을 끼친다. – 옮긴이

4 연산이 즉시 모든 계산을 수행해버린다면 공유 비용은 0이 되고, 완전한 비용과 실제 비용에 기여하는 비용이 같아진다. – 옮긴이

비공유 비용과 그 연산이 상환해나가는 누적 부채를 더한 것이다. 우리는 어떤 일시중단이 있을 때 그 일시중단과 관련된 모든 부채를 다 상환하기 전까지는 일시중단을 강제로 계산하지 않을 것이다.

> **(!) 일러두기**
>
> 누적 부채라는 개념에 기반한 분할 상환 분석은 예약 할부 구매 플랜layaway plan과 아주 비슷하다. 사고 싶은 물건을 찾았지만(다이아몬드 반지를 예로 들자) 바로 구매할 수 있는 돈이 없을 때 예약 할부 구매 플랜을 쓸 수 있다. 여러분은 보석상에 가서 가격을 결정하고, 반지를 자신의 이름으로 미리 확보해달라고 부탁한다. 그 후 규칙적으로 보석상에 돈을 지불해서 모든 금액을 다 지불하고 나면 비로소 반지를 받을 수 있다.
>
> 지연 계산 데이터 구조를 분석할 때, 여러분은 아직은 실행을 감당할 수 없는 연산을 찾아낸다. 그 연산에 대한 일시중단을 만들고, 그 일시중단의 공유 비용에 비례한 부채를 책정한다. 그 후 매번 조금씩 부채를 상환해나간다. 마침내 부채를 다 상환하고 나면, 언제든지 원하는 때 일시중단을 실행할 수 있다.

일시중단된 계산의 생명 주기에는 세 가지 중요한 순간이 존재한다. 첫 번째는 생성 시점, 두 번째는 모든 부채를 상환한 시점, 세 번째는 실행되는 시점이다. 증명 시 해야 할 일은 두 번째 순간이 세 번째 순간보다 더 앞선다는 사실을 보이는 것이다. 모든 일시중단의 부채가 그 일시중단을 강제 계산하기 전에 청산된다면, 상환한 모든 부채의 합은 실현된 공유 비용의 상위 바운드가 된다. 따라서 전체 분할 상환 비용(즉, 전체 비공유 비용과 상환한 모든 부채의 합계)은 전체 실제 비용(즉, 전체 비공유 비용과 실현된 공유 비용의 합계)의 상위 바운드다. 이런 논리를 6.3.1절에서 정식화할 것이다.

지연 계산 프로그램의 실행 시간을 분석할 때 가장 어려운 문제 중 하나는 여러 논리적 미래가 서로 상호작용하는 것에 대해 추론하는 것이다. 이 문제를 피하기 위해 각 논리적 미래를 마치 오직 하나만 있는 것처럼 추론할 것이다. 일시중단을 만들어내는 연산의 관점에서 보면, 그 일시중단을 강제로 계산하게 만드는 논리적 미래는 반드시 일시중단에 대한 부채를 모두 상환해야 한다. 만약 논리적 미래 중 어느 둘이 같은 일시중단을 강제로 계산하려 한다면, 두 논리적 미래가 서로 따로따로 부채를 상환해야만 한다. 따라서 이들이 서로 협동하지 않고 부채 중 일부만을 상환할 수 있다. 이런 제약을 현재 연산의 논리적 역사 내에서 어떤 일시중단에 대한 부채를 다 상환한 경우에만 그 일시중단을 강제 계산할 수 있게 허용한다는 관점으로 바라볼 수도 있다. 이런 기법을 택하면 때로는 부채를 여러 번 상환할 수도 있기 때문에, 특정 연산에 드는 시간을 과대 추정하게 된다. 하지만 이런 과대 추정은 아무 해가 없고, 분석을 더 단순화하기 위해 지불해야 하는 약간의 대가로 생각할 수 있다.

6.3 은행원 기법

은행원 기법에서 신용을 부채로 바꿔서, 저축을 누적시키는 대신 부채를 누적시키는 방식으로 회계를 수행할 것이다. 각 부채는 어떤 정해진 크기의 일시중단된 연산들을 뜻한다. 처음에 어떤 계산을 일시중단시키면, 그 계산의 공유 비용에 비례하는 수량의 부채를 만들고, 각각의 부채를 객체 안의 특정 위치와 연관시킨다. 이때 각 부채의 위치는 계산의 고유 특성에 따라 달라진다. 계산이 모놀리식monolithic하다면(즉, 일단 시작되면 완료될 때까지 실행됨), 보통 모든 부채를 결과의 루트에 할당한다. 반면 계산이 점진적이면(즉, 서로 독립적으로 실행할 수 있는 여러 조각으로 분해 가능함), 각 부분 결과의 루트마다 부채를 분배할 수 있다.

어떤 연산의 분할 상환 비용은 그 연산의 비공유 비용과 그 연산이 상환하는 부채 수량의 합이다. 여기서 이 연산이 만들어내는 부채의 수량은 분할 상환 비용에 포함되지 않는다는 사실에 유의하라. 부채를 상환하는 순서는 객체에 접근하는 방법에 따라 달라진다. 더 빨리 접근이 이뤄질 것 같은 노드에 있는 부채를 먼저 상환해야만 한다. 분할 상환 바운드를 증명하려면, 어떤 위치에 접근하기 위해서는(이 접근으로 인해 어떤 지연 계산이 강제로 실행될 수도 있다) 그 위치와 연관된 모든 부채를 이미 상환한 다음(따라서 이미 지연 계산 비용을 모두 상환한 다음)이라는 사실을 보여야 한다. 이 특징은 어떤 연산 시퀀스에 의해 상환할 수 있는 부채의 전체 수량이 그 연산들의 실현된 비용 합계의 상위 바운드임을 보장한다. 따라서 전체 분할 상환 비용은 전체 실제 비용의 상위 바운드다. 계산의 맨 끝에 남는 부채는 미실현 공유 비용에 해당하며, 전체 실제 비용에는 영향을 끼치지 못한다.

은행원 기법에서는 점진적인 함수들이 중요한 역할을 한다. 점진적 함수는 데이터 구조의 여러 위치에 부채를 분산시키며, 이때 각각의 부채는 내포된 일시중단에 해당한다. 이렇게 하면, 다른 위치의 부채를 상환했는지 여부와는 관계없이 어떤 위치의 부채를 상환하자마자 그 위치에 접근할 수 있다. 실용적인 면에서 이는 점진적 계산의 초기 부분 결과에 대한 비용을 매우 빠르게 지불할 수 있고, 그 이후 이어지는 부분 결과들에 대한 비용은 필요에 따라 지불됨을 뜻한다. 반면 모놀리식 함수는 유연성이 훨씬 떨어진다. 프로그램은 언제 비싼 모놀리식 계산의 결과가 필요할지 예상하고, 그 결과가 정말 필요한 시점이 오기 전에 연관된 모든 부채를 지불할 수 있을 정도로 충분히 미리 일시중단된 계산을 준비해야만 한다.

6.3.1 은행원 기법의 정당성

이번 절에서는 전체 분할 상환 비용이 전체 실제 비용의 상위 바운드라는 주장을 정당화한다. 전체 분할 상환 비용은 전체 비공유 비용과 상환한 모든 부채 수량의 합계(이때 중복을 모두 감안함)다. 그리고 전체 실제 비용은 전체 비공유 비용과 실현된 공유 비용의 합이다. 따라서 우리는 상환한 모든 부채 수량의 합계가 실현된 공유 비용의 상위 바운드임을 보여야 한다.

은행원 기법을 추상적으로는 6.1절에서 다뤘던 실행 트레이스에 대한 그래프 라벨링 문제$^{\text{graph labelling problem}}$로 생각할 수 있다. 문제는 트레이스에 있는 모든 노드에 세 가지 (다중) 집합으로 레이블을 다는 것이다. 세 집합은 $s(v)$, $a(v)$, $r(v)$이며 다음과 같다.

(I) $v \neq v' \Rightarrow s(v) \cap s(v') = \emptyset$

(II) $a(v) \subseteq \bigcup_{w \in \hat{v}} s(w)$

(III) $r(v) \subseteq \bigcup_{w \in \hat{v}} a(w)$

$s(v)$는 집합이지만 $a(v)$와 $r(v)$는 다중 집합일 수 있다(따라서 중복이 있을 수 있다). 조건 II와 III은 중복을 무시한다.

$s(v)$는 연산 v에 할당된 부채의 집합이다. 조건 I은 부채를 두 번 이상 할당할 수 없음을 의미한다. $a(v)$는 v에 의해 상환된 부채의 다중 집합이다. 조건 II는 부채가 생기기 전에 미리 상환할 수는 없음을 의미한다. 더 구체적으로 말하자면, 어떤 연산은 자신의 논리적 역사에 나타난 부채만을 상환할 수 있다. 마지막으로, $r(v)$는 v가 실현한 부채의 다중 집합이다. 이는 v가 강제 실행한 일시 중단에 대응하는 부채의 다중 집합을 뜻한다. 조건 III은 모든 부채는 상환되기 전에 실현될 수 없음을 의미한다. 더 구체적으로 말하면, 현재 연산의 논리적 역사 안에서 모두 상환된 부채만 현재 연산에서 실현될 수 있다.

왜 $a(v)$와 $r(v)$가 집합이 아니라 다중 집합일까? 단일 연산이 같은 부채를 두 번 이상 상환하거나, (같은 일시중단을 두 번 이상 강제 실행함으로써) 같은 부채를 두 번 이상 실현할 수 있기 때문이다. 같은 부채를 의도적으로 두 번 이상 상환하는 경우는 결코 없지만, 어떤 객체를 자기 자신과 합치는 경우 그런 일이 벌어질 수 있다. 예를 들어 어떤 리스트 연결 함수를 분석할 때, 첫 번째 인자에서 일부 부채를 상환하고 두 번째 인자에서 일부 부채를 상환할 수 있다. 이후, 리스트를 자기 자신과 연결한다면 같은 부채를 두 번 상환할 수 있을 것이다.

이렇게 은행원 기법에 대한 추상적인 관점을 가지면 계산의 여러 비용을 쉽게 측정할 수 있다. V가 실행 트레이스의 모든 노드의 집합이라면, 전체 공유 비용은 $\sum_{v \in V} |s(v)|$이고, 상환한 전체 부채는 $\sum_{v \in V} |a(v)|$이다. 메모화로 인해, 실현된 공유 비용은 $\sum_{v \in V} |r(v)|$가 아니고 $|\bigcup_{v \in V} r(v)|$이다(여기서 합집합

연산 ∪는 중복을 버린다). 따라서 여러 번 실행된 일시중단은 실제 비용에 오직 한 번만 기여한다. 조건 III에 의해, 우리는 $\bigcup_{v \in V} r(v) \subseteq \bigcup_{v \in V} a(v)$임을 안다. 따라서 다음 부등식이 성립한다.

$$\left| \bigcup_{v \in V} r(v) \right| \leq \left| \bigcup_{v \in V} a(v) \right| \leq \sum_{v \in V} |a(v)|$$

그러므로 실현된 공유 비용의 상위 바운드는 상환한 부채의 전체 수량이고, 상환한 부채의 전체 수량의 상위 바운드는 우리가 원하는 대로 전체 분할 상환 비용이다.

> **(!) 일러두기**
>
> 이 증명 과정은 한 번 더 메모화의 중요성을 강조한다. 메모화가 없으면 (즉, 필요에 의한 계산 대신 이름에 의한 계산을 사용한다면) 전체 실현 비용은 $\sum_{v \in V} |r(v)|$가 되고, 합계가 $\sum_{v \in V} |a(v)|$보다 더 작다고 주장할 논리적 근거가 없어진다.

6.3.2 예제: 큐

다음으로는 효율적인 영속성 큐 구현을 만들어낼 것이다. 그리고 그 큐의 모든 연산이 $O(1)$ 분할 상환 시간으로 작동함을 은행원 기법으로 증명한다.

앞 절에서 설명한 내용을 생각하면, 어떻게든 지연 계산을 데이터 구조 설계 안에 넣어야만 한다. 따라서 5.2절에서 만든 간단한 큐의 리스트 쌍을 스트림의 쌍으로 바꿀 것이다.[5] 그리고 나중에 다른 연산을 더 단순화하기 위해, 두 스트림의 길이를 명시적으로 추적한다.

```
type 'a Queue = int * 'a Stream * int * 'a Stream
```

---

5   실제로는 앞쪽 리스트만 스트림으로 바꿔도 충분하지만 단순화를 위해 양쪽 리스트를 모두 스트림으로 바꾼다.

첫 번째 정수는 앞쪽 스트림의 길이, 두 번째 정수는 뒤쪽 스트림의 길이다. 이렇게 길이 정보를 유지해서 생기는 멋진 부작용으로, size 함수를 정수 시간에 지원할 수 있다.

이제는 앞쪽 리스트가 빌 때까지 기다려도 뒤쪽 리스트를 뒤집기에 충분한 시간을 확보할 수 없다. 대신 우리는 주기적으로 뒤쪽 스트림의 모든 원소를 앞쪽 스트림의 맨 뒤로 보내는 방식으로 큐를 회전^{rotate}시킨다. 회전을 시킬 때는 f를 f ++ reverse r로 바꾸고 뒤쪽 스트림은 빈 스트림으로 설정한다. 이 변환은 원소들의 상대적인 순서에 영향을 끼치지 못함에 유의하라.

그렇다면 언제 큐를 회전시켜야 할까? reverse가 모놀리식 함수임을 기억하라. 따라서 reverse 한 결과가 필요해지기 전에 모든 부채를 미리 상환하기 충분한 시점에 계산을 설정해야만 한다. reverse는 $|r|$단계가 필요하므로, 그 비용으로 $|r|$만큼 부채를 할당한다(현재로서는 ++ 연산의 비용은 무시한다). 가장 빨리 reverse 일시중단을 강제 실행할 수 있는 시점은 tail을 $|f|$번 적용한 다음이다. 따라서 우리가 $|f| \approx |r|$일 때 큐를 회전시키고, 연산 하나당 부채를 1씩 상환하면, reverse를 실행하는 시점 이전에 모든 부채를 상환할 수 있다. 실제로는 r이 f보다 1 길어지면 큐를 회전시킨다. 그렇게 하면 $|f| \geq |r|$이라는 조건을 불변으로 유지할 수 있다. 우연히도 이렇게 하면 f가 r이 비어 있는 경우에만 비어 있게 되며, 이는 5.2절의 단순한 큐와 동일하다. 이제 주요 큐 함수들을 다음과 같이 작성할 수 있다.

```
fun snoc ((lenf, f, lenr, r), x) = check (lenf, f, lenr+1, $CONS (x, r))
fun head (lenf, $CONS (x, f'), lenr, r) = x
fun tail (lenf, $CONS (x, f'), lenr, r) = check (lenf-1, f', lenr, r)
```

여기서 check라는 도우미 함수는 $|f| \geq |r|$을 보장한다.

```
fun check (q as (lenf, f, lenr, r)) =
    if lenr <= lenf then q else (lenf+lenr, f ++ reverse r, 0, $NIL)
```

이 구현의 전체 소스 코드는 그림 6.1과 같다.

```
structure BankersQueue : QUEUE =
struct
  type 'a Queue = int * 'a Stream * int * 'a Stream

  val empty = (0, $NIL, 0, $NIL)
  fun isEmpty (lenf, _, _, _) = (lenf = 0)

  fun check (q as (lenf, f, lenr, r)) =
    if lenr <= lenf then q else (lenf+lenr, f ++ reverse r, 0, $NIL)

  fun snoc ((lenf, f, lenr, r), x) = check (lenf, f, lenr+1, $CONS (x, r))

  fun head (lenf, $NIL, lenr, r) = raise Empty
    | head (lenf, $CONS (x, f'), lenr, r) = x
  fun tail (lenf, $NIL, lenr, r) = raise Empty
    | tail (lenf, $CONS (x, f'), lenr, r) = check(lenf-1, f', lenr, r)
end
```

그림 6.1 은행원 기법을 사용한 분할 상환 큐

이 구현이 영속성을 효율적으로 처리하는 방법을 이해하기 위해 다음 시나리 오를 생각해보자. 앞쪽 스트림과 뒤쪽 스트림의 길이가 모두 m인 큐 q_0가 있고, $0 < i \leq m + 1$에 대해 $q_i = \text{tail } q_{i-1}$이라 하자.[6] 이 큐는 최초 tail 적용 시 회 전이 일어나며, 그 회전 시 만들어진 reverse 일시중단은 마지막 tail 적용 시

---

6 코드로 적으면 다음과 같다.

```
q₀ = Queue(m,[e₀,…,e_{m-1}],m,[e_m,…,e2_{m-1}])  (* 앞과 뒤가 각각 길이 m인 큐 *)
q₁ = tail(q₀)      (* 이 지점에서 회전 일시중단 생김 *)
q₂ = tail(q₁)
…
q_{m+1} = tail(q_m)   (* 이 지점에서 q₁에서 만든 일시중단을 강제 실행.
                          여기서 O(m) 걸리는 reverse 비용을 q₁, …, q_m에 1씩 전가 *)
```

– 옮긴이

강제 실행된다. 이 reverse에는 m단계가 걸리고, 그 비용은 $q_1, \dots, q_m$ 사이에 분할 상환된다(현재는 오직 reverse의 비용만을 생각하며, ++의 비용은 무시한다).

이제 어떤 브랜치 지점 k를 선택해서 q_k부터 q_{m+1}까지의 계산을 반복해보자[7](q_k는 영속적으로 사용된다는 점에 유의하라). 이를 d번 수행한다면, 얼마나 많이 reverse가 실행될까? 그 횟수는 브랜치 지점 k가 회전 이전에 있느냐 이후에 있느냐에 따라 달라진다. k가 회전 이후라 하자.[8] 사실, $k = m$으로 가정하면 반복된 각 브랜치는 한 번의 tail 호출이다. 이 각각의 브랜치는 강제로 reverse 일시중단을 계산한다. 하지만 각각이 같은 일시중단을 강제 계산하기 때문에, reverse는 오직 한 번만 계산된다. 여기서 메모화가 중요하다. 메모화가 없다면 reverse가 매번 재실행되면서, 단지 $m + 1 + d$ 연산을 수행하는 데 분할 상환 비용으로 전체 $m(d + 1)$단계가 필요하다. 여기서 d 값이 큰 경우, 이는 연산당 $O(m)$ 분할 상환 복잡도다. 하지만 메모화를 사용하면 분할 상환 복잡도가 연산당 $O(1)$이다.

---

7 코드로 적으면 다음과 같다.

```
q₀ = Queue(m,[e₀,…,eₘ₋₁],m,[eₘ,…,e₂ₘ₋₁])  (* 앞과 뒤가 각각 길이 m인 큐 *)
q₁ = tail(q₀)          (* 이 지점에서 회전 일시중단 생김 *)
q₂ = tail(q₁)
…
qₘ₊₁ = tail(qₘ)        (* 이 지점에서 q₁에서 만든 일시중단을 강제 실행 *)
for i in [0,d-1] do (* d번 반복 *)
    qₖ₊₁ = tail(qₖ)
    …
    qₘ₊₁ = tail(qₘ)    (* 이 지점에서 q₁에서 만든 일시중단을 강제 실행 *)
end for
```

– 옮긴이

8 우리 코드에서 회전이 일어나는 부분은 tail(qₘ)뿐이다. 따라서 k = m이어야 하며, 코드로 적으면 다음과 같다.

```
q₀ = Queue(m,[e₀,…,eₘ₋₁],m,[eₘ,…,e₂ₘ₋₁])  (* 앞과 뒤가 각각 길이 m인 큐 *)
q₁ = tail(q₀)          (* 이 지점에서 회전 일시중단 생김 *)
q₂ = tail(q₁)
…
qₘ₊₁ = tail(qₘ)        (* 이 지점에서 q₁에서 만든 일시중단을 강제 실행 *)
for i in [0,d-1] do (* d번 반복 *)
    qₘ₊₁ = tail(qₘ)    (* 이 지점에서 q₁에서 만든 일시중단을 강제 실행 *)
end for
```

– 옮긴이

하지만 어쨌든 reverse를 재실행할 수 있다. 그냥 $k = 0$(즉, 회전 직전에 브
랜치를 만듦)을 취하라.[9] 그러면 각 브랜치의 첫 번째 tail에서 회전을 반복하면
서 새로운 reverse 일시중단을 만들어낸다. 새 일시중단은 각 브랜치의 마지막
tail에 의해 강제 실행되면서 reverse를 계산한다. 이 모든 일시중단이 각기
다른 일시중단이기 때문에 메모화가 도움이 되지 않는다. 모든 reverse를 계산
하는 데 드는 비용은 $m \cdot d$이지만 이제는 비용을 분할 상환할 연산이 $(m + 1)$
$(d + 1)$개 있다. 따라서 여기서도 다시 분할 상환 비용이 연산당 $O(1)$이다. 여
기서 핵심은 우리가 어떤 작업을 위한 비용을 충분히 분할 상환할 수 있는 연산
시퀀스를 중복해 만들어낼 수 있는 경우에만 같은 작업을 중복해 처리한다는 점
이다.

지금까지 개략적으로 설명한 내용은 이 큐를 영속적으로 사용해도 $O(1)$ 분할
상환 비용이 들 뿐임을 보여준다. 이제 이 증명을 은행원 기법을 사용해 엄밀히
할 것이다.

살펴보면, 모든 큐 연산의 비공유 비용은 $O(1)$이다. 따라서 모든 큐 연산의
분할 상환 비용이 $O(1)$임을 보이기 위해서는, 연산마다 $O(1)$만큼 부채를 상환
해도 모든 일시중단을 강제 계산하기 전에 부채를 충분히 다 상환할 수 있다는
사실을 보여야만 한다. 실제로는 snoc과 tail만 부채를 상환한다.

$d(i)$가 앞쪽 스트림의 i번째 노드의 부채라고 하고, $D(i) = \sum_{j=0}^{i} d(j)$는
i번째 노드까지(i번째 노드도 포함) 모든 노드의 부채의 누적 합계라 하자. 우리는

---

9   코드로 적으면 다음과 같다.

```
q₀ = Queue(m,[e₀,…,eₘ₋₁],m,[eₘ,…,e₂ₘ₋₁]) (* 앞과 뒤가 각각 길이 m인 큐 *)
for i in [0,d-1] do (* d번 반복 *)
    q₁ = tail(q₀)    (* 이 지점에서 회전 일시중단 생김 *)
    q₂ = tail(q₁)
    …
    qₘ₊₁ = tail(qₘ)  (* 이 지점에서 q₁에서 만든 일시중단을 강제 실행 *)
end for
```

– 옮긴이

다음과 같은 **부채 불변조건**debit invariant을 유지할 것이다.

$$D(i) \leq \min(2i, |f| - |r|)$$

여기서 $2i$는 앞쪽 스트림의 첫 번째 노드의 모든 부채가 상환됨을 보장한다($d(0)$ = $D(0) \leq 2 \cdot 0 = 0$). 따라서 이 노드는 아무 때나 강제 실행할 수 있다(예를 들어, head나 tail을 수행 가능하다). $|f| - |r|$ 항은 두 스트림의 길이가 같아질 때마다 전체 큐의 부채가 상환됨을 보장한다. 이 상황은 다음 회전 직전에 일어난다.

정리 6.1

snoc과 tail은 각각 1과 2 부채를 상환함으로써 부채 불변조건을 유지한다.

증명

회전을 발생시키지 않는 snoc은 단지 새 원소를 뒤쪽 스트림에 추가하기만 하며, 이 경우 $|r|$은 1 증가하고 $|f| - |r|$은 1 감소한다. 만약 노드의 $D(i)$가 $|f| - |r|$과 같다면 이는 부채 불변조건에 위배된다. 이때는 큐의 첫 번째 부채를 상환함으로써 불변조건을 회복시킬 수 있다. 첫 번째 부채를 상환하면 그 이후의 모든 누적 부채도 1 감소하기 때문이다.[10] 마찬가지로 회전을 일으키지 않는 tail은 단지 원소를 앞쪽 스트림에서 제거하기만 한다. 이는 $|f|$를 1 감소(따라서 $|f| - |r|$도 1 감소)시킨다. 하지만 더 중요한 것은 이 연산이 나머지 모든 노드의 인덱스를 1 줄인다는 것이다. 따라서 (불변조건의 우변에 있는) $2i$는 2만큼 감소한다. 큐에서 맨 앞에 있는 부채 2개를 상환하면 루프 불변조건을 회복할 수 있다. 마지막으로, 회전이 일어나는 snoc이나 tail을 살펴보자. 우리는 회전이 일어나기 직전에 큐의 모든 부채를 상환하도록 보장하고 있다. 따라서 회전 이후에 상환되는 부채는 오직 회전에 의해 만들어지는 부채뿐이다. 회전 시 $|f| = m$이고 $|r| = m + 1$이면, append를 위해 부채를 m개 만들고,

---

10 앞에서부터 차근차근 값을 더해나가는 누적 값의 특성이다. 어떤 논리적 미래 관계의 경로를 따라 누적 값이 1, 3, 4, 10으로 증가했다면, 두 번째 항목에서 1을 상환하면 누적 값들은 1, 2, 3, 9로 바뀐다. 즉, 상환한 지점 이후의 논리적 미래에서는 상환한 값만큼 모든 누적 값이 줄어든다. – 옮긴이

reverse를 위해 부채를 $m + 1$개 만든다. append는 점진적 함수이므로 맨 앞 m개의 노드에 부채를 1씩 할당할 수 있다. 반면 reverse 함수는 모놀리식 함수이므로 모든 $m + 1$개의 부채를 m번 노드(뒤집은 스트림의 첫 번째 노드)에 할당해야 한다. 따라서 부채는 다음과 같이 분배된다.

$$d(i) = \begin{cases} 1 & (i < m \text{인 경우}) \\ m + 1 & (i = m \text{인 경우}) \\ 0 & (i > m \text{인 경우}) \end{cases} \text{ 그리고 } D(i) = \begin{cases} i + 1 & (i < m \text{인 경우}) \\ 2m + 1 & (i \geq m \text{인 경우}) \end{cases}$$

이런 분배는 0번 노드와 m번 노드에서 부채 불변조건을 위배한다. 하지만 0번 노드에서 부채를 상환하면서 두 노드(m과 0)의 불변조건을 회복시킨다.

이 증명은 은행원 기법을 사용하는 분할 상환 복잡도 증명의 전형적 형식을 따른다. 점진적 함수의 경우 부채를 여러 노드에 걸쳐 분배하며, 모놀리식 함수는 한 노드에 모든 부채를 할당한다. 부채 불변조건은 어떤 주어진 노드에 있는 부채의 수가 아니라 루트로부터 그 노드에 이르는 경로에 있는 모든 부채의 수를 측정한다. 이는 어떤 노드에 접근하기 위해서는 그 노드의 모든 조상을 방문해야 함을 반영한다. 따라서 모든 조상 노드의 부채도 0이 돼야만 한다.

이 데이터 구조는 내포된 일시중단에서 중요한 부분을 보여준다. 내포된 일시중단의 부채는 그 일시중단이 물리적으로 생기기 전에 할당될 수 있고, 심지어는 상환될 수도 있다. 예를 들어 ++가 어떻게 작동하는지 생각해보자.[11] 스트림의 두 번째 노드에 대한 일시중단은 첫 번째 노드에 대한 일시중단이 강제 계산되기 전까지는 물리적으로 아예 만들어지지도 않는다. 하지만 메모화로 인해 두 번째 노드에 대한 일시중단을 첫 번째 노드를 위한 일시중단이 공유될 때마다 공유할 수 있다. 따라서 내포된 일시중단은 암묵적으로 그 중단을 둘러싸고 있는 일시중단이 만들어지는 시점에 만들어지는 것으로 간주할 수 있다. 더 나

---

11 스트림의 ++는 다음과 같다. 여기서 ++가 만들어내는 $CONS에는 s++1을 만들어내는 코드가 들어 있지만, $CONS를 생성하는 시점에는 s++1이 실제 생기는 것은 아니다. – 옮긴이

```
fun lazy ($NiL) ++ t = t
  | ($CONS (x, s)) ++ t = $CONS (x, s ++ 1)
```

아가 객체의 모양에 대해 추론하거나 부채에 대해 논할 때는 어떤 노드가 물리적으로 만들어졌는지 여부를 신경 쓰지 않는다. 대신 우리는 모든 노드가 각각의 최종 형태로 존재하는 것처럼 생각하고(즉, 모든 일시중단이 강제 계산된 것처럼 가정하고) 객체의 모양에 대해 추론한다.

📝 **연습문제 6.2**

부채 불변조건을 $|f| \geq |r|$에서 $2|f| \geq |r|$로 변경했다고 가정하자 (힌트: 이는 check의 조건문을 바꾼다는 말이다).

(a) $O(1)$ 분할 상환 복잡도가 아직도 성립함을 증명하라.

(b) 100번 snoc을 하고 다시 100번 tail을 하는 경우, 두 구현의 상대적인 성능을 비교하라.

6.3.3 부채 상속

우리는 종종 다른 기존의 일시중단을 강제로 계산하는 일시중단을 만들어낸다. 이때 새로운 일시중단이 예전 일시중단에 의존한다^{depend}고 말한다. 큐 예제에서 reverse r이 만들어낸 일시중단은 r에 의존하며, f ++ reverse r이 만들어내는 일시중단은 f에 의존한다. 어떤 일시중단을 강제 실행하려면, 그 일시중단의 부채를 모두 상환해야 함은 물론이고 그 일시중단이 의존하는 모든 다른 일시중단의 부채도 상환해야만 한다. 큐 예제에서 부채 불변조건은 우리가 기본 일시중단의 부채를 모두 상환한 경우에만 ++와 reverse를 사용해 일시중단을 만들어냄을 보장한다. 하지만 항상 그렇게 운이 좋은 것은 아니다.

부채를 다 상환하지 못한 기존 일시중단에 의존하는 새 일시중단을 만드는 경우, 우리는 그 모든 부채를 새 일시중단에 재할당한다. 이때 새 일시중단이 예전 일시중단의 부채를 상속^{inherit}했다고 말한다. 이제 상속한 부채와 새 일시중단 자체의 부채를 모두 다 상환하기 전에 새 일시중단을 강제 실행하지 않을 것이다. 은행원 기법은 이 두 부채(상속받은 부채와 자체 부채)를 구분하지 않고 그 모든 부채가 새 일시중단에 속하는 것처럼 취급한다. 9장, 10장, 11장에서는 부채 상속을 사용해 데이터 구조를 분석한다.

> **① 일러두기**
>
> 부채 상속은 새로운 일시중단을 사용하는 방식 외에는 이전 일시중단에 접근할 방법이 없다는 것을 가정한다. 예를 들어, 다음과 같이 스트림 쌍에 작용하는 함수를 분석하는 경우 부채 상속을 사용하지 않을 수도 있다.
>
> **fun** reverseSnd (xs, ys) = (reverse ys, ys)
>
> 여기서는 ys를 쌍의 첫 번째 요소를 통해 강제 실행할 수도 있고, 쌍의 두 번째 요소를 통해 강제 실행할 수도 있다. 이런 경우에는 ys에 부채를 중복시키거나 새 일시중단이 중복된 부채를 상속하게 하거나, 각각의 부채를 복사해서 의존 관계를 명시적으로 추적할 수 있다.

6.4 물리학자 기법

은행원 기법과 마찬가지로 물리학자 기법을 저축의 누적이 아니라 부채의 누적으로 변경할 수 있다. 전통적인 물리학자 기법에서는 누적 저축의 하위 바운드를 표현하는 포텐셜 함수 Φ를 기술한다. 저축이 아니라 부채를 다루기 위해 Φ를 Ψ로 바꾼다. Ψ는 각 객체와 그 객체의 누적 부채의 상위 바운드(또는 누적 부채에서 어떤 객체가 차지하는 부분의 상위 바운드) 사이의 관계를 표현하는 함수다. 대략적으로 말해, 어떤 연산의 분할 상환 비용은 그 연산의 완전한 비용(즉, 공유 비용과 비공유 비용)에서 포텐셜 변화량을 뺀 것이다. 어떤 연산의 완전한 비용을 측정하는 가장 쉬운 방법은 모든 계산이 엄격한 계산이라고 가정하는 것임을 기억하라.

누적 부채의 변경은 포텐셜 변경에 반영된다. 어떤 연산이 공유 비용을 상환하지 않는다면 포텐셜 변화는 그 연산의 공유 비용과 같다. 따라서 그 연산의 누적 상환 복잡도는 그 연산의 비공유 비용과 같다. 반면 연산이 자신의 공유 비용 또는 자신 이전의 공유 비용의 일부를 상환한다면, 포텐셜 변화는 공유 비용보다 더 작다(즉, 누적 부채가 공유 비용보다 더 작게 증가한다). 그러나 그 연산의 분할 상환 비용은 결코 비공유 비용보다 작아질 수 없기 때문에, 포텐셜 변화가 공유 비용보다 커지는 것은 허용할 수 없다.

물리학자 기법을 은행원 기법과 연관시켜서 정당화할 수 있다. 은행원 기법에서 연산의 분할 상환 비용은 비공유 비용과 상환한 부채의 합이었다. 물리학자 기법에서 분할 상환 비용은 완전한 비용에서 포텐셜 변화를 뺀 것으로, 다른 말로 하면 공유 비용과 포텐셜 변화 사이의 차이를 뺀 값을 비공유 비용에 더한 것이다. 만약 포텐셜 한 단위가 부채 한 단위와 같다고 간주하면 공유 비용은 증가될 수 있는 최대 부채 수량이며, 포텐셜 변화는 실제 이미 증가된 누적 부채의 수량이다. 여기서 둘 사이의 차이는 일부 부채를 상환해서 생겼음에 틀림없다. 따라서 물리학자 기법에서 분할 상환 비용도 비공유 비용과 상환한 부채의 수를 더한 것으로 볼 수 있다.

때로 객체의 포텐셜이 0이 아닌데도 객체 안에 있는 일시중단을 강제 실행하고 싶은 경우가 있다. 그런 경우, 객체의 포텐셜을 분할 상환 비용에 추가한다. 질의query에서 이런 일이 전형적으로 벌어진다. 질의의 경우 새로운 객체를 반환하지 않기 때문에, 일시중단을 강제 계산하는 데 드는 비용을 포텐셜에 반영할 수 없다.

은행원 기법과 물리학자 기법의 가장 큰 차이는 은행원 기법에서는 일시중단에 대한 부채를 모두 상환하기만 하면 다른 일시중단에 대한 부채의 상환을 기다릴 필요 없이 그 일시중단을 원하는 대로 강제 실행할 수 있지만, 물리학자 기법에서는 포텐셜로 측정한 객체의 전체 누적 부채가 0으로 줄어들어야만 일시중단을 강제 실행할 수 있다는 점에 있다. 포텐셜은 전체 객체에 누적된 부채만을 측정하며 각 위치를 구별하지 않기 때문에, 우리는 강제 실행하려는 일시중단에 모든 잔여 부채가 연관되어 있다고 비관적으로 가정해야 한다. 이런 이유로 물리학자 기법은 은행원 기법보다 덜 강력해 보인다. 하지만 실제 적용할 때는 물리학자 기법이 은행원 기법보다 훨씬 간단하다.

물리학자 기법은 내포된 일시중단을 나눠서 처리하는 이점을 누릴 수 없다. 따라서 모놀리식 함수보다 점진적 함수를 더 선호할 이유도 없다. 실제로 모든 일시중단(또는 상당수의 일시중단)이 모놀리식한지 여부는 물리학자 기법을 적용해야 할지 결정할 때 좋은 힌트다(모놀리식 함수가 많으면 물리학자 기법을 적용하는 편이 증명하기 편할 것이다).

6.4.1 예제: 이항 힙

5장에서 3.2절에서 다뤘던 이항 힙이 insert를 $O(1)$ 분할 상환 시간에 지원함을 보였다. 하지만 이 바운드는 힙이 영속적인 경우 $O(\log n)$으로 나빠진다. 지연 계산을 사용하면 힙을 영속적으로 사용하는지 여부와 관계없이 $O(1)$ 분할 상환 시간을 회복할 수 있다.

핵심은 힙의 표현을 트리 리스트에서 일시중단된 트리 리스트로 만드는 것이다.

```
type Heap = Tree list susp
```

이렇게 바꾸고 나면 insert를 다음과 같이 쓸 수 있다.

```
fun lazy insert (x, $ts) = $insTree (NODE (0, x, []), ts)
```

이는 다음과 동등하다.

```
fun insert (x, h) = $insTree (NODE (0, x, []), force h)
```

나머지 함수를 재작성하기는 쉽다. 그림 6.2에 코드가 있다.

```
functor LazyBinomialHeap (Element: ORDERED) : HEAP =
struct
  structure Elem = Element

  datatype Tree = NODE of int * Elem.T * Tree list
  type Heap = Tree list susp

  val empty = $[]
  fun isEmpty ($ts) = null ts

  fun rank (NODE (r, x, c)) = r
  fun root (NODE (r, x, c)) = x
  fun link (t1 as NODE (r, x1, c1), t2 as NODE (_, x2, c2)) =
      if Elem.leq (x1, x2) then NODE (r+1, x1, t2 :: C1)
      else NODE (r+1, x2, t2 :: c2)
  fun insTree (t, []) = [t]
    | insTree (t, ts as t' :: ts') =
      if rank t < rank f' then t :: ts else insTree (link (t, t'), ts')

  fun mrg (ts1, []) = ts1
    | mrg ([], ts2) = ts2
    | mrg (ts1 as t1 :: ts'1, ts2 as t2 :: ts'2) =
      if rank t1 < rank t2 then t1 :: mrg (ts'1, ts2)
      else if rank t2 < rank t1 then t2 :: mrg (ts1, ts'2)
      else insTree (link (t1, t2), mrg (ts'1, ts'2))

  fun lazy insert (x, $ts) = $insTree (NODE (0, x, []), ts)
  fun lazy merge ($ts1, $ts2) = $mrg (ts1, ts2)

  fun removeMinTree [] = raise Empty
    | removeMinTree [t] = (t, [])
    | removeMinTree (t :: ts) =
        let val (t', ts') = removeMinTree ts
        in if Elem.leq (root t, root t') then (t, ts) else (t', t :: ts') end

  fun findMin ($ts) = let val (t, _) = removeMinTree ts in root t end
  fun lazy deleteMin ($ts) =
        let val (NODE (_, x, ts1), ts2) = removeMinTree ts
        in $mrg (rev ts1, ts2) end
end
```

그림 6.2 지연 계산 이항 힙

다음으로, insert의 분할 상환 실행 시간을 분석하자. insert는 모놀리식하므로 물리학자 기법을 사용한다. 먼저 포텐셜 함수는 $\Psi(h) = Z(|h|)$로 정의한다. 여기서 $Z(n)$은 n을 (가장 짧은) 이진수로 표현했을 때 0의 개수다. 다음으로, 크기가 n인 이항 힙에 원소를 추가하는 데 드는 분할 상환 비용이 2임을 보인다. n을 이진수로 표현하면 k개의 하위 비트들이 연속적으로 1이었다고 하자. 그러면 insert의 완전한 비용은 $k + 1$에 비례하고, 그 비용에는 k번 link를 호출하는 비용이 포함된다. 이제 포텐셜의 변화를 생각해보자. 하위 k 비트들이 1에서 0으로 바뀌고, 그 바로 위 비트가 0에서 1로 바뀐다. 따라서 포텐셜의 변화는 $k - 1$이고,[12] 분할 시간 비용은 $(k + 1) - (k - 1) = 2$이다.

---

① 일러두기

이 증명은 5.3절에 있는 증명과 쌍대적dual이다. 5.3절에서는 포텐셜이 n을 이진수로 표현했을 때 1의 개수였고, 여기서는 0의 개수다. 이는 저축을 누적시키는 것과 부채를 누적시키는 것 사이의 쌍대적인 속성을 반영한다.

✍ 연습문제 6.3

findMin, deleteMin, merge가 모두 $O(\log n)$ 분할 상환 시간에 작동함을 증명하라.

---

12 예를 들어 원소가 19(= $10011_{(2)}$)개 들어 있는 힙의 $Z(|h|)$ = 2이다. 여기에 값을 하나 추가하면, k가 2이므로(최하위 비트, 즉 LSB부터 1인 비트가 2개 연속으로 있다), link가 두 번 일어나며(싱글톤끼리 한 번, 원소가 2개인 트리끼리 한 번 link한다). 원소 개수는 $10111_{(2)}$로 바뀌어 $Z(|h|)$ = 1이 된다. 포텐셜 변화는 $k - 1 = 2 - 1 = 1$이다. – 옮긴이

📝 **연습문제 6.4**

merge와 deleteMin이 인자를 즉시 평가하게 만들기 위해 정의에서 **lazy** 키워드를 제거했다고 가정하자. 이 경우 두 함수 모두 여전히 $O(\log n)$ 분할 상환 시간에 실행됨을 보여라.

📝 **연습문제 6.5**

트리 리스트를 일시중단된 트리들의 리스트로 바꿈으로써 최악의 경우 isEmpty가 $O(1)$에서 $O(\log n)$ 분할 상환 시간으로 나빠진다는 점이 있다. 모든 힙의 크기를 명시적으로 관리하는 방식으로 isEmpty의 실행 시간을 $O(1)$로 다시 회복하라. 구현을 직접 변경하는 대신 연습문제 3.7에 나온 ExplicitMin ML 펑터와 비슷한 별도의 SizedHeap 펑터를 만들어라. 그 펑터는 기존의 힙 구현을, 크기를 명시적으로 관리하는 힙 구현으로 바꿔줘야 한다.

6.4.2 예제: 큐

다음으로는 큐 정의를 물리학자 기법으로 분석해본다. 여기서도 모든 연산이 $O(1)$ 분할 상환 시간이 걸림을 보일 것이다.

이 경우 모놀리식 일시중단보다 점진적 일시중단을 더 선호할 이유가 없으므로, 스트림 대신에 일시중단한 리스트들을 사용한다. 실제로는 뒤쪽 리스트를 일시중단시킬 필요는 없어서 일반 리스트를 사용할 것이다. 여기서도 리스트의 길이를 명시적으로 관리하고, 앞쪽 리스트가 항상 뒤쪽 리스트의 길이와 같거나 더 길게 보장할 것이다.

앞쪽 리스트가 일시중단 리스트이기 때문에, 전체 일시중단을 강제 실행하기 전에 그 첫 번째 원소에 접근할 수는 없다. 따라서 head 질의에 답하기 위해 앞쪽 리스트의 접두사prefix13의 변경을 저장하는 별도의 작업용 복사본을 유지한다. 효율적인 접근을 위해 이 작업용 복사본을 일반 리스트로 표현한다. 그리고 앞쪽 리스트가 비어 있지 않다면 이 복사본도 항상 비어 있지 않다. 이에 따라 최종 타입은 다음과 같다.

```
type 'a Queue = 'a list * int * 'a list susp * int * 'a list
```

큐에 대한 주요 함수를 다음과 같이 적을 수 있다.

```
fun snoc ((w, lenf, f, lenr, r), x) = check (w, lenf, f, lenr+1, x :: r)
fun head (x :: w, lenf, f, lenr, r) = x
fun tail (x :: w, lenf, f, lenr, r) = check (w, lenf-1, $tl (force f),
lenr, r)
```

도우미 함수 check는 두 가지 불변조건을 강제한다. 첫 번째는 r이 f보다 길지 않다는 것이고, 두 번째는 f가 비어 있지 않으면 w도 비어 있지 않다는 것이다.

```
fun checkw ([], lenf, f, lenr, r) = (force f, lenf, f, lenr, r)
  | checkw q = q
fun check (q as (w, lenf, f, lenr, r)) =
    if lenr <= lenf then checkw q
    else let val f' = force f
        in checkw (f', lenf+lenr, $(f' @ rev r), 0, []) end
```

이 큐의 전체 구현은 그림 6.3에 있다.

---

13 리스트의 접두사는 리스트에 들어 있는 원소들을 맨 앞 원소부터 나열한 부분 리스트를 뜻한다. 이때 빈 리스트도 접두사가 될 수 있다. 예를 들어, [1,2,3]의 접두사는 [], [1], [1,2], [1,2,3]의 네 가지가 있다. – 옮긴이

```
structure PhysicistsQueue: QUEUE =
struct
  type 'a Queue = 'a list * int * 'a list susp * int * 'a list

  val empty = ([], 0, $[], 0, [])
  fun isEmpty (_, lenf, _, _, _) = (lenf = 0)

  fun checkw ([], lenf, f, lenr, r) = (force f, lenf, f, lenr, r)
    | checkw q = q
  fun check (q as (w, lenf, f, lenr, r)) =
        if lenr <= lenf then checkw q
        else let val f' = force f
             in checkw (f', lenf+lenr, $(f' @ rev r), 0, []) end

  fun snoc ((w, lenf, f, lenr, r), x) = check (w, lenf, f, lenr+1,
x :: r)

  fun head ([], lenf, f, lenr, r) = raise Empty
    | head (x :: w, lenf, f, lenr, r) = x
  fun tail ([], lenf, f, lenr, r) = raise Empty
    | tail (x :: w, lenf, f, lenr, r) = check (w, lenf-1, $tl (force
f), lenr, r)
end
```

그림 6.3 물리학자 기법을 사용하는 분할 상환 큐

이 큐를 물리학자 기법으로 분석하려면 일시중단한 리스트를 강제 계산할 때
마다 포텐셜이 0이 되도록 포텐셜 함수 Ψ를 선택해야 한다. w가 비거나, r이 f
보다 길어지는 두 가지 경우에 이런 일이 벌어진다. 따라서 Ψ는 다음과 같이 선
택할 수 있다.

$$\Psi(q) = \min(2|w|, |f| - |r|)$$

정리 6.2

snoc과 tail의 분할 상환 복잡도는 각각 최대 2와 4이다.

증명

새 원소를 뒤쪽 리스트에 단순히 추가하기만 하고 회전을 일으키지 않는 모든 snoc은 $|r|$을 1 증가시키고, $|f| - |r|$을 1 감소시킨다. snoc의 완전한 비용은 1이고, 포텐셜의 감소는 최대 1이다. 따라서 분할 상환 비용은 최대 $1 - (-1) = 2$이다. 회전을 일으키지 않는 tail은 작업용 복사본에서 첫 번째 원소를 제거하고, 앞쪽 리스트에서 같은 원소를 지연해서 제거한다. 이때 $|w|$는 1 감소하고, $|f| - |r|$은 1 감소하므로 포텐셜은 2 감소한다. tail의 완전한 비용은 2이다. 1은 비공유 비용(w에서 첫 번째 원소를 제거하는 비용)이며, 다른 하나는 f의 맨 앞에 있는 원소를 나중에 지연 제거하는 공유 비용이다. 이때 분할 상환 비용은 최대 $2 - (-2) = 4$이다.

마지막으로, 회전을 일으키는 snoc이나 tail을 생각해보자. 최초 큐에서 $|f| = |r|$이다. 따라서 $\Psi = 0$이다. 회전 직전에 $|f| = m$이고 $|r| = m + 1$이다. 회전의 공유 비용은 $2m + 1$이고, 그 결과 만들어지는 큐의 포텐셜은 $2m$이다. 그러므로 snoc의 분할 상환 비용은 $1 + (2m + 1) - 2m = 2$이다. tail의 분할 상환 비용은 $2 + (2m + 1) - 2m = 3$이다(차이는 tail은 f의 첫 번째 원소를 제거하는 공유 비용을 염두에 둬야 한다는 점에 있다).

아래 제안한 각각의 '최적화'가 실제로는 $O(1)$ 분할 상환 바운드를 깨버린다는 사실을 보여라. 이 예제는 영속화된 분할 상환 데이터 구조를 설계할 때 흔히 저지르기 쉬운 실수를 보여준다.

(a) check가 회전시키는 동안 f를 강제 계산하고 그 결과를 w에 설정한다는 사실을 관찰했다. 그렇다면 f를 w가 빌 때까지 강제 계산하지 않는 식으로 이 동작을 더 게으르게 처리하면 더 낫지 않을까?

(b) tail에서 f를 $tl (force f)로 설정한다는 사실을 관찰했다. 일시중단을 만들고 강제로 실행하는 과정에서 무시할 수 없는 부가 비용이 들어서, 비록 $O(1)$이긴 하지만 큰 상수 계수를 만들어낸다. 그렇다면 f를 변경하지 않고 lenf만 감소시켜서 원소가 제거됐음을 표시하게 만드는 것이 더 바람직하지는 않을까?

6.4.3 예제: 공유를 사용하는 상향식 병합 정렬

이 책의 나머지 부분에서는 물리학자 기법보다는 은행원 기법을 사용한다. 따라서 여기서 복잡한 물리학자 기법의 예를 한 가지 더 보여준다.

여러 비슷한 리스트를 정렬하고 싶다고 하자. 예를 들어 xs와 x :: xs를 정렬하거나, xs @ zs와 ys @ zs를 정렬하고 싶을 수 있다. 효율성을 위해 이들의 뒷부분tail이 서로 같음을 활용해서 그 부분을 또 정렬하는 작업을 반복하지 않을 수 있었으면 한다. 이런 문제를 다루기 위한 추상 데이터 타입을 **정렬 가능 컬렉션**sortable collection이라고 부른다. 그림 6.4에 정렬 가능 컬렉션의 시그니처가 있다.

이제 리스트 xs에 있는 모든 원소를 추가해서 xs'이라는 정렬 가능 컬렉션을 만든다면, sort xs'과 sort (add(x, xs'))을 호출해서 xs와 x::xs를 동시에 정렬할 수 있다.

```
signature SORTABLE =
sig
  structure Elem : ORDERED

  type Sortable

  val empty : Sortable
  val add   : Elem.T * Sortable -> Sortable
  val sort  : Sortable -> Elem.T list
end
```

그림 6.4 SORTABLE 컬렉션의 시그니처

정렬 가능한 컬렉션을 균형 이진 검색 트리로 구현할 수 있다. 그렇게 하면 add와 sort는 최악의 경우 각각 $O(\log n)$과 $O(n)$ 시간이 걸린다. 상향식 병합 정렬bottom-up merge sort을 사용하면 분할 상환의 관점에서 마찬가지 복잡도를 달성할 수 있다.

상향식 병합 정렬은 먼저 리스트를 n개의 순서가 정해진 조각들로 나눈다. 최초 각 조각에는 원소가 하나씩 들어 있다. 그 후 크기가 같은 조각들을 한 쌍씩 정렬해서, 특정 크기의 조각이 오직 하나씩만 남게 만든다.[14] 마지막으로, 크기가 같지 않은 조각들을 작은 조각부터 큰 조각 순서로 병합하면서 정렬한다.

---

14 실제로는 n개의 조각을 만드는 것이 아니라 리스트에 있던 원소를 차례로 추가해가면서 컬렉션을 구성한다. [1, 2, 3, 4, 5]라는 리스트를 가지고 1부터 차례로 이 컬렉션을 구성하면(일시중단은 생략하고 원소만 따짐) 다음과 같다. 원소 개수를 이진수로 표현했을 때 1인 비트들의 값(2의 거듭제곱)에 해당하는 길이의 리스트로 컬렉션이 이뤄짐을 알 수 있다.

1 삽입 —〉 (1, [[1]])
2 삽입 —〉 (2, [[1,2]])
3 삽입 —〉 (3, [[3],[1,2]])
4 삽입 —〉 (4, [[1,2,3,4]])
5 삽입 —〉 (5, [[5],[1,2,3,4]])

— 옮긴이

마지막 정리 단계 직전에 스냅샷을 찍었다고 가정하자. 이 스냅샷에서 모든 조각의 크기는 각기 다른 2의 거듭제곱이다. 이때 각 조각은 n을 이진수로 표현했을 때 1인 비트에 해당한다. 이것이 우리가 정렬 가능한 컬렉션에 사용할 표현이다. 이렇게 하면 비슷한 컬렉션은 크기가 같지 않은 조각을 순서대로 병합하는 마지막 정리 단계를 제외한 상향식 병합 정렬의 모든 작업을 공유하게 된다. 완전한 데이터 표현은 일시중단된 각 조각의 리스트(이때 각 조각은 원소들로 이뤄진 리스트)와 컬렉션의 전체 크기를 표현하는 정수로 이뤄진다.

```
type Sortable = int * Elem.T list list susp
```

개별 조각은 크기가 늘어나는 순서로 오름차순으로 정렬된다. 각 조각의 원소들은 Elem 구조가 제공하는 비교 함수에 의해 결정되는 순서대로 오름차순으로 정렬된다.

각 조각에 대한 기본 연산은 mrg로, 순서가 정해진 두 리스트를 서로 병합한다.

```
fun mrg ([],ys) = ys
  | mrg (xs, []) = xs
  | mrg (xs as x :: xs', ys as y :: ys') =
      if Elem.leq (x, y) then x :: mrg (xs', ys) else y :: mrg (xs, ys')
```

새 원소를 추가하려면 원소가 하나만 들어 있는 조각을 만들어야 한다. 이때 가장 작은 기존 조각도 원소가 하나만 들어 있다면 그 둘을 병합해야 한다. 이런 병합 과정을 크기가 같은 조각이 나오지 않을 때까지 반복한다. 이 병합 과정은 size 필드에 있는 비트를 통해 제어할 수 있다. size의 최하위 비트가 0이라면, 새로운 조각을 만들어서 기본 조각 리스트에 cons로 추가하기만 하면 된다. 만약 최하위 비트가 1이면 두 조각을 병합한 후 (바로 다음 비트에 대해) 같은 과정을 반복한다. 물론 이 모든 과정을 지연 계산으로 수행한다.

```
fun add (x, (size, segs)) =
    let fun addSeg (seg, segs, size) =
            if size mod 2 = 0 then seg :: segs
            else addSeg (mrg (seg, hd segs), tl segs, size div 2)
    in (size+1, $addSeg ([x], force segs, size)) end
```

마지막으로, 컬렉션을 정렬하려면 작은 것부터 큰 것 순서로 조각들을 병합한다.

```
fun sort (size, segs) =
    let fun mrgAll (xs, []) = xs
        | mrgAll (xs, seg :: segs) = mrgAll (mrg (xs, seg), segs)
    in mrgAll ([], force segs) end
```

> ## (!) 일러두기
>
> mrgAll은 다음을 계산하는 것으로 볼 수 있다.
>
> $$[\,] \Join s_1 \Join \cdots \Join s_m$$
>
> 여기서 s_i는 i번째 조각이고 $\Join$는 mrg를 왼쪽 결합 법칙인 중위 연산자 표기로 쓴 것이다. 이 과정은 아주 더 일반적인 프로그램 방식의 구체적인 한 가지 형태다. 그 일반적인 방식을 적으면 다음과 같다(c는 임의의 값이고, $\oplus$는 왼쪽 결합 법칙이 성립하는 연산자다).
>
> $$c \oplus x_1 \oplus \cdots \oplus x_m$$
>
> 이 방식의 다른 형태로는 정수 리스트의 합계를 구하는 것($c = 0$, $\oplus = +$), 자연수 리스트의 최댓값을 구하는 것($c = 0$, $\oplus = \max$) 등이 있다. 함수형 언어의 가장 큰 장점은 이와 같은 일반적 방식을 고차 함수higher-order function(함수를 인자로 받거나, 결과로 함수를 반환하는 함수)로 정의할 수 있다는 것이다. 예를 들어, 위 방식을 고차 함수로 적으면 다음과 같다.

```
fun foldl (f, c, []) = c
  | foldl (f, c, x :: xs) = foldl (f, f (c,x), xs)
```

이 함수를 사용하면 sort를 다음과 같이 쓸 수 있다.

```
fun sort (size, segs) = foldl (mrg, [], force segs)
```

정렬 가능 컬렉션의 전체 코드는 그림 6.5에 있다.

add가 $O(\log n)$ 분할 상환 시간이 걸리고 sort가 $O(n)$ 분할 상환 시간이 걸림을 물리학자 기법을 사용해 보일 것이다. 먼저 포텐셜 함수 Ψ를 정의하는 것부터 시작한다. Ψ는 컬렉션의 크기에 의해서만 결정된다.

$$\Psi(n) = 2n - 2\sum_{i=0}^{\infty} b_i(n \bmod 2^i + 1)$$

여기서 b_i는 n의 i번째 비트다. $\Psi(n)$의 상위 바운드는 $2n$이며, k에 대해 $n = 2^k - 1$이면 정확히 $\Psi(n) = 0$이다.

> **(!) 일러두기**
>
> 이 포텐셜 함수를 보고 약간 겁을 먹었을 것이다. 이 식은 각 조각마다 자신의 크기에서 더 작은 모든 조각의 크기 합계를 뺀 것에 비례하는 포텐셜을 할당하는 것으로부터 나온 식이다. 여기 사용한 직관은 어떤 조각의 포텐셜은 큰 값으로 시작해서 컬렉션에 더 많은 원소가 추가될 때마다 더 작아지며, 그 조각이 다른 조각과 병합될 때 0에 도달한다는 것이다. 하지만 포텐셜을 계산하기 위해 그 포텐셜 함수가 어디서 비롯됐는지 꼭 알아야 할 필요는 없다는 사실을 기억하라.

```
functor BottomUpMergeSort (Element: ORDERED) : SORTABLE =
struct
  structure Elem = Element

  type Sortable = int x Elem.T list list susp

  fun mrg ([], ys) = ys
    | mrg (xs, []) = xs
    | mrg (xs as x :: xs', ys as y :: ys') =
        if Elem.leq (x, y) then x :: mrg (xs', ys) else y :: mrg (xs, ys')

  val empty = (0, $[])
  fun add (x, (size, segs)) =
      let fun addSeg (seg, segs, size) =
                  if size mod 2 = 0 then seg :: segs
                  else addSeg (mrg (seg, hd segs), tl segs, size div 2)
      in (size+1, $addSeg ([x], force segs, size)) end
  fun sort (size, segs) =
      let fun mrgAll (xs, []) = xs
            | mrgAll (xs, seg :: segs) = mrgAll (mrg (xs, seg), segs)
      in mrgAll ([], force segs) end
end
```

그림 6.5 상향식 병합 정렬에 기반한 정렬 가능 컬렉션

우선 add의 완전한 비용을 계산하자. add의 비공유 비용은 1이며, 공유 비용
은 addSeg에서 병합을 수행하는 것의 비용이다. n의 최하위 k개의 비트가 1이
라면(즉, $i < k$인 i에 대해 $b_i = 1$이고, $b_k = 0$), addSeg는 k번 병합을 수행한다. 처
음에는 크기가 1인 리스트를 2개 병합하고, 그다음에는 크기가 2인 리스트를 2
개 병합하며, 그 이후 크기를 키워가면서 리스트를 2개 병합하는 작업을 계속
진행한다. 크기가 m인 두 리스트를 병합하려면 $2m$ 단계가 필요하므로 addSeg
에 걸리는 시간은 다음과 같다.

$$(1+1) + (2+2) + \cdots + (2^{k-1} + 2^{k-1}) = 2(\sum_{i=0}^{k-1} 2^i) = 2(2^k - 1)$$

따라서 전체 add 비용은 $2(2^k - 1) + 1 = 2^{k+1} - 1$이다.

다음으로 포텐셜 변화를 계산한다. $n' = n + 1$이고, b_i'이 n'의 i번째 비트라면, 다음 차이가 성립한다.

$$\Psi(n') - \Psi(n)$$
$$= 2n' - 2\sum_{i=0}^{\infty} b_i'(n' \bmod 2^i + 1) - (2n - 2\sum_{i=0}^{\infty} b_i(n \bmod 2^i + 1))$$
$$= 2 + 2\sum_{i=0}^{\infty}(b_i(n \bmod 2^i + 1) - b_i'(n' \bmod 2^i + 1))$$
$$= 2 + 2\sum_{i=0}^{\infty} \delta(i)$$

여기서 $\delta(i) = b_i(n \bmod 2^i + 1) - b_i'(n' \bmod 2^i + 1)$이다. $i < k$, $i = k$, $i > k$인 세 가지 경우를 나눠서 생각한다.

- $(i < k)$: $b_i = 1$이고 $b_i' = 0$이므로,[15] $\delta(k) = n \bmod 2^i + 1$이다. 하지만 $n \bmod 2^i = 2^i - 1$이므로 $\delta(k) = 2^i$이다.

- $(i = k)$: $b_k = 0$이고 $b_k' = 1$이므로,[16] $\delta(k) = -(n' \bmod 2^k + 1)$이다. 하지만 $n' \bmod 2^k = 0$이므로 $\delta(k) = -1 = -b_k'$이다.

- $(i > k)$: $b_i' = b_i$이므로,[17] $\delta(k) = b_i'(n \bmod 2^i - n' \bmod 2^i)$이다. 하지만 $n' \bmod 2^i = (n + 1) \bmod 2^i = n$이므로 $\delta(i) = b_i'(-1) = -b_i'$이다.

따라서 다음이 성립한다.

$$\begin{aligned}
\Psi(n') - \Psi(n) &= 2 + 2\sum_{i=0}^{\infty} \delta(i) \\
&= 2 + 2\sum_{i=0}^{k-1} 2^i + 2\sum_{i=k}^{\infty}(-b_i') \\
&= 2 + 2(2^k - 1) - 2\sum_{i=k}^{\infty} b_i' \\
&= 2^{k+1} - 2B'
\end{aligned}$$

여기서 B'은 n'에 있는 값이 1인 비트의 개수다. 이때 add의 분할 상환 비용은 다음과 같다.

---

15 원소를 하나 추가함에 따라 올림이 발생하면서 1에서 0으로 비트가 바뀐다. – 옮긴이

16 연속된 1의 마지막에 있는 0은 올림에 의해 1이 된다. – 옮긴이

17 원소 개수가 늘어도 변화가 없는 비트들이다. – 옮긴이

$$(2^{k+1} - 1) - (2^{k+1} - 2B') = 2B' - 1$$

여기서 B'이 $O(\log n)$이므로, add의 분할 상환 비용도 $O(\log n)$이다.

마지막으로, sort의 분할 상환 비용을 계산한다. sort의 첫 번째 동작은 일시중단된 조각 리스트를 강제 실행하는 것이다. 포텐셜이 0일 필요는 없으므로 이 과정에서 연산의 분할 상환 비용에 $\Psi(n)$이 추가된다. 그 후 각 조각들을 가장 작은 것부터 큰 쪽으로 병합해나간다. 최악의 경우는 $n = 2^k - 1$인 경우이며, 그 경우 크기가 1부터 2^{k-1}인 조각들이 모두 하나씩 존재한다. 이런 조각을 모두 병합하는 데 필요한 전체 단계 수는 다음과 같다.

$$(1+2) + (1+2+4) + (1+2+4+8) + \cdots + (1+2+\cdots+2^{k-1})$$
$$= \sum_{i=1}^{k-1} \sum_{j=0}^{i} 2^j = \sum_{i=1}^{k-1} (2^{i+1} - 1) = (2^{k+1} - 4) - (k-1) = 2n - k - 1$$

따라서 sort의 분할 상환 비용은 $O(n) + \Psi(n) = O(n)$이다.

✏️ **연습문제 6.7**

내부 표현을 일시중단한 리스트에서 스트림의 리스트로 바꿔라.

- 은행원 기법을 사용해 add와 sort의 바운드를 증명하라.
- 정렬 가능한 컬렉션에서 k개의 최소 원소를 추출하는 함수를 작성하라. 여러분이 만든 함수가 $O(k \log n)$ 이하의 분할 상환 시간이 걸림을 증명하라.

6.5 지연 계산 페어링 힙

마지막으로, 5.5절에 있는 페어링 힙을 영속성을 지원하도록 변경한다. 불행히도 이렇게 변경한 데이터 구조를 분석하는 것은 원래의 데이터 구조를 분석하는 것만큼이나 어려워 보인다. 하지만 우리는 원래의 구현이 일시적인 환경에서 효율적인 정도와 새 구현이 영속적인 환경에서 효율적인 정도가 점근적으로 asymptotically 같으리라 추측한다.

예전 페어링 힙 구현에서 노드의 자식들을 Heap list로 표현했음을 기억하라. 최소 원소를 제거하면 루트를 없애고 다음 함수를 사용해서 쌍으로 된 자식들을 병합했다.

```
fun mergePairs [] = E
  | mergePairs [h] = h
  | mergePairs (h1 :: h2 :: hs) = merge (merge (h1, h2), mergePairs hs)
```

같은 힙의 최소 원소를 두 번 삭제한다면 mergePairs가 두 번 호출되면서 작업을 중복 수행해, 분할 상환 효율성을 얻기 어려울 것이다. 영속성을 처리하기 위해서는 이 중복 수행을 방지해야 한다. 여기서도 다시 지연 계산을 사용한다. Heap list를 사용하는 대신 노드의 자식을 Heap susp로 표현한다. 이 일시중단의 값은 $mergePairs cs와 같다. mergePairs가 자식의 쌍에 대해 작동하기 때문에 이 일시중단을 한 번에 2개의 자식에 대해 확장할 것이다. 따라서 각 노드에 추가로 Heap 필드를 둬서 짝이 없는 자식을 따로 보관한다. 짝이 없는 자식이 없다면(즉, 자식의 수가 짝수라면) 이 추가 필드가 비어 있다. 이 필드는 자식의 수가 홀수인 경우에만 사용하므로 이를 **홀수 필드**odd field('odd'에는 '이상한'이라는 뜻도 있어서 이상한 필드라고도 해석할 수도 있음)라 부른다. 새 데이터 타입은 다음과 같다.

```
datatype Heap = E | T of Elem.T * Heap * Heap susp
```

insert와 findMin은 거의 바꿀 부분이 없다.

```
fun insert (x, a) = merge (T (x, E, $E), a)
fun findMin (T (x, a, m)) = x
```

예전에 merge 연산은 간단했고 deleteMin 연산은 복잡했다. 이제는 상황이 뒤바뀐다. merge가 적절히 일시중단을 설정해야만 하기 때문에, mergePairs의 복잡성이 이제는 merge에 전가된다. deleteMin은 단순히 일시중단 힙을 강제 계산해서 홀수 필드와 병합하면 된다.

```
fun deleteMin (T (x, a, $b)) = merge (a, b)
```

merge를 두 단계로 정의한다. 첫 단계는 빈 인자가 있는지 검사하고, 빈 인자가 없다면 두 인자를 비교해서 더 작은 루트를 가진 인자를 찾는다.

```
fun merge (a, E) = a
  | merge (E, b) = b
  | merge (a as T(x, _, _), b as T(y, _, _)) =
      if Elem.leq (x, y) then link (a, b) else link (b, a)
```

link 도우미 함수에 들어 있는 두 번째 단계는 새 자식을 노드에 추가한다. 홀수 필드가 비어 있으면, 이 자식을 홀수 필드로 추가한다.

```
fun link (T (x, E, m), a) = T (x, a, m)
```

홀수 필드가 비어 있지 않으면, 새 자식을 홀수 필드와 짝지어야 한다. 그리고 그 쌍을 일시중단에 추가한다. m = $mergePairs cs인 일시중단을 이제 $mergePairs (a :: b:: cs)로 확장한다. 이때 다음을 관찰할 수 있다.

```
$mergePairs (a :: b :: cs)
    ≡ $merge (merge (a, b), mergePairs cs)
    ≡ $merge (merge (a, b), force ($mergePairs cs))
    ≡ $merge (merge (a, b), force m)
```

따라서 link 함수의 두 번째 절은 다음과 같이 쓸 수 있다.

```
fun link (T (x, b, m), a) = T (x, E, $merge (merge (a, b), force m))
```

이 구현의 전체 코드는 그림 6.6에 있다.

```
functor LazyPairingHeap (Element: ORDERED) : HEAP =
struct
  structure Elem = Element

  datatype Heap = E | T of Elem.T * Heap * Heap susp

  val empty = E
  fun isEmpty E = true | isEmpty _ = false

  fun merge (a, E) = a
    | merge (E, b) = b
    | merge (a as T(x, _, _), b as T(y, _, _)) =
        if Elem.leq (x, y) then link (a, b) else link (b, a)
  and link (T (x, E, m), a) = T (x, a, m)
    | link (T (x, b, m), a) = T (x, E, $merge(merge (a, b), force m))

  fun insert (x, a) = merge (T (x, E, $E), a)

  fun findMin E = raise Empty
    | findMin (T (x, a, m)) = x
  fun deleteMin E = raise Empty
    | deleteMin (T (x, a, $b)) = merge(a, b)
end
```

그림 6.6 지연 계산을 사용하는 영속적인 페어링 힙

이제 영속성을 우아하게 다루고 있지만, 이 페어링 힙 구현은 지연 계산에 수반되는 부가 비용 때문에 실전에서 상대적으로 느리다. 하지만 영속적인 사용이 아주 많은 경우, 메모화의 이점을 최대로 살릴 수 있어서 이 구현이 빛을 발한다. 전체 계산 비용을 줄일 수 있는지 여부와 관계없이 모든 데이터 구조가 지연 계산에 따른 부가 비용을 무조건 지불해야만 하는 지연 계산 언어에서도 이런 (영속적 사용과 일시적 사용 사이의) 경쟁이 존재한다.

6.6 참고사항

부채 타잔Tarjan의 경로 압축path compression 분석[Tar83] 같은 전통적인 은행원 기법을 사용하는 일부 분석은 신용과 부채를 함께 사용한다. 연산이 현재 사용할 수 있는 신용보다 더 많은 비용을 필요로 하면, 신용—부채 쌍을 만들면서 신용을 즉시 소모한다. 부채는 반드시 만족시켜야만 하는 의무로 남는다. 나중에 잉여 신용을 부채를 갚는 데 쓸 수 있다.[18] 계산이 끝날 때 남아 있는 부채는 전체 실제 비용에 추가된다. 이 부채와 우리가 사용한 부채 사이에 유사성이 일부 존재하지만, 그 둘 사이에는 명확히 다른 점이 있다. 예를 들어, 이번 장에서 소개한 부채의 경우 계산의 끝에 남은 부채는 조용히 사라진다.

타잔의 경로 압축 분석에서 부채가 등장하게 된 이유가 경로 압축인데, 경로 압축은 근본적으로 find 함수에 메모화를 적용하는 것이라는 점이 흥미롭다.

분할 상환과 영속화 본 연구가 있기 전까지 분할 상환과 영속화는 서로 호환 불가능하다고 여겨졌다. 몇몇 연구자들이 분할 상환 데이터 구조는 [DSST89,

---

18 이 과정은 물리학의 입자–반입자의 자발적인 쌍생성 및 쌍소멸과 유사성이 있다. 실제 이런 부채에 더 적합한 이름은 아마도 '반신용(反信用, anticredit)'일 것이다.

Die89]와 같이 일시적인 데이터 구조에 영속성을 추가하는 기존 기법을 사용하면 효율적으로 만들 수 없음을 지적했다[DST94, Ram92]. 그들이 말한 이유는 5.6절에서 설명한 것과 비슷하다. 역설적인 것은 이들이 제시했던 기법은 분할 상환 바운드를 제공하는 영속적 데이터 구조를 만들어내지만, 기초가 되는 데이터 구조는 최악의 경우에 대한 상위 바운드가 존재해야만 한다는 점이다(이들 기법에는 그 밖의 제약도 있다. 가장 문제가 되는 것은 둘 이상의 버전을 조합하는 함수를 지원하는 데이터 구조에 이 기법들을 적용할 수 없다는 점이다. 그런 문제를 일으키는 함수의 예로 리스트 연결이나 합집합 연산을 들 수 있다).

지연 계산과 영속성을 조화시키려는 아이디어는 처음에 [Oka95c]에 기초적인 형태로 나타난다. 이 기법의 이론과 실제는 [Oka95a, Oka96b]에서 더 개선됐다.

영속성과 함수형 데이터 구조 숀마커스Schoenmakers는 [Sch93]에서 엄격한 계산을 사용하는 함수형 언어에서 분할 상환 데이터 구조에 대해 연구했다. 분할 상환 바운드를 전통적인 물리학자 기법으로 수식으로 계산하는 데 집중했는데, 데이터 구조를 단일 스레드 방식으로만 사용해야 한다고 제한함으로써 영속성의 문제를 회피했다.

큐와 이항 힙 6.3.2절에서 다룬 큐와 6.4.1절에서 다룬 지연 이항 힙은 [Oka96b]에 최초로 나온다. 지연 이항 힙의 분석을 킹King의 이항 힙 구현에도 적용할 수 있다[Kin94].

지연 계산 프로그램의 시간 복잡도 분석 여러 연구자들이 지연 계산 프로그램의 시간 복잡도를 분석하기 위한 이론적인 프레임워크를 만들어왔다[BH89, San90, San95, Wad88]. 하지만 이런 프레임워크들은 실제 활용할 만큼 성숙하지 못했다. 이런 프레임워크들의 한 가지 어려움은 어떤 면에서 너무 일반적이라는 데 있다. 이런 시스템에서는 프로그램의 비용을 어떤 맥락context을 기반으로 계산한다. 그 맥락은 프로그램의 결과를 어떻게 사용할지 설명한다. 하지만 이런 접근 방법은 프로그램 개발의 방법론으로는 적합하지 않은 경우가 자주 있다. 이런 프로그램 개발에서 데이터 구조는 (시간 복잡도를 포함해) 그 동작이

독립적으로 기술된 추상적인 데이터 타입으로 설계된다. 이와 대조적으로 우리가 설명한 분석 방법은 사용하는 맥락과 관계없이 결과를 증명할 수 있다(우리가 도출한 결론은 그 데이터 구조를 사용하는 방식에 관계없이 성립한다).

07

분할 상환 없애기

대부분 우리는 데이터 구조가 분할 상환 바운드를 갖는지 최악의 경우 바운드를 갖는지에 대해 관심이 없다. 한 데이터 구조를 버리고 다른 데이터 구조를 선택하는 주된 기준은 전체적인 효율과 구현의 단순성(그리고 아마도 소스 코드를 볼 수 있는가)이다. 하지만 응용 영역에 따라서는 여러 연산 시퀀스의 실행 시간보다 개별 연산의 실행 시간 바운드가 중요할 때가 있다. 이럴 때, 비록 분할 상환 데이터 구조가 더 단순하고 전반적으로 더 빠를지라도, 최악의 경우의 바운드를 제공하는 데이터 구조가 더 바람직할 수도 있다. 라만Raman은 [Ram92]에서 응용 영역을 몇 가지 이야기했다.

- **실시간 시스템**real-time system: 실시간 시스템에서는 단순 속도보다 예측 가능성이 더 중요하다[Sta88]. 비싼 연산으로 인해 시스템의 하드 데드라인hard deadline(어기면 안 되는 시간 제약)을 어기게 된다면, 나머지 값싼 연산이 아무리 빠르게 진행된다고 해도 실시간 시스템에는 적합하지 않다.
- **병렬 시스템**parallel system: 동기화된 병렬 시스템에서 다른 모든 프로세서

가 값싼 연산을 실행하는 동안 한 프로세서가 값비싼 연산을 실행한다면, 그 값비싼 연산이 할당된 프로세서의 작업이 끝날 때까지 다른 연산들이 모두 기다려야 하는 사태가 발생할 수 있다.

- **대화형 시스템**interactive system: 대화형 시스템도 실시간 시스템과 비슷하다. 사용자들은 종종 단순 속도보다 일관성을 더 중요하게 생각한다[But83]. 예를 들어 1번은 25초, 99번은 0.25초의 응답 시간을 보여주는 것보다 100번 모두 1초의 응답 시간을 보여주는 것을 더 선호할 수도 있다. 하지만 실제로는 전자가 후자보다 2배나 더 빠르다.

> **⊘ 일러두기**
>
> 라만은 네 번째 응용 영역으로 영속적인 데이터 구조를 이야기했다. 이전 장에서 설명한 것처럼, 예전에는 영속성과 분할 상환이 서로 호환되지 않는다고 여겨졌다. 하지만 이제 우리는 그 말이 사실이 아님을 안다.

그렇다면 이 설명이, 이런 영역에서는 분할 상환 복잡도가 프로그래머의 관심의 대상이 아니라는 뜻일까? 전혀 그렇지 않다. 분할 상환 데이터 구조가 종종 최악의 경우의 데이터 구조보다 더 단순하기 때문에, 분할 상환 데이터 구조를 설계한 후 그 구조를 최악의 경우의 데이터 구조로 변환하는 것이 최악의 경우의 데이터 구조를 맨 밑바닥부터 설계하는 것보다 더 쉬울 수 있다.

이번 장에서는 스케줄링scheduling을 설명한다. 스케줄링은 지연 시간 계산에 너무 오랜 시간이 걸리지 않게 체계적으로 지연 계산 부분을 강제 계산해서 지연 계산 분할 상환 데이터 구조를 최악의 경우의 데이터 구조로 변환하는 방법이다. 스케줄링은 모든 객체에 객체 내의 지연 계산 요소들이 강제 계산되는 순서를 조절하는 스케줄schedule이라는 요소를 더한다.

7.1 스케줄링

분할 상환과 최악의 경우의 데이터 구조의 차이는 주로 주어진 연산에 대한 계산을 언제 부과하느냐에 있다. 최악의 경우의 데이터 구조에서는 모든 계산을 연산이 발생한 시점에 실행하므로 계산이 그 연산 자체에 부과된다. 분할 상환 데이터 구조에서는 연산에 대한 일부 계산이 실제로는 나중에 발생할 연산에 부과될 수 있다. 이로부터 오직 지연 계산만 사용하는 언어에서는 겉보기에 최악의 경우의 데이터 구조라도 실제로는 전부 다 분할 상환으로 처리됨을 알 수 있다. 그런 언어에서는 모든 계산을 무조건 일시중단시키기 때문이다. 그래서 진정한 최악의 경우의 데이터 구조를 설명하려면 엄격한 언어가 필요하다. 반면 우리가 분할 상환과 최악의 경우의 데이터 구조를 모두 기술하고 싶다면, 지연 계산과 엄격한 계산을 함께 지원하는 언어가 필요하다. 그런 언어가 있다면 흥미로운 혼합 접근 방법(지연 계산을 내부적으로 사용하는 최악의 경우의 데이터 구조)을 고려해볼 수 있다. 우리는 그런 데이터 구조를 얻기 위해 먼저 분할 상환 데이터 구조를 만들고, 그 구조를 변경해서 모든 연산이 어떤 미리 할당된 시간 안에 실행되게 할 것이다.

지연 분할 상환 데이터 구조에서는 어떤 구체적 연산이 정해진 바운드보다 더 길게 실행될 수도 있다. 하지만 이런 일은 그 연산이 이미 대가는 지불했지만 실행에는 시간이 오래 걸리는 일시중단을 강제 실행할 때만 발생한다. 최악의 경우 바운드를 보장하기 위해서는 모든 일시중단이 미리 정해둔 시간보다 더 오래 걸리지 않게 보장해야만 한다.

어떤 일시중단의 고유 비용intrinsic cost을, 그 일시중단이 의존 중인 다른 모든 일시중단이 이미 강제 실행 및 메모화된 상태를 가정할 때(따라서 모든 의존 중인 일시중단을 계산하는 데 $O(1)$이 걸림) 그 일시중단을 실행하는 데 걸리는 시간으로 정의하자(이는 연산의 비공유 비용의 정의와 비슷하다). 분할 상환 데이터 구조를 최악의 경우의 데이터 구조로 바꾸는 첫 번째 단계는 모든 일시중단의 고유 비용을 원하는 바운드 미만으로 만드는 것이다. 보통 이 과정은 비싼 모놀리식 함수를 점진적 함수로 재작성하는 것으로 이뤄진다. 이런 재작성은 기반 알고리즘을 약간 바꾸거나, 내부 표현을 모놀리식 함수만 제공하는 일시중단 리스트 같은 구조로부터 스트림 같은 점진적 구조로 바꾸는 것으로 이뤄진다.

모든 일시중단마다 약간의 고유 비용이 있지만, 일부 일시중단은 미리 정해 둔 시간보다 여전히 더 오래 걸릴 수 있다. 한 일시중단이 다른 일시중단에 의존하고, 그 일시중단은 다른 세 번째 일시중단에 의존하는 식으로 의존 관계가 연쇄적으로 있는 경우 그런 일이 벌어진다. 이전에 그런 의존 관계상의 일시중단이 전혀 실행되지 않았다면, 첫 번째 일시중단을 강제 실행하면 강제 실행이 연쇄적으로 발생한다. 예를 들어, 다음 계산을 보자.

$$(\ldots((s_1 \mathbin{+\!+} s_2) \mathbin{+\!+} s_3) \mathbin{+\!+} \ldots\,) \mathbin{+\!+} s_k$$

맨 바깥의 ++가 반환한 일시중단을 강제 실행하면 모든 ++가 한꺼번에 실행되는 연쇄 반응이 일어난다. 제일 바깥의 일시중단 고유 비용은 $O(1)$에 불과하지만, 이 일시중단을 강제 실행하기 위해 필요한 시간은 $O(k)$이다(다른 이유로 최초 s_1 노드를 강제 실행하는 비용이 비싸다면 이보다 더 걸릴 수도 있다).

> **(!) 일러두기**
>
> 도미노 하나를 쓰러뜨리면 연쇄적으로 모든 도미노가 쓰러지도록 도미노를 세워본 적이 있는가? 모든 도미노를 쓰러뜨리는 데 걸리는 고유 시간 비용은 $O(1)$이지만, 첫 번째 도미노를 쓰러뜨림으로써 발생하는 실제 비용은 그보다 훨씬 더 엄청나다.

분할 상환 데이터 구조를 최악의 경우 데이터 구조로 바꾸는 두 번째 단계는 연쇄 강제 실행을 피하는 것이다. 일시중단을 강제 실행할 때, 그 강제 실행이 의존하는 모든 강제 실행들이 이미 강제 실행되어 메모화된 상태임을 보장하게 만듦으로써 이를 달성할 수 있다. 이렇게 하면, 어떤 강제 실행도 자신의 고유 비용 이상의 시간이 걸리지 않는다. 각 일시중단이 필요한 시점 이전에 각 일시중단의 실행이 이뤄지도록 각각의 실행을 체계적으로 **스케줄링함**으로써 이를 달성할 수 있다. 이 트릭은 부채를 상환하는 과정을 문자 그대로 벌어지는 활동으로 간주하고, 각 일시중단을 그 중단의 부채를 상환하는 시점에 강제 실행하는 것이다.

> **ⓘ 일러두기**
>
> 근본적으로 스케줄링은 한 도미노를 다른 도미노 앞에서 쓰러뜨릴 때 뒤쪽 도미노가 이미 쓰러진 상태가 되게 만들기 위해 맨 뒤부터 도미노를 쓰러뜨리는 것과 같다. 이렇게 하면 각 도미노를 쓰러뜨리는 데 걸리는 실제 비용이 작아진다.

우리는 모든 객체를 스케줄이라는 추가 요소를 가지고 확장한다. 스케줄은 최소한 개념적으로는 그 객체에 있는 모든 평가하지 않은 일시중단에 대한 포인터다. 스케줄에 있는 일시중단 중 일부는 다른 논리적 미래에서 평가될 수도 있지만, 그런 일시중단을 강제 실행한다고 해도 알고리즘이 더 빨라지면 빨라지지 느려지는 일은 없기 때문에 전체 시간에 해가 되지는 않는다. 모든 연산은 자신이 원래 수행해야 하는 객체 조작을 수행하면서 추가로 스케줄 맨 앞에 있는 일부 일시중단을 강제 실행한다. 이때 수행해야 하는 일시중단의 정확한 개수는 분할 상환 분석에 의해 제어된다. 전형적인 경우, 모든 일시중단은 실행에 $O(1)$ 시간이 걸리므로, 우리는 어떤 연산의 분할 상환 비용에 비례하는 개수의 일시중단을 강제 실행한다. 데이터 구조에 따라서는 스케줄을 유지하는 것이 복잡할 수도 있다. 여기서 설명한 기법을 적용하려면 새로운 일시중단을 스케줄에 추가하거나 강제 실행할 다음 일시중단을 가져오는 데 드는 시간이 최악의 경우 바운드보다 더 많이 들어서는 안 된다.

7.2 실시간 질의

이 기법의 예로 6.3.2절에서 다뤘던 분할 상환 은행원 큐를 최악의 경우 큐로 변환한다. 이런 식으로 모든 연산을 $O(1)$에 지원하는 큐를 실시간 큐real-time queue라고 부른다[HM81].

원래의 데이터 구조에서는 ++와 reverse를 사용해 큐를 회전시켰다. reverse가 모놀리식하기 때문에, 첫 작업은 회전을 점진적으로 수행할 방법을 찾는 것이다. ++의 각 단계마다 reverse를 한 단계씩 수행하면 그렇게 할 수 있다. 다음과 같이 rotate라는 함수를 정의한다.

```
rotate (xs, ys, a) ≡ xs ++ reverse ys ++ a
```

이 정의하에서 다음이 성립한다.

```
rotate (f, r, $NIL) ≡ f ++ reverse r
```

추가 인자 a는 누적 파라미터accumulating parameter이며, ys를 뒤집는 부분 결과를 누적시키기 위해 사용한다. 처음에 a는 비어 있다.

$|r| = |f| + 1$일 때 회전이 일어난다. 따라서 처음에 $|ys| = |xs| + 1$이다. 이 관계는 회전 시 계속 유지되므로, xs가 비어 있으면 ys에는 원소가 1개만 들어 있다. 따라서 재귀의 끝이 되는 경우base case는 다음과 같다.

```
rotate ($NIL, $CONS(y, $NIL), a)
    ≡ ($NIL) ++ reverse ($CONS (y, $NIL)) ++ a
    ≡ $CONS (y, a)
```

재귀적인 경우는 다음과 같다.

```
rotate ($CONS (x, xs), $CONS (y, ys), a)
    ≡ ($CONS (x, xs)) ++ reverse ($CONS (y, ys)) ++ a
    ≡ $CONS (x, xs ++ reverse ($CONS (y, ys)) ++ a)
```

```
      ≡ $CONS (x, xs ++ reverse ys ++ $CONS (y, a))
      ≡ $CONS (x, rotate (xs, ys, $CONS (y, a)))
```

이 두 경우를 함께 조합하면 다음을 얻는다.

```
fun rotate ($NIL, $CONS (y, _), a) = $CONS (y, a)
  | rotate ($CONS (x, xs), $CONS (y, ys), a) =
      $CONS (x, rotate (xs, ys, $CONS (y, a)))
```

rotate가 만들어내는 모든 일시중단의 고유 비용은 $O(1)$임을 확인하라.

> ✏️ **연습문제 7.1**
>
> 6.3.2절에 있는 은행원 큐의 f ++ reverse r을 rotate (f, r, $NIL)로
> 바꾸면 snoc, head, tail의 최악의 경우 실행 시간을 $O(n)$에서 $O(\log n)$
> 으로 줄일 수 있음을 보여라(힌트: 일시중단 사이에서 가장 긴 의존 관계 체
> 인의 길이가 $O(\log n)$임을 증명하라). 여러분의 분석을 단순화하기 위해
> rotate 함수의 패턴 매치를 **fun** 대신 **lazy fun**으로 만들어서 더 지연시
> 킬 수도 있다.

　다음으로는 이렇게 바꾼 데이터 타입에 스케줄을 추가한다. 원래의 데이터
타입은 다음과 같았다.

```
type 'a Queue = int * 'a Stream * int * 'a Stream
```

f의 노드들을 강제 계산하는 스케줄을 표현하는 'a Stream 타입의 새로운 필드
s를 가지고 이 타입을 확장한다. s를 f의 접미사로 생각하거나, f에서 계산되지
않은 일시중단 중 첫 번째 것을 가리키는 포인터로 생각할 수 있다. 스케줄의
다음번 일시중단을 평가하려면 s를 강제 수행하면 된다.

s를 추가하는 것 외에도 데이터 타입을 두 군데 수정한다. 먼저 r의 노드가 스케줄링될 필요가 없음을 명확히 하기 위해 r의 타입을 스트림에서 리스트로 변경한다. 이로 인해 rotate가 약간 바뀌어야 한다. 다음으로 길이 필드를 지운다. 조금 있다 보겠지만, r이 f보다 길어졌는지 판단하기 위해 길이 필드를 사용할 필요가 없어진다. 대신 스케줄로부터 그 정보를 얻을 수 있다. 따라서 바뀐 데이터 타입은 다음과 같다.

```
type 'a Queue = 'a Stream * 'a list * 'a Stream
```

> **(!) 일러두기**
>
> 4튜플 대신 3튜플을 사용하면 공간(메모리)을 아낄 수 있으므로, 최악의 경우의 바운드에 관심이 없는 경우라도 이런 식으로 데이터 표현을 변경하는 것을 고려할 만한 가치가 있다.

이런 표현을 택하면 주요 큐 함수는 간단히 다음과 같아진다.

```
fun snoc ((f, r, s), x) = exec (f, x :: r, s)
fun head ($CONS (x, f), r, s) = x
fun tail ($CONS (x, f), r, s) = exec (f, r, s)
```

exec라는 도우미 함수는 스케줄의 다음 일시중단을 실행하고 $|s| = |f| - |r|$ 이라는 불변조건을 유지한다(이 불변조건은 우연히도 $|f| \geq |r|$이라는 조건을 보장해준다. $|s|$가 0보다 작아질 수 없기 때문이다). snoc은 $|r|$을 1 줄이고 tail은 $|f|$을 1 줄인다. 따라서 exec가 호출되면 $|s| = |f| - |r| + 1$이다. 만약 s가 비어 있지 않다면, 단지 s의 tail을 취함으로써 불변조건을 계속 유지할 수 있다. s가 비어 있다면 r은 f보다 1 크므로 큐를 회전시키면 된다. 어떤 경우라도 s가 비어 있는지를 판단하기 위해 s에 대한 패턴 매치를 수행하면 스케줄에 남

아 있는 다음 일시중단을 강제 실행하고 메모화하게 된다.

```
fun exec (f, r, $CONS (x, s)) = (f, r, s)
  | exec (f, r, $NIL) = let val f' = rotate (f, r, $NIL) in (f', [], f') end
```

이 구현의 전체 소스 코드는 그림 7.1에 있다.

```
structure RealTimeQueue : QUEUE =
struct
  type 'a Queue = 'a Stream * 'a list * 'a Stream

  val empty = ($NIL, [], $NIL)
  fun isEmpty ($NIL, _, _) = true
    | isEmpty _ = false

  fun rotate ($NIL, y:: _, a) = $CONS (y, a)
    | rotate ($CONS (x, xs), y :: ys, a) =
        $CONS (x, rotate (xs, ys, $CONS (y, a)))

  fun exec (f, r, $CONS (x, s)) = (f, r, s)
    | exec (f, r, $NIL) = let val f' = rotate (f, r, $NIL) in (f', [], f') end

  fun snoc ((f, r, s), x) = exec (f, x :: r, s)

  fun head ($NIL, r, s) = raise Empty
    | head ($CONS (x, f), r, s) = x
  fun tail ($NIL, r, s) = raise Empty
    | tail ($CONS (x, f), r, s) = exec (f, r, s)
end
```

그림 7.1 스케줄링에 기반한 실시간 큐

살펴보면 모든 큐 연산은 일시중단을 강제 실행하는 것 외에는 $O(1)$ 작업만을 수행한다. 그리고 어떤 연산도 3개를 초과하는 일시중단을 강제 수행하지 않는다. 따라서 모든 큐 연산이 최악의 경우에도 $O(1)$ 시간에 진행됨을 보이기 위해서는 어떤 일시중단도 $O(1)$ 시간에 수행 가능함을 보여야 한다.

여러 큐 함수가 만들어내는 일시중단에는 단 세 가지 종류만 존재한다.

- $NIL은 empty와 exec(rotate를 최초 호출할 때)에 의해 생긴다. 이 일시중단은 뻔하기 때문에 강제 실행 후 메모화가 되었는지 여부와 관계없이 $O(1)$이 걸린다.

- $CONS (y, a)는 rotate에서 항상 만들어지며, 역시 뻔한 일시중단이다.

- $CONS (x, rotate (xs, ys, $CONS(y, a)))는 rotate의 두 번째 줄에서 만들어진다. 이 일시중단은 CONS 셀을 할당하고 새 일시중단을 만든 다음 rotate를 재귀 호출한다. 이때 rotate는 xs의 첫 번째 노드에 대해 패턴 매치를 하면서 즉각 다른 일시중단을 만들어낸다. 이런 일련의 동작 가운데 패턴 매치와 관련한 강제 실행만이 $O(1)$보다 더 오래 시간이 걸릴 수 있는 여지가 있다. 하지만 여기서 xs는 이전 회전 바로 직전에 존재하던 앞쪽 스트림의 접미사임을 알 수 있다. 스케줄 s에 대한 처리는 그 스트림의 '모든' 노드가 회전 이전에 강제 실행되고 메모화됨을 보장한다. 따라서 이 노드를 다시 강제 실행해도 $O(1)$ 시간만 걸린다.

모든 일시중단에 $O(1)$ 시간이 걸리므로, 모든 큐 연산은 최악의 경우 $O(1)$ 시간이 걸린다.

⚡ **전문가를 위한 힌트**

이 큐는 아마도 현저히 단순한 실시간 큐 구현일 것이다. 또한 이 구현은 영속성을 많이 사용하는 응용에 있어 알려진 큐 구현 중(최악의 경우든 분할 상황이든) 가장 빠른 구현 중 하나다.

📝 **연습문제 7.2**

s와 r의 크기로부터 큐의 크기를 계산하라. f와 r의 크기를 측정하는 함수와 비교할 때, s와 r로부터 크기를 계산하는 함수가 얼마나 더 빨리 동작하는가?

7.3 이항 힙

다음으로는 6.4.1절에서 다룬 지연 이항 힙을 살펴보면서 스케줄링을 사용해 최악의 경우 삽입을 $O(1)$에 지원하자. 이 구현에서 힙의 구현이 Tree list susp였음을 기억하라. 그에 따라 insert는 반드시 모놀리식하다. 첫 번째 목표는 insert를 점진적 함수로 만드는 것이다.

먼저 힙의 타입을 일시중단 리스트에서 스트림으로 바꾸는 것부터 시작한다. insert 함수는 insTree 도우미 함수를 호출하며, 변경한 타입을 반영하면 다음과 같이 다시 쓸 수 있다.

```
fun lazy insTree (t, $NIL) = $CONS (t, $NIL)
    | insTree (t, ts as $CONS (t', ts')) =
        if rank t < rank t' then $CONS (t, ts)
        else insTree (link (t, t'), ts')
```

이 함수는 여전히 모놀리식하다. 이유는 모든 link를 다 수행하기 전에 최초의 트리를 반환할 수 없기 때문이다. 이 함수를 점진적으로 만들려면 insTree가 각각의 (재귀) 반복 단계마다 부분적인 결과를 반환하게 만들 방법이 필요하다. 이항 힙과 이진수 사이의 관계를 좀 더 명시적으로 만듦으로써 이를 달성할 수 있다. 힙의 트리는 힙 크기를 이진수로 표현한 값에 들어 있는 모든 1에 대응한다. 이를 0을 명시적으로 표현하는 것으로 확장한다.

```
datatype Tree = NODE of Elem.T * Tree list
datatype Digit = ZERO | ONE of Tree
type Heap = Digit Stream
```

NODE 생성자에서 rank 필드를 없앴음에 유의하라. 이제 랭크는 트리의 위치에 의해 유일하게 결정된다. i번째 트리는 랭크가 i이며, 랭크가 r인 노드의 자식들은 랭크가 $r - 1, \ldots, 0$이다. 추가로, 비어 있지 않은 Digit 스트림은 모두 ONE 으로 끝나게 만든다.[1]

이제 insTree를 다음과 같이 다시 쓸 수 있다.

```
fun lazy insTree (t, $NIL) = $CONS (ONE t, $NIL)
    | insTree (t, $CONS (ZERO, ds)) = $CONS (ONE t, ds)
    | insTree (t, $CONS (ONE t', ds)) =
        $CONS (ZERO, insTree (link (t, t'), ds))
```

이 함수는 각 단계마다 ZERO가 들어 있는 CONS 셀과 나머지 계산에 대한 일시중 단을 반환하므로 항상 새 일시중단을 만들어내는 점진적인 함수다. 이 함수의 최종 단계는 항상 ONE을 내놓는 것으로 끝난다.

다음으로, 이 데이터 타입에 스케줄을 추가한다. 스케줄은 작업의 리스트로, 각 작업은 아직 완전히 실행되지 못한 insTree 호출을 표현하는 Digit Stream 이다.

```
type Schedule = Digit Stream list
type Heap = Digit Stream * Schedule
```

스케줄에서 한 단계를 실행하려면, 첫 번째 작업의 첫 번째 원소를 강제 실행한 다. 그 결과가 ONE이라면 전체 작업이 끝난 것이므로 스케줄에서 작업을 지운

---

1 이는 사실 대단한 조건이 아니다. 단지 예를 들어 13개의 원소가 있는 트리를 [1, 0, 1, 1]로 표현하지, [1, 0, 1, 1, 0]이나 [1, 0, 1, 1, 0, 0] 등으로 표현하지는 않는다는 뜻이다. 이 표현에서 LSB가 맨 앞이라는 사실을 기억하라. — 옮긴이

다.[2] 결과가 ZERO라면 작업의 나머지 부분을 다시 스케줄에 넣는다.

```
fun exec [] = []
  | exec (($CONS (ONE t, _)) :: sched) = sched
  | exec (($CONS (ZERO, job)) :: sched) = job :: sched
```

마지막으로, insert를 갱신해서 스케줄을 유지하게 만든다. insert의 분할 상환 비용은 2이므로, insert마다 2단계씩 스케줄을 실행하면 insert에 필요한 모든 시간을 보충하기에 충분한 일시중단을 강제 실행할 수 있다고 추측한다.

```
fun insert (x, (ds, sched)) =
    let val ds' = insTree (NODE (x, []), ds)
    in (ds', exec (exec (ds' :: sched))) end
```

insert가 최악의 경우 $O(1)$ 시간에 실행됨을 보이려면, exec가 최악의 경우 $O(1)$이 걸림을 보여야 한다. 특히, exec가 일시중단을 (일시중단에 대해 패턴 매치를 하면서) 강제 실행할 때마다, 첫 번째 일시중단이 의존하는 다른 모든 일시중단이 이미 강제 실행되고 메모화됐음을 보여야 한다.

insTree에 있는 **fun lazy** 구문을 확장하고 간단히 정리하면, insTree가 다음과 같은 일시중단을 만들어냄을 알 수 있다.

```
$case ds of
    $NIL => CONS (ONE t, $NIL)
  | $CONS (ZERO, ds') => CONS (ONE t, ds')
  | $CONS (ONE t', ds') => CONS (ZERO, insTree (link (t, t'), ds'))
```

insTree가 만들어내는 각 숫자(Digit 타입의 값)에 대응하는 일시중단은 같은 인

---

2 exec를 호출해도 스케줄을 반환하지 강제 계산한 결과를 반환하지는 않는다. 그렇다면 어떻게 exec의 두 번째 절에서 강제 계산한 t가 힙에 전달되는 것일까? (156페이지에 있는) Heap 타입 정의가 Digit Stream * Schedule 이라는 점에 유의하라. 본문 insert 구현을 보면 앞쪽 Digit Stream과 스케줄에 있는 Digit Stream이 서로 같은 값을 공유한다. 따라서 exec에서 강제 계산이 이뤄지면 메모화와 하위 식 공유에 의해 앞쪽 Digit Stream에 있는 값은 자동으로 계산 결과가 반영된다. — 옮긴이

덱스상에 존재하던 이전 글자에 의존한다. 우리는 Digit Stream에서 인덱스당 최대 1개의 미실행 일시중단만 있음을 보이고, 그에 따라 어떤 미실행 일시중단도 다른 미실행 일시중단에 의존하는 일이 없음을 보일 것이다.

스케줄에 있는 어떤 작업의 범위range를 한 insTree 호출이 만들어내는 숫자의 컬렉션으로 정의한다. 각 범위는 ZERO가 0개 또는 그 이상 연달아 있고, 맨 마지막에 ONE이 오는 시퀀스다. 숫자 스트림 안에서 같은 인덱스를 갖는 숫자가 하나라도 있으면 두 범위가 서로 겹친다overlap라고 말한다. 모든 계산되지 않은 숫자는 스케줄에서 같은 작업 안에 존재하므로, 어느 두 범위가 결코 겹치지 않음을 보일 필요가 있다.

사실, 우리는 그보다 좀 더 강력한 조건을 증명한다. 완료된 영completed zero을 스트림 내의 셀이 이미 계산되고 메모화된 ZERO라고 정의하자.

정리 7.1

모든 올바른 힙에는 스케줄에 있는 첫 번째 범위 이전에 최소한 2개의 완료된 영이 있다.[3] 그리고 스케줄 안에 있는 인접한 두 범위 사이에는 완료된 영이 적어도 1개는 있다.

증명

r_1과 r_2가 스케줄 맨 앞에 있는 두 가지 범위라고 하자. z_1과 z_2는 r_1 앞에 있는 두 완료된 영이며, z_3는 r_1과 r_2 사이에 있는 완료된 영이다.[4] insert는 스케줄의 맨 앞에 새로운 범위 r_0를 추가하고 즉시 exec를 두 번 호출한다. r_0는 ONE으로 끝나며, 그 ONE은 z_1을 대치한다는 사실을 알아두자.[5] m이 r_0에 있는 ZERO의 개수라면 세 가지 경우가 있다.

---

3 이 정리로부터 알 수 있는 한 가지는 랭크 0과 랭크 1짜리 트리들은 모두 스케줄에 들어가지 않고 계산이 이뤄진다는 것이다. 실제 직접 insert를 여러 번 호출하는 실행 트레이스를 몇 가지 살펴보면 이 성질을 만족함을 알 수 있다. - 옮긴이

4 예를 들어 힙에는 CONS(ZERO, CONS(ZERO, $CONS(ZERO, $CONS(ONE(랭크 4 트리))))가 들어가 있고, 스케줄에는 $CONS(ZERO($CONS(ONE(랭크 4 트리)···)가 들어 있는 경우, 랭크 1과 랭크 2에 해당하는 ZERO는 완료된 영이고, 스케줄 안에 있는 랭크 3에 해당하는 ZERO는 완료되지 않은 영이다. 완료되지 않은 ZERO는 exec에 의해 계산이 완료돼야 내부의 다른 일시중단들이 드러난다. - 옮긴이

158

$m = 0$

r_0에 있는 유일한 숫자는 ONE이다.[6] 이 경우 최초의 exec 호출에 의해 r_0가 제거된다. 두 번째 exec 호출은 r_1에 있는 첫 번째 숫자를 강제 실행한다. 이 첫 번째 숫자가 ZERO라면, 그 ZERO는 첫 번째 범위 앞에 있는 (z_2 뒤에 오는) 두 번째 완료된 영이 된다. 만약 첫 번째 숫자가 ONE이면 r_1은 제거되고 r_2가 최초의 범위가 된다. 이때는 r_2 바로 앞에 완료된 영인 z_2와 z_3가 존재한다.

경우 2 $m = 1$

r_0에는 ZERO, ONE이 있다. 이 두 수는 두 번의 exec에 의해 즉시 강제 실행되며, r_0를 없앤다. 여기서 r_0의 맨 앞에 있던 ZERO가 (대치한) z_1을 대신해 (z_2와 함께) r_1 앞에 있는 새로운 완료된 영이 된다.

경우 3 $m \geq 2$

r_0의 맨 앞 두 숫자는 ZERO이다. 두 번 exec를 실행하면 이 두 숫자는 새로운 두 개의 완료된 영이 된다. 그리고 이 둘을 제외한 나머지가 새로운 범위가 된다(r_0의 나머지 부분). z_2는 새로운 범위와 r_1 사이에 있는 1개짜리 완료된 영이 된다.

✏️ 연습문제 7.3

insTree에서 **lazy**를 제거해도 insert의 실행 시간이 나빠지지 않음을 보여라.

새로운 타입에 맞게 나머지 함수를 변경하는 것은 상당히 단순한 일이다. 완전한 구현은 그림 7.2에 있다. 이 코드에 대해 네 가지를 더 자세히 설명할 가치

---

5 r_0가 ONE으로 끝난다는 이야기는 삽입으로 인한 올림이 발생한 끝에 만들어진 ONE이 r_0 범위의 끝에 있다는 뜻이다. 1이 연속되다가 맨 처음 0이 나타나는 지점에서 올림이 끝나므로, $\$r_0\ z_1\ z_2\ \$r_1\ z_3\ \$r_2$ 순서에서 $\$r_0$의 끝에 있는 ONE은 z_1을 대치하는 ONE이어야 한다($는 아직 미실행임을 나타냄). – 옮긴이

6 r_0 = ONE이고, 이 ONE이 z_1을 대치하므로 이후 순서는 r_0, z_2, r_1이 된다. r_1이 ZERO로 시작하면 그 ZERO를 계산할 경우 r_0, z_2, (계산한 ZERO), (r_1의 나머지) 순서로 완료된 영이 2개라는 조건이 유지되며, r_1이 ONE으로 시작하면 exec에 의해 스케줄에서 r_1이 사라지고 그 뒤에 있던 z_3가 두 번째 완료된 영이 된다. – 옮긴이

```
functor ScheduledBlnomialHeap (Element: ORDERED) : HEAP =
struct
  structure Elem = Element

  datatype Tree = NODE of Elem.T * Tree list
  datatype Digit = ZERO | ONE of Tree
  type Schedule = Digit Stream list
  type Heap = Digit Stream * Schedule

  val empty = ($NIL, [])
  fun isEmpty ($NIL, _) = true | isEmpty _ = false

  fun link (t1 as NODE (x1, c1), t2 as NODE (x2, c2)) =
        if Elem.leq (x1,x2) then NODE (x1, t2 :: c1) else NODE (x2,
t1 :: c2)
  fun insTree (t, $NIL) = $CONS (ONE t, $NIL)
    | insTree (t, $CONS (ZERO, ds)) = $CONS (ONE t, ds)
    | insTree (t, $CONS (ONE t', ds)) =
        $CONS (ZERO, insTree (link (t, t'), ds))
  fun mrg (ds1, $NIL) = ds1
    | mrg ($NIL, ds2) = ds2
    | mrg ($CONS (ZERO,ds1), $CONS (d,ds2)) = $CONS (d,mrg (ds1,
ds2))
    | mrg ($CONS (d,ds1), $CONS (ZERO,ds2)) = $CONS (d,mrg (ds1,
ds2))
    | mrg ($CONS (ONE t1, ds1), $CONS (ONE t2, ds2)) =
        $CONS (ZERO, insTree (link (t1, t2), mrg (ds1, ds2)))

  fun normalize (ds as $NIL) = ds
    | normalize (ds as $CONS (_, ds')) = (normalize ds'; ds)
  fun exec[] = []
    | exec (($CONS (ZERO, job)) :: sched) = job :: sched
    | exec (_ :: sched) = sched
  fun insert (x, (ds, sched)) =
        let val ds' = insTree (NODE (x, []), ds)
        in (ds', exec (exec (ds' :: sched))) end
  fun merge ((ds1, _), (ds2, _)) =
        let val ds = normalize (mrg (ds1, ds2)) in (ds, []) end
```

(이어짐)

```
    fun removeMinTree ($NIL) = raise Empty
      | removeMinTree ($CONS (ONE t, $NIL)) = (t, $NIL)
      | removeMinTree ($CONS (ZERO, ds)) =
          let val (t', ds') = removeMinTree ds in (t', $CONS (ZERO,
  ds')) end
      | removeMinTree ($CONS (ONE (t as NODE (X, _)), ds)) =
          case removeMinTree ds of
            (t' as NODE (x', _), ds') =>
                if Elem.leq (x, x') then (t, $CONS (ZERO, ds))
                else (t', $CONS (ONE t, ds'))
    fun findMin (ds, _) =
          let val (NODE (x, _), _) = removeMinTree ds in x end
    fun deleteMin (ds, _) =
          let val (NODE (x, c), ds') = removeMinTree ds
              val ds'' = mrg (listToStream (map ONE (rev c)), ds')
          in (normalize ds'', []) end
  end
```

그림 7.2 스케줄을 사용하는 이항 힙

가 있다. 첫째, 스케줄을 가지고 뭔가 영리한 일을 하려고 노력하는 대신, merge
와 deleteMin은 시스템에 있는 모든 일시중단을 평가(normalize 함수를 사용)하
고 스케줄을 []로 만든다. 둘째, 정리 7.1에 따라 어떤 힙에도 $O(\log n)$보다 많
은 계산하지 않은 일시중단이 들어 있지 않다. 따라서 normalize나 최솟값 검
색에서 모든 일시중단을 강제 평가해도 merge, findMin, deleteMin 등의 점근
적 실행 시간에는 영향이 없다. 이들은 모두 최악의 경우 $O(\log n)$ 시간에 작동
한다. 셋째, 도우미 함수인 removeMinTree는 때로 맨 끝에 ZERO가 여럿 붙어 있
는 숫자 스트림을 만든다. 하지만 이런 스트림은 findMin에 의해 제거되거나,
deleteMin에 의해 ONE으로 이뤄진 리스트와 병합된다. 마지막으로, deleteMin
이 자식의 리스트를 올바른 힙으로 변환하기 위해 처리해야 하는 일이 이전의
구현보다 약간 더 많아진다. 리스트를 뒤집는 것 외에 deleteMin은 모든 트리에

ONE을 더하고, 리스트를 스트림으로 변환해야 한다. c가 자식의 리스트라면 이 전체 과정을 다음과 같이 쓸 수 있다.

```
listToStream (map ONE (rev c))
```

여기서 각 함수의 정의는 다음과 같다.

```
fun listToStream [] = $NIL
  | listToStream (x :: xs) = $CONS (x, listToStream xs)

fun map f [] = []
  | map f (x :: xs) = (f x) :: (map f xs)
```

---

map은 리스트의 모든 원소에 다른 함수(여기서는 ONE 생성자)를 적용하는 표준 함수다.

📝 **연습문제 7.4**

mrg를 효율적으로 특화한 버전인 mrgWithList를 작성하라. 이 함수를 사용하면 deleteMin은

```
mrg (listToStream (map ONE (rev c)), ds')
```

대신에

```
mrgWithList (rev c, ds')
```

를 호출할 수 있다.

162

7.4 공유를 사용한 상향식 병합 정렬

스케줄링의 세 번째 예제로 6.4.3절에서 다룬 정렬 가능한 컬렉션이 add를 최악의 경우 $O(\log n)$에, sort를 최악의 경우 $O(n)$에 지원하도록 변경한다.

분할 상환 구현에서 지연 계산을 사용하는 유일한 부분은 add에서 addSeg를 호출하는 일시중단이다. 이 일시중단은 모놀리식하기 때문에, 맨 처음 해야 할 일은 이를 점진적인 계산으로 바꾸는 것이다. 실제로는 mrg만을 점진적으로 만들 필요가 있다. addSeg는 단지 $O(\log n)$ 단계 만에 수행되기 때문에 이를 엄격하게 실행해도 성능에 문제가 없다. 따라서 리스트 대신 스트림으로 조각들을 표현하고, 조각 컬렉션에 대한 일시중단을 없앤다. 이렇게 하면 조각 컬렉션의 타입이 Elem.T list list susp에서 Elem.T Stream list로 바뀐다.

mrg, add, sort가 이 새로운 타입을 사용하도록 변경하는 것은 간단하다. 단지 sort에서는 맨 마지막에 변경한 스트림을 리스트로 변환해야 한다. 다음 streamToList 변환 함수를 호출해 이 과정을 수행할 수 있다.

```
fun streamToList ($NIL) = []
  | streamToList ($CONS (x, xs)) = x :: streamToList xs
```

그림 7.3에 있는 새 mrg는 한 번에 병합을 한 단계 수행한다. 이때 $O(1)$ 고유 비용이 든다. 두 번째 목표는 add가 호출될 때마다 충분히 병합을 수행해서 계산하지 않은 일시중단의 수가 $O(n)$이 되게 하는 것이다. 그렇게 만들고 나면 sort는 자신의 $O(n)$ 비용과 더불어 최대 $O(n)$개의 일시중단을 실행한다. 이런 개수의 일시중단을 강제 실행하는 데는 최대 $O(n)$ 시간이 걸리므로, 두 비용을 합하면 sort는 $O(n)$ 만에 실행된다.

분할 상환 분석에서 B'이 $n' = n + 1$에 있는 1인 비트의 개수라고 할 때, add의 분할 상환 비용은 대략 $2B'$이었다. 이는 add가 1비트당 2개씩 일시중단을 실행해야 한다는 뜻이며, 이는 한 조각당 2개의 일시중단을 실행해야 한다는 말과도 같다. 우리는 각 조각마다 별도의 스케줄을 유지한다. 각 스케줄은 스트림의 리스트이며, 각 리스트는 아직 완전히 평가되지 않은 mrg 호출을 표현한

```
functor ScheduledBottomUpMergeSort (Element: ORDERED) : SORTABLE =
struct
  structure Elem = Element

  type Schedule = Elem.T Stream list
  type Sortable = int * (Elem.T Stream * Schedule) list

  fun lazy mrg ($NIL, ys) = ys
    | mrg (xs, $NIL) = xs
    | mrg (xs as $CONS (X, xs'), ys as $CONS (y, ys')) =
        if Elem.leq (x, y) then $CONS (x, mrg (xs', ys))
        else $CONS (y, mrg (xs, ys'))

  fun exec1 [] = []
    | exec1 (($NIL) :: sched) = exec1 sched
    | exec1 (($CONS (x, xs)) :: sched) = xs :: sched
  fun exec2 (xs, sched) = (xs, exec1 (exec1 sched))

  val empty = (0, [])
  fun add (x, (size, segs)) =
      let fun addSeg (xs, segs, size, rsched) =
                if size mod 2 = 0 then (xs, rev rsched) :: segs
                else let val ((xs', []) :: segs') = segs
                         val xs'' = mrg (xs, xs')
                     in addSeg (xs'', segs', size div 2, xs'' ::
rsched)
          val segs' = addSeg ($CONS (x, $NIL), segs, size, [])
      in (size+1, map exec2 segs') end
  fun sort (size, segs) =
      let fun mrgAll (xs, []) = xs
            | mrgAll (xs, (xs', _ ) :: segs) = mrgAll (mrg (xs,
xs'), segs)
      in streamToList (mrgAll ($NIL, segs)) end
end
```

그림 7.3 스케줄을 사용하는 상향식 병합 정렬

다. 전체 타입은 다음과 같다.

```
type Schedule = Elem.T Stream list
type Sortable = int * (Elem.T Stream * Schedule) list
```

스케줄에서 병합 단계를 실행하려면 exec1 함수를 호출한다.

```
fun exec1 [] = []
  | exec1 (($NIL) :: sched) = exec1 sched
  | exec1 (($CONS (x, xs)):: sched) = xs :: sched
```

두 번째 절에서 한 스트림의 맨 끝에 도달하면 다음 스트림의 첫 번째 단계를 실행한다. 이 호출이 루프에 빠지는 경우는 없다. 스케줄에 들어 있는 리스트 중에 비어 있을 수 있는 리스트는 맨 앞에 있는 리스트뿐이기 때문이다. exec2는 조각을 받아서 스케줄에 대해 exec1을 두 번 실행한다.

```
fun exec2 (xs, sched) = (xs, exec1 (exec1 sched))
```

이제 add는 모든 조각에 대해 exec2를 호출한다. 한편 add는 새로운 조각을 처리하기 위한 스케줄을 만들어야 하는 책임도 갖고 있다. n의 가장 아래 k 비트들이 1이라면 새 조각을 추가할 때 다음과 같은 형태로 k번 병합이 발생한다.

$$((s_0 \bowtie s_1) \bowtie s_2) \bowtie \cdots \bowtie s_k$$

여기서 s_0는 새로운 싱글톤 조각이며, $s_1, \ldots, s_k$는 기존 컬렉션 맨 앞에 있는 k개의 조각들이다. 이 계산의 부분적인 결과는 $s_1', \ldots, s_k'$이라 할 수 있고, $s_1' = s_0 \bowtie s_1$, $s_i' = s_{i-1}' \bowtie s_i$이다. s_i'이라는 일시중단은 s_{i-1}'에 의존하므로, s_{i-1}'을 s_i'보다 더 앞에 스케줄링해야 한다. s_i'에 있는 일시중단들도 역시 s_i에 있는 일시중단에 의존하지만, 우리는 add를 호출하는 시점에 이미 s_i들이 모두 평가된 상태임을 보장한다.

　새로운 스케줄을 만들며 조각당 2개의 일시중단을 실행하는 add 최종 버전은 다음과 같다.

```
fun add (x, {size, segs}) =
    let fun addSeg (xs, segs, size, rsched) =
            if size mod 2 = 0 then (xs, rev rsched) :: segs
            else let val ((xs', []):: segs') = segs
                    val xs'' = mrg (xs, xs')
                in addSeg (xs'', segs', size div 2, xs'' :: rsched) end
        val segs' = addSeg ($CONS (x, $NIL), segs, size, [])
    in (size+1, map exec2 segs') end
```

누적 인자 rsched는 새로 병합된 스트림을 역순으로 모은다. 따라서 마지막 단계에서 그 스트림을 뒤집어 올바른 순서로 만든다. 4번째 줄의 패턴 매치는 그 조각의 예전 스케줄이 비어 있는지, 즉 모든 스케줄이 완전히 실행된 상태인지를 검사한다. 왜 이 부분이 항상 참인지 조금 있다 살펴볼 것이다.

이 구현의 전체 코드는 그림 7.3에 있다. add에는 $O(\log n)$의 비공유 비용이 있고, sort에는 $O(n)$의 비공유 비용이 있다. 따라서 원하는 최악의 상황 바운드를 계산하려면 add에 의해 강제 실행되는 $O(\log n)$개의 일시중단이 각각 $O(1)$ 시간이 걸리고, sort가 실행하는 $O(n)$개의 미평가된 일시중단들을 실행하는 데 총 $O(n)$ 시간이 걸림을 보이면 된다.

add에 의해 강제 실행되는 모든 병합 단계(exec2와 exec1을 거침)는 두 가지 다른 스트림에 의존한다. 현재 단계가 s_i'의 일부라면 그 단계는 s_{i-1}'과 s_i에 의존한다. s_{i-1}'은 s_i'보다 앞에 스케줄링되므로 s_{i-1}'은 s_i'을 평가하는 시점에는 이미 완전히 평가된 뒤다. 더 나아가 s_i는 s_i'을 만들어내는 add가 실행되기 전에 완전히 평가된다. 각 병합 단계의 고유 비용이 $O(1)$이므로, 각 단계가 강제 실행하는 일시중단들은 이미 강제 실행 및 메모화 된 상태다. 따라서 add가 강제로 수행하는 모든 병합 단계는 최악의 경우 단지 $O(1)$밖에 시간이 걸리지 않는다.

다음 보조정리는 addSeg에 의한 병합에 관련된 모든 조각이 완전히 평가되고 컬렉션 전체에는 최대 $O(n)$개의 평가되지 않은 일시중단이 있음을 보여준다.

보조정리 7.2

크기가 n인 임의의 정렬 가능 컬렉션 안에서, 크기가 $m = 2^k$인 조각의 스케줄에는 최대 $2m - 2(n \bmod m + 1)$개의 원소가 들어 있다.

증명

하위 k개의 비트가 1인 크기가 n인 정렬 가능 컬렉션을 생각해보자(즉, 어떤 정수 c를 사용해, n을 $c2^{k+1} + (2^k - 1)$이라고 쓸 수 있다). 이때 add는 크기 $m = 2^k$인 새로운 조각을 만들어낸다. 그 조각의 스케줄에는 2, 4, 8, …, 2^k 크기의 스케줄이 들어 있다. 이 스케줄의 전체 크기는 $2^{k+1} - 2 = 2m - 2$이다. 두 단계를 실행하고 나면 이 스케줄의 크기는 $2m - 4$이다. 새 컬렉션의 크기는 $n' = n + 1 = c2^{k+1} + 2^k$이다. $2m - 4 < 2m - 2(n' \bmod m + 1) = 2m - 2d$이므로, 이 보조정리가 이 조각에 대해 성립한다.

크기가 m보다 큰 모든 m' 크기의 조각은 이 조각의 스케줄에서 두 단계를 실행할 때를 제외하면 add에 의해 영향을 받지 않는다. 새 스케줄의 크기는 다음과 같이 바운드된다.

$$2m' - 2(n \bmod m' + 1) - 2 = 2m' - 2(n' \bmod m' + 1)$$

따라서 이 보조정리는 이런 조각들에서도 역시 성립한다.

이제 n의 최하위 비트 k개가 1이면(즉, 다음번 add가 맨 앞 k개의 조각을 병합할 상황), 보조정리 7.2에 따라, $i < k$인 모든 크기 $m = 2^i$인 조각들에 대해 그 조각의 스케줄에 있는 원소의 개수는 최대한 다음과 같음을 알 수 있다.

$$2m - 2(n \bmod m + 1) = 2m - 2((m - 1) + 1) = 0$$

다른 말로 하면, 스케줄이 비어 있으므로 각 조각들은 완전히 평가된 상태다.

마침내 모든 세그먼트의 스케줄을 합하면 기껏해야 다음과 같은 원소가 존재한다.

$$2 \sum_{i=0}^{\infty} b_i (2^i - (n \bmod 2^i + 1)) = 2n - 2 \sum_{i=0}^{\infty} b_i (n \bmod 2^i + 1)$$

여기서 b_i는 n의 i번째 비트다. 이 식이 6.4.3절에서 다룬 물리학자 기법의 포텐셜 함수와 비슷하게 생겼음에 유의하라. 이 합계는 $2n$에 의해 바운드되므로, 전체 컬렉션은 $O(n)$개의 평가되지 않은 일시중단이 있다. 따라서 sort는 최악의 경우 $O(n)$ 시간에 실행된다.

7.5 참고사항

분할 상환 없애기 디츠[Dietz]와 라만[Raman]은 페블 게임[pebble game][7]에 기반해 분할 상환을 없애는 프레임워크를 고안했다[DR91, DR93, Ram92]. 이는 어떤 게임의 승리 전략을 따라 최악의 경우 알고리즘을 파생시키는 방법이다. 다른 연구자들은 암시적인 이항 큐[implicit binomial queue][CMP88]나 완화된 힙[relaxed heap][DGST88] 같은 구체적인 데이터 구조에서 분할 상환을 제거하는 스케줄링과 유사한 임의의 기법을 만들어내곤 했다. 여기서 설명한 스케줄링과 같은 형태는 처음에 [Oka95c]에서 큐에 적용됐고, 나중에 [Oka96b]에서 일반화됐다.

큐 7.2절에 있는 큐 구현은 처음에 [Oka95c]에 등장했다. 후드[Hood]와 멜빌[Melville]은 [HM81]에서 실시간 큐에 대한 최초의 순수 함수형 구현을 보였다. 그들이 사용한 기법은 전역 재구축[global rebuilding][Ove83]으로, 자세한 내용은 다음 장에서 설명한다. 그들의 구현은 지연 계산을 사용하지 않으며, 우리가 구현한 것보다 더 복잡하다.

---

7 수학, 전산학에서 페블 게임은 다음 규칙에 따라 비순환 방향성 그래프(DAG)에서 돌(pebble) 또는 마커(marker)를 이동하는 게임이다. 여러 종류의 페블 게임이 존재하지만, 일반적인 페블 게임의 돌 이동 규칙은 다음과 같다.

- 각 단계마다 그래프 G의 비어 있는 꼭짓점에 돌을 놓거나, 놓여 있는 돌을 치울 수 있다.
- 어떤 꼭짓점에 돌을 놓을 수 있으려면 그 꼭짓점의 모든 이전 꼭짓점(predecessor)에 돌이 놓여 있어야 한다.
- 페블 게임의 목표는 동시에 그래프에 놓여 있는 돌의 개수를 최소화하면서 성공적으로 그래프의 각 꼭짓점에 연속해서 돌을 놓는 것이다.

자세한 내용은 https://en.wikipedia.org/wiki/Pebble_game을 참조하라. https://www.cryptolux.org/Pebble/에서 직접 게임을 해볼 수도 있다. – 옮긴이

지연 재구축

이제부터 4개 장에 걸쳐 함수형 데이터 구조를 설계하는 일반적인 기법을 설명한다. 먼저 8장에서는 **지연 재구축**^{lazy rebuilding}을 다룬다. 지연 재구축은 **전역 재구축**^{global rebuilding}[Ove83]의 변종이다.

8.1 일괄 재구축

많은 데이터 구조가 효율적인 접근을 위해 **균형 불변조건**^{balance invariant}을 지키곤 한다. 표준적인 예는 균형 이진 검색 트리다. 균형이 잡혀 있지 않은 검색 트리는 대부분의 트리 연산에서 최악의 경우 $O(n)$의 시간이 걸리지만, 균형 이진 검색 트리는 이를 $O(\log n)$으로 줄일 수 있다. 균형 불변조건을 유지하기 위한 접근 방법 중 하나는 데이터가 갱신될 때마다 매번 균형을 다시 잡는 것이다. 대부분의 균형 구조에는 **완전한 균형**^{perfect balance}이라는 개념이 있다. 완전한 균형은 그 이후에 연산을 수행하는 비용을 최소화해주는 설정을 뜻한다. 하지만 갱신할 때마다 완전한 균형을 회복시키면 비용이 너무 많이 들기 때문에 대부분의 구현에서는 정수 배만큼 느려지는 것을 감수하고 완벽한 균형에 가까운 근사 상태를 사용하곤 한다. 이런 접근 방법의 예로 AVL 트리[AVL62]나 적흑 트리 [GS78]를 들 수 있다.

하지만 갱신이 균형을 너무 심하게 방해하지 않는 경우, 좀 더 매력적인 대안 은 갱신이 몇 번 일어날 때까지 재균형 작업을 미루는 것이다. 갱신이 어느 정 도 일어난 후 그때 가서 완벽한 균형을 새로 회복할 수 있다. 이런 접근 방법을 우리는 일괄 재구축$^{\text{batch rebuilding}}$이라고 부른다. 다음 두 가지 조건을 만족하는 경 우 일괄 재구축이 좋은 분할 상환 시간 바운드를 제공한다. (1) 데이터 구조를 너무 자주 재구축하지 않아도 된다. (2) 각각의 갱신이 나중에 수행될 연산의 성 능을 과도하게 저하시키지 않는다. 더 정확히 말해, 조건 (1)은 연산당 $O(f(n))$ 분할 상환 시간을 달성하고 싶다면 재구축 변환이 $O(g(n))$ 시간 내에 수행돼야 만 할 경우, 재구축 변환이 어떤 상수 c에 대해 $c \cdot g(n)/f(n)$보다 더 자주 실행 될 수 없다는 뜻이다. 예를 들어, 이진 검색 트리를 생각해보자. 완벽한 균형으 로 트리를 재구축하는 데 $O(n)$ 시간이 걸리므로, 각 연산이 $O(\log n)$ 분할 상환 시간이 걸리게 하고 싶다면, 이 데이터 구조는 어떤 상수 c에 대해 $c \cdot n/\log n$ 보다 더 자주 재구축을 실행해서는 안 된다.

어떤 데이터 구조가 매 $c \cdot g(n)/f(n)$ 연산마다 재구축된다고 가정하고, 새로 만들어진 데이터 구조의 개별 연산이 (최악의 경우나 분할 상환으로) $O(f(n))$ 시간 이 걸린다고 하자. 그런 경우 조건 (2)는 $c \cdot g(n)/f(n)$ 갱신이 이뤄져서 생긴 새 로운 데이터 구조의 각 연산은 여전히 $O(f(n))$ 시간이 걸려야 한다는 뜻이다. 다른 말로 하면, 개별 연산의 비용은 상수 배만큼만 저하될 수 있다. 이렇게 조 건 (2)를 만족하는 갱신 함수를 약한 갱신$^{\text{weak update}}$이라고 부른다.

예를 들어, 이진 검색 트리에서 delete 함수를 구현할 때 다음과 같은 접근 방법을 취한다고 생각해보자. 물리적으로 지정한 노드를 트리에서 제거하는 대 신, 트리를 그대로 두고 삭제됐음을 표시한다. 그 후 트리 노드 중 절반 이상이 삭제되면 삭제 표시된 노드를 모두 없애고 트리의 완전한 균형을 회복하는 전역 과정을 실행한다. 우리가 $O(\log n)$의 분할 상환 복잡도를 원할 때, 이런 접근 방법이 앞에서 말한 두 가지 조건을 만족할까?

트리 안에 n개의 노드가 있고, 최대 절반까지 삭제로 표시될 수 있다. 그 후 삭제된 노드를 제거하고 트리를 완벽한 균형으로 만들려면 $O(n)$ 시간이 걸린다. 이 변환을 매 $\frac{1}{2}n$ 삭제 연산마다 실행하므로, 이 방법은 조건 (1)을 만족한다. 사실 조건 (1)이 허용하는 최대 빈도는 데이터 재구축을 매 $c \cdot n/\log n$ 연산마다 실행하는 것이다. 이 삭제 알고리즘은 원하는 노드를 찾아서 삭제로 표시한다. 노드 중 절반이 삭제된 경우라도, 이렇게 표시하는 과정에는 $O(\log n)$ 시간이 걸린다. 따라서 조건 (2)가 성립한다. 여기서 트리 노드 중 절반이 삭제로 표시된 상태라고 해도 삭제하지 않은 노드들의 평균 깊이는 삭제한 노드를 실제로 제거하고 재구축한 경우와 겨우 1밖에 차이가 나지 않음에 유의하라. 이 알고리즘에서는 이렇게 늘어난 트리 깊이로 인해 각 연산의 성능이 저하되기는 하지만 단지 상수를 더해주는 만큼만 차이가 나는데, 조건 (2)는 상수를 곱하는 차이까지도 허용한다. 따라서 조건 (2)는 데이터 구조를 더 뜸하게 재구축하도록 허용한다.

위 예제에서는 삭제만을 설명했지만, 이진 검색 트리는 삽입도 지원한다. 불행히도 삽입 연산은 길이가 긴 경로를 빠르게 만들어낼 수 있기 때문에 약한 연산이 아니다.[1] 하지만 AVL 트리나 적흑 트리처럼 삽입에 의한 갱신이 일어날 때마다 지역적으로 재구축을 수행해서 삽입의 효율을 유지해주면서, 삭제는 일괄 재구축으로 처리하는 혼합적인 접근도 가능하다.

📝 **연습문제 8.1**

여기 설명한 아이디어를 가지고 3.3절의 적흑 트리를 확장하라. T 생성자에 불린boolean 필드를 추가하고, 정상 노드와 비정상 노드의 수에 대한 추정 값을 유지하라. 모든 삽입은 새로운 정상 원소를 추가하고, 모든 삭제는 이전에 정상이었던 원소를 비정상으로 바꾼다고 가정하고 추정한다. 재구축을 할 때는 이 추정 값을 바로잡아라. 트리를 재구축할 때 연습문제 3.9가 유용할 것이다.

---

1 최악의 경우 트리가 한쪽으로 치우치면 트리 깊이가 $O(n)$으로 깊어질 수 있다. – 옮긴이

일괄 재구축의 두 번째 예제로 5.2절의 일괄 재구축 큐를 살펴보자. 재구축 변환은 뒤쪽 리스트를 뒤집어서 앞쪽 리스트에 붙인다. 이 과정으로 모든 큐 원소가 앞쪽 리스트에 들어 있는 완벽한 균형 상태가 회복된다. 앞에서 본 것처럼 일괄 재구축 큐의 분할 상환 효율은 좋지만, 데이터를 일시적인 환경에서 사용할 때만 그렇다. 영속적인 사용을 하는 경우 재구축이 아무 때나 자주 일어날 수 있기 때문에, 분할 상환 바운드는 재구축 변환의 비용에 이르기까지 나빠진다. 사실, 일괄 재구축을 사용하는 데이터 구조의 경우 항상 재구축이 자주 일어나서 재구축 변환의 비용에 이르기까지 성능이 저하된다는 진술이 사실이다.

8.2 전역 재구축

오버마스Overmars는 [Ove83]에서 일괄 재구축에서 분할 상환을 제거하는 기법을 설명했다. 그는 이 기법을 **전역 재구축**global rebuilding이라 불렀다. 기본 아이디어는 매 일반 연산마다 몇 단계씩 점진적으로 재구축 변환을 실행하는 것이다. 이때 재구축 변환을 코루틴coroutine으로 실행하는 것으로 생각하면 좀 더 잘 이해할 수 있다. 전역 재구축에서 어려운 부분은 재구축 결과를 필요로 하는 시점 이전에 코루틴이 끝날 수 있게, 적절한 시간에 빨리 코루틴을 시작해야만 한다는 점이다.

구체적으로, 전역 재구축은 각 객체의 복사본을 2개 유지하는 것으로 달성할 수 있다. 주 복사본primary copy 또는 작업working 복사본은 일반적인 데이터 구조다. 부 복사본secondary copy은 점차 재구축을 해나갈 복사본이다. 모든 질의와 갱신은 작업 복사본에서 이뤄진다. 부 복사본이 완료되면 부 복사본을 새 작업 복사본으로 만들고 이전의 작업 복사본은 버린다. 새로운 부 복사본을 즉시 시작할 수도 있고, 부 복사본이 없는 상태에서 약간 더 작업을 진행할 수도 있지만, 언젠가는 반드시 다음 재구축 단계를 시작해야 한다.

부 복사본의 재구축을 발생시키는 갱신을 처리하는 부분은 더 복잡하다. 작업 복사본은 일반적인 방식으로 갱신될 수 있지만 부 복사본도 그에 따라 갱신

되지 않으면, 그 부 복사본이 주 복사본이 될 때 그동안 주 복사본에 대해 이뤄진 변경 결과가 모두 사라진다. 하지만 일반적으로는 부 복사본의 표현이 효율적으로 갱신이 가능하지 않은 경우가 많다. 따라서 부 복사본에 대한 갱신은 버퍼에 넣었다가 나중에 부 복사본이 완료되고 주 복사본을 대치하기 직전에 한꺼번에 처리한다.

전역 재구축은 순수 함수적으로 구현이 가능하며, 그런 구현이 여럿 존재한다. 예를 들어, 후드^{Hood}와 멜빌^{Melville}의 실시간 큐[HM81]는 이런 기법을 바탕으로 한다. 일괄 재구축과 달리 전역 재구축은 영속성과도 문제가 없다. 어느 한 연산이 특별히 비싸지 않기 때문에 연산을 임의로 반복 실행해도 시간 바운드에 영향을 끼칠 수 없다. 불행히도 전역 재구축은 상당히 복잡한 경우가 자주 있다. 특히 부 복사본을 표현하는 구조는 코루틴의 중간 상태를 포획하는 수준의 복잡도가 있기 때문에 상당히 지저분할 수 있다.

8.2.1 예제: 후드-멜빌 실시간 큐

후드와 멜빌의 실시간 큐 구현[HM81]은 7.2절에서 보여준 실시간 큐와 상당히 비슷하다. 두 구현 모두 앞쪽과 뒤쪽 큐를 표현하는 두 가지 리스트를 각각 유지하며, 뒤쪽 리스트의 원소를 점진적으로 앞쪽 리스트로 회전시키며, 이 회전은 뒤쪽 리스트가 앞쪽 리스트보다 1 길어지면 시작된다. 둘 사이의 차이는 이런 점진적인 회전을 수행하는 세부적 방법에 있다.

먼저, 두 리스트를 유지하면서 한쪽에서 다른 쪽으로 점차 원소를 보냄으로써 점진적으로 리스트를 뒤집는 방법을 생각해보자.

```
datatype 'a ReverseState = WORKING of 'a list * 'a list | DONE of 'a
list

fun startReverse xs = WORKING (xs, [])

fun exec (WORKING (x :: xs, xs')) = WORKING (xs, x :: xs')
  | exec (WORKING ([], xs')) = DONE xs'
```

리스트 xs를 뒤집으려면 우선 새로운 WORKING (xs, []) 상태를 만들고, exec가 뒤집어진 리스트가 들어 있는 DONE을 반환할 때까지 반복 호출한다. 이 전체 과정은 n이 xs의 초기 길이일 때, $n + 1$번 exec를 호출한다.

이 트릭을 두 번 적용하면 점진적으로 두 리스트 xs와 ys를 연결할 수 있다. 먼저 xs를 뒤집어 xs'을 얻고, xs'을 ys에 뒤집어 붙인다.

```
datatype 'a AppendState =
    REVERSING of 'a list * 'a list * 'a list
  | APPENDING of 'a list * 'a list
  | DONE of 'a list

fun startAppend (xs, ys) = REVERSING (xs, [], ys)

fun exec (REVERSING (x :: xs, xs', ys)) = REVERSING (xs, x :: xs', ys)
  | exec (REVERSING ([], xs', ys)) = APPENDING (xs', ys)
  | exec (APPENDING (x :: xs', ys)) = APPENDING (xs', x :: ys)
  | exec (APPENDING ([], ys)) = DONE ys
```

전체적으로 이 과정에서 exec를 $2m + 2$번 호출하며, 이때 m은 xs의 최초 길이다.

이제 f를 reverse r에 연결하기 위해 리스트를 세 번 뒤집는다. 첫째로 f와 r을 동시에 뒤집어서 f'과 r'을 만들고, f'을 r'에 뒤집어 붙인다. 다음 코드는 r이 f보다 1 더 길다고 가정한다.

```
datatype 'a RotationState =
    REVERSING of 'a list * 'a list * 'a list * 'a list
  | APPENDING of 'a list * 'a list
  | DONE of 'a list

fun startRotation (f, r) = REVERSING (f, [], r, [])

fun exec (REVERSING (x :: f, f', y :: r, r')) = REVERSING (f, x :: f', r,
y :: r')
  | exec (REVERSING ([], f', [y], r')) = APPENDING (f', y :: r')
```

```
  | exec (APPENDING (x :: f', r')) = APPENDING (f', x :: r')
  | exec (APPENDING ([], r')) = DONE r'
```

이 과정도 전체 $2m + 2$번 exec를 호출한다. m은 최초 f의 길이다.

불행히도 회전을 이런 식으로 수행하는 것에는 큰 문제가 있다. snoc이나 tail을 호출할 때마다 exec를 몇 번씩만 호출한다면 회전이 끝나는 시점에 만들어지는 최종 결과는 우리가 원하는 그 결과가 아니게 된다! 특히 회전하는 동안 tail이 k번 호출됐다면 결과 리스트의 최초 k개의 원소는 잘못된 원소가 된다. 이 문제를 해결하는 기본적인 방법이 두 가지 있다. 첫째는 잘못된 원소의 개수를 저장하고, RotationState에 DELETING이라는 세 번째 단계를 넣는 식으로 확장하는 것이다. DELETING은 리스트에서 잘못된 원소가 없어질 때까지 한 번에 몇 개씩 잘못된 원소를 제거한다. 이는 전역 재구축의 정의에 가장 가까운 접근 방법이다. 하지만 이 경우 더 나은 방법은 처음부터 응답 리스트에 잘못된 원소를 넣지 않는 것이다. f'에 정상적인 원소의 개수를 추적하고, 이 수가 0에 이르면 f'에서 r'으로의 복사를 중단한다. 회전 중간에 일어나는 모든 tail 호출은 정상적인 원소의 수를 감소시킨다.

```
datatype 'a RotationState =
    REVERSING of int * 'a list * 'a list * 'a list * 'a list
  | APPENDING of int * 'a list * 'a list
  | DONE of 'a list

fun startRotation (f, r) = REVERSING (0, f, [], r, [])

fun exec (REVERSING (ok, x :: f, f', y :: r, r')) =
    REVERSING (ok+1, f, x :: f', r, y :: r')
  | exec (REVERSING (ok, [], f', [y], r')) = APPENDING (ok, f', y :: r')
  | exec (APPENDING (0, f', r')) = DONE r'
  | exec (APPENDING (ok, x :: f', r')) = APPENDING (ok-1, f', x :: r')

fun invalidate (REVERSING (ok, f, f', r, r')) = REVERSING (ok-1, f, f', r,
r'))
  | invalidate (APPENDING (0, f', x :: r')) = DONE r'
  | invalidate (APPENDING (ok, f', r')) = APPENDING (ok-1, f', r')
```

m이 맨 처음 f의 길이일 때, 이 과정은 $2m + 2$번 exec와 invalidate를 호출하고 끝난다.

고려해야 할 약간 어려운 세부사항이 세 가지 있다. 첫째는 회전을 시키는 동안 큐 맨 앞의 원소 몇 개가 회전 중 상태인 f' 필드의 뒤에 존재하게 된다는 점이다. 이런 경우 head 질의에 어떻게 답을 할 수 있을까? 이 딜레마에 대한 해법은 앞쪽 리스트에 대한 작업 복사본을 유지하는 것이다. 작업 복사본이 다 소진됐을 때 새로운 앞쪽 리스트의 복사본이 준비되도록만 보장해주면 된다. 회전을 하는 동안, lenf 필드는 작업 복사본이 아니라 현재 구축 중인 리스트의 길이를 측정한다. 회전과 회전 사이에 lenf 필드에는 f의 길이가 들어간다.

두 번째 세부사항은 snoc과 tail 호출 시마다 정확히 몇 번 exec를 호출해야 다음번 회전이 준비되거나 앞쪽 작업 리스트 복사본이 소진되기 전에 회전이 끝나도록 보장할 수 있는가 하는 문제다. 회전 시작 시 f의 길이가 m이고 r의 길이가 $m + 1$이라고 하자. 다음 회전은 $2m + 2$번의 삽입과 삭제가 임의의 순서로 발생한 후 시작된다. 하지만 단지 m번만 삭제가 일어나면 앞쪽 리스트의 작업 복사본이 소진된다. 그리고 회전이 완료되려면 전체 $2m + 2$번의 단계가 필요하다. 회전을 시작하는 연산을 포함한 모든 연산이 exec를 두 번씩 호출하면 회전이 시작되고 최소 m번의 연산이 진행된 후에 회전이 완료된다.

세 번째 세부사항은 회전이 다음번 회전이 시작하기 한참 전에 끝나므로, RotationState에 exec IDLE = IDLE인 IDLE 상태를 추가한다는 점이다. 이렇게 한 후, 우리는 회전을 하는 중인지 여부에 신경 쓰지 않고 맹목적으로 exec를 호출한다.

나머지 자세한 사항은 이제 여러분에게 익숙한 내용이다. 전체 구현은 그림 8.1에 있다.

```
structure HoodMelvilleQueue : QUEUE =
struct
  datatype 'a RotationState =
       IDLE
     | REVERSING of int * 'a list * 'a list * 'a list * 'a list
     | APPENDING of int * 'a list * 'a list
     | DONE of 'a list

  type 'a Queue = int * 'a list * 'a RotationState * int * 'a list

  fun exec (REVERSING (ok, x :: f, f', y :: r, r')) =
       REVERSING (ok+1, f, x :: f', r, y :: r')
    | exec (REVERSING (ok, [], f', [y], r')) = APPENDING (ok, f', y
:: r')
    | exec (APPENDING (0, f', r')) = DONE r'
    | exec (APPENDING (ok, x :: f', r')) = APPENDING (ok-1, f', x ::
r')
    | exec state = state

  fun invalidate (REVERSING (ok, f, f', r, r')) = REVERSING (ok-1, f,
f', r, r'))
    | invalidate (APPENDING (0, f', x :: r')) = DONE r'
    | invalidate (APPENDING (ok, f', r')) = APPENDING (ok-1, f',
r')
    | invalidate state = state

  fun exec2 (lenf, f, state, lenr, r) =
       case exec (exec state) of
           DONE newf => (lenf, newf, IDLE, lenr, r)
         | newstate => (lenf, f, newstate, lenr, r)

  fun check (q as (lenf, f, state, lenr, r)) =
       if lenr <= lenf then exec2 q
       else let val newstate = REVERSING (0, f, [], r, [])
            in exec2 (lenf+lenr, f, newstate, 0, []) end

  val empty = (0, [], IDLE, 0, [])
  fun isEmpty (lenf, f, state, lenr, r) = (lenf = 0)
```

(이어짐)

```
    fun snoc ((lenf, f, state, lenr, r), x) = check (lenf, f, state,
  lenr+1, x :: r)
    fun head (lenf, [], state, lenr, r) = raise Empty
      | head (lenf, x :: f, state, lenr, r) = x
    fun tail (lenf, [], state, lenr, r) = raise Empty
      | tail (lenf, x :: f, state, lenr, r) =
          check (lenf-1, f, invalidate state, lenr, r)
  end
```

그림 8.1 전역 재구축에 기반한 실시간 큐

📝 연습문제 8.2

각 회전을 시작할 때 exec를 두 번 호출하고 다른 모든 삽입이나 삭제 시
exec를 한 번 호출하면 충분히 제시간에 회전을 끝낼 수 있음을 증명하
라. 이에 맞춰 코드를 적절히 바꿔라.

📝 연습문제 8.3

lenf와 lenr 필드를 diff라는 단일 필드로 변경해서 f와 r의 길이 차이
를 유지하라. 재구축을 하는 동안 diff에는 잘못된 값이 들어 있을 수
있다. 하지만 재구축이 끝나는 시점에는 정확한 값이 diff에 들어가야
한다.

8.3 지연 재구축

6.4.2절의 물리학자 큐 구현은 전역 재구축과 밀접한 연관이 있지만, 중요한 차이가 하나 있다. 전역 재구축 구현에서는 앞쪽 리스트에 대해 작업 복사본인 w와 부 복사본인 f라는 두 가지 복사본을 유지하고, 모든 질의는 작업 복사본을 사용해 응답한다. f에 대한 갱신(즉, tail 연산)은 버퍼에 들어가서 회전이 끝날 때 다음과 같이 이뤄진다.

```
... $tl (force f) ...
```

게다가 이 구현은 회전 결과가 필요한 시점보다 충분히 일찍 회전을 시작(또는 적어도 회전을 준비)하기 위해 주의를 기울인다. 하지만 전역 재구축과 달리 이 구현은 재구축 변환(즉, 회전)을 일반 연산과 동시에 실행하지 않는다. 대신 물리학자 큐 구현은 일반 연산을 실행하는 동시에 재구축 변환을 위해 지불^{pay}하고, 나중에 모든 비용을 지불한 후에 변환을 한꺼번에 실행한다. 근본적으로 이는 재구축 변환을 명시적이거나 암시적인 코루틴화해 처리하기 위한 복잡성을 지연 계산이라는 더 간단한 메커니즘으로 바꾼 것이라 할 수 있다. 우리는 전역 재구축의 이런 변종을 **지연 재구축**$^{lazy\ rebuilding}$이라 부른다.

6.3.2절의 은행원 큐 구현은 지연 재구축을 사용할 때 얼마나 더 구현이 단순해지는지를 보여준다. 기본 데이터 구조 안에 일시중단을 포함시킴으로써(예: 리스트 대신 스트림 사용), 우리는 종종 작업 복사본과 부 복사본 사이의 구분을 없애고 두 복사본의 여러 성질을 한데 아우르는 단일 구조를 만들 수 있다. 그 구조에서 '작업' 복사본 부분은 이미 지불된 부분이며, '부' 복사본 부분은 아직 지불이 끝나지 않은 부분이다.

전역 재구축은 일괄 재구축보다 영속적인 데이터 구조를 만드는 데 적합하며, 분할 상환 복잡도 대신 최악의 경우 복잡도를 보장한다는 장점이 있다. 지연 재구축은 첫 번째 장점을 공유하지만, 가장 단순한 형태의 경우에는 겨우 분할 상환 복잡도밖에 보장하지 못한다. 하지만 원한다면 7장에서 설명한 스케줄링 기법을 조합해 최악의 경우 바운드를 회복시킬 수 있다. 예를 들어, 7.2절의 실시간 큐는 지연 재구축과 스케줄링을 조합해서 최악의 경우 바운드를 달성한다. 실제로, 지연 재구축과 스케줄링을 결합하는 것은 코루틴을 지연 계산이라는 간단한 방식을 통해 실체화한 전역 재구축의 일종이라고 생각할 수 있다.

8.4 양방향 큐

지연 재구축의 예를 하나 더 들기 위해 다음으로는 양방향 큐^{double-ended queue}, 즉 데크^{deque}에 대한 몇 가지 구현을 보여준다. 데크와 FIFO 큐의 차이는 데크는 원소를 양쪽 끝에서 추가하거나 삭제할 수 있다는 점이다. 데크의 시그니처는 그림 8.2와 같다. 이 시그니처는 큐의 시그니처에 세 가지 새 함수를 추가한다. cons는 원소를 맨 앞에 삽입하고, last는 맨 마지막 원소를 반환하며, init는 가장 뒤에 있는 원소를 제거한다.

> **(!) 일러두기**
>
> 큐의 시그니처는 데크 시그니처의 진부분집합임에 유의하라(내부 타입의 이름이 같고, 겹치는 연산의 이름과 타입이 모두 같다). 데크가 큐를 엄격히 확장한 시그니처이기 때문에, SML에서는 큐가 필요한 곳에 데크 모듈을 사용할 수 있다.

8.4.1 출력이 제한된 데크

먼저, 6장과 7장의 큐 구현을 확장해서 snoc과 더불어 cons를 지원하게 하는 것은 뻔한 일이다. 양쪽에서 삽입이 가능하지만 한쪽에서만 삭제가 가능한 데크를 출력이 제한된 데크^{output-restricted deque}라고 한다.

```
signature DEQUE =
sig
  type 'a Queue

  val empty   : 'a Queue
  val isEmpty : 'a Queue -> bool

  (* 앞쪽 원소를 삽입, 관찰, 삭제 *)
  val cons    : 'a * 'a Queue -> 'a Queue
  val head    : 'a Queue -> 'a        (* 빈 큐의 경우 Empty를 발생 *)
  val tail    : 'a Queue -> 'a Queue  (* 빈 큐의 경우 Empty를 발생 *)

  (* 뒤쪽 원소를 삽입, 관찰, 삭제 *)
  val snoc    : 'a Queue * 'a -> 'a Queue
  val last    : 'a Queue -> 'a        (* 빈 큐의 경우 Empty를 발생 *)
  val init    : 'a Queue -> 'a Queue  (* 빈 큐의 경우 Empty를 발생 *)
end
```

그림 8.2 양방향 큐의 시그니처

예를 들어 6.3.2절의 은행원 큐에 cons를 다음과 같이 추가 구현할 수 있다.

```
fun cons (x, (lenf, f, lenr, r)) = (lenf+1, $CONS (x, f), lenr, r)
```

check 도우미 함수를 호출할 필요가 없음에 유의하라. f에만 원소를 추가하기 때문에 f가 r보다 짧아지는 경우는 절대로 없다.

마찬가지로 7.2절의 실시간 큐에도 쉽게 cons 함수를 추가할 수 있다.

```
fun cons (x, (f, r, s)) = ($CONS (x, f), r, $CONS (x, s))
```

이때 $|s| = |f| - |r|$ 이라는 불변조건을 유지하기 위해 x를 s에만 추가한다.

📝 **연습문제 8.4**

불행히도 후드와 멜빌의 실시간 큐에 cons를 추가하는 것은 그리 쉽지 않다. 회전 중인 상태에 새 원소를 추가할 쉬운 방법이 없기 때문이다. 대신, 다음과 같은 타입을 사용해 임의의 큐 구현에 상수 시간이 걸리는 cons 함수를 추가해주는 펑터를 만들 수 있다.

type 'a Queue = 'a list * 'a Q.Queue

여기서 Q는 펑터의 인자다. cons는 원소를 새 리스트에 추가해야 하며, tail은 새 리스트가 비어 있지 않은 한 그로부터 원소를 삭제해야 한다.

8.4.2 은행원의 데크

데크는 근본적으로 큐와 같은 방식으로, 두 스트림(또는 리스트) f, r과 균형을 유지할 때 도움이 될 수 있는 추가 정보를 사용해 표현 가능하다. 큐의 경우 완벽한 균형은 모든 원소가 앞쪽 스트림에 들어 있는 상태다. 데크의 경우 완벽한 균형은 원소들이 앞쪽과 뒤쪽 스트림에 균등하게 나뉘어 있는 상태다. 매 연산이 끝날 때마다 균형을 회복시킬 수는 없기 때문에, 어느 한 스트림이 다른 스트림보다 c라는 상수 배만큼 길지 않도록 보장할 것이다($c > 1$). 특히, 다음과 같은 균형 불변조건을 유지하려 한다.

$$|f| \leq c|r| + 1 \land |r| \leq c|f| + 1$$

각각의 항에 있는 '+1'은 원소가 하나뿐인 데크의 경우 유일한 원소를 앞쪽이나 뒤쪽 어느 스트림에 넣어도 문제없게 만들어준다. 데크에 2개 이상의 원소가 있으면 두 스트림 모두 항상 비어 있지 않음에 유의하라. 별도의 조치를 취하지 않을 경우, 이 불변조건이 위배될 상황이 되면 양쪽의 길이가 같아질 때까지 더

긴 스트림에서 더 짧은 스트림으로 원소를 보냄으로써 데크의 균형을 완전히 회복할 수 있다.

이런 아이디어를 사용해 6.3.2절의 은행원 큐나 6.4.2절의 물리학자 큐를 모든 연산에 $O(1)$ 분할 상환 시간이 소모되는 데크를 만드는 데 적용할 수 있다. 은행원 큐가 좀 더 단순하므로 그 구현을 사용하기로 한다.

은행원 데크의 타입은 은행원 큐의 타입과 같다.

```
type 'a Queue = int * 'a Stream x int x 'a Stream
```

앞쪽 원소들에 대한 함수는 다음과 같이 정의할 수 있다.

```
fun cons (x, (lenf, f, lenr, r)) = check (lenf+1, $CONS (x, f), lenr, r)
fun head (lenf, $NIL, lenr, $CONS (x, _)) = x
  | head (lenf, $CONS (x, f'), lenr, r) = x
fun tail (lenf, $NIL, lenr, $CONS (x, _)) = empty
  | tail (lenf, $CONS (x, f'), lenr, r) = check (lenf-1, f', lenr, r)
```

head와 tail의 첫 번째 절은 유일한 원소가 뒤쪽 스트림에 들어 있는 싱글톤 데크를 처리한다. 뒤쪽 원소에 대한 함수인 snoc, last, init는 방금 본 세 함수와 대칭으로 구현한다.

이 구현에서 흥미로운 부분은 도우미 함수인 check이다. check는 데크의 한 스트림이 너무 긴 경우, 두 스트림의 길이를 합한 값의 절반이 될 때까지 긴 스트림을 잘라내서 짧은 스트림의 뒤에 붙여줌으로써 균형을 완벽히 회복한다. 예를 들어 $|f| > c|r| + 1$인 상황이면, check는 f를 take (i, f)로 바꾸고, r을 r ++ reverse (drop (i, f))로 바꾼다. 여기서 $i = \lfloor (|f| + |r|)/2 \rfloor$이다. check의 전체 구현은 다음과 같다.

```
fun check (q as (lenf, f, lenr, r)) =
    if lenf > c*lenr + 1 then
        let val i = (lenf + lenr) div 2
            val j = lenf + lenr - i
```

```
            val f' = take (i, f)
            val r' = r ++ reverse (drop (i, f))
        in (i, f', j, r') end
    else if lenr > c*lenf + 1 then
        let val j = (lenf + lenr) div 2
            val i = lenf + lenr - j
            val r' = take (j, r)
            val f' = f ++ reverse (drop (j, r))
        in (i, f', j, r') end
    else q
```

이 데크의 전체 구현은 그림 8.3에 있다.

> **(!) 일러두기**
>
> 이 구현의 대칭성으로 인해 f와 r의 역할을 바꾸면 데크를 $O(1)$ 시간 만
> 에 뒤집을 수 있다.
>
> ```
> fun reverse (lenf, f, lenr, r) = (lenr, r, lenf, f)
> ```
>
> 여러 다른 데크 구현들이 같은 성질을 갖는다[Hoo92, CG93]. 앞쪽 원
> 소에 대한 함수와 뒤쪽 원소에 대한 함수를 두 번 반복 정의하는 대신, 뒤
> 쪽 원소에 대한 함수들을 각 함수에 대응하는 앞쪽 원소에 대한 함수와
> reverse를 가지고 정의할 수 있다. 예를 들어, init를 다음과 같이 정의
> 할 수 있다.
>
> ```
> fun init q = reverse (tail (reverse q))
> ```
>
> 물론 init를 직접 정의한 편이 약간 더 빠를 것이다.

이 데크를 분석하기 위해 은행원 기법을 다시 살펴본다. 앞쪽과 뒤쪽 스트림
에 대해 $d(i)$는 각 스트림의 i번째 원소에 대한 부채라고 정의하고, $D(i) = \sum_{j=0}^{i}$
$d(j)$라고 정의하자. 우리는 앞쪽과 뒤쪽 스트림에 대해 다음 부채 불변조건을

```
functor BankersDeque (val c : int : DEQUE =      (* c > 1 *)
struct
  type 'a Queue = int * 'a Stream x int x 'a Stream

  val empty = (0, $NIL, 0, $NIL)
  fun isEmpty (lenf, f, lenr, r) = (lenf+lenr = 0)

  fun check (q as (lenf, f, lenr, r)) =
        if lenf > c*lenr + 1 then
            let val i = (lenf + lenr) div 2
                val j = lenf + lenr - i
                val f' = take (i, f)
                val r' = r ++ reverse (drop (i, f))
            in (i, f', j, r') end
        else if lenr > c*lenf + 1 then
            let val j = (lenf + lenr) div 2
                val i = lenf + lenr - j
                val r' = take (j, r)
                val f' = f ++ reverse (drop (j, r))
            in (i, f', j, r') end
        else q

  fun cons (x, (lenf, f, lenr, r)) = check (lenf+1, $CONS (x, f),
lenr, r)
  fun head (lenf, $NIL, lenr, $NIL) = raise Empty
    | head (lenf, $NIL, lenr, $CONS (x, _)) = x
    | head (lenf, $CONS (x, f'), lenr, r) = x
  fun tail (lenf, $NIL, lenr, $NIL) = raise Empty
    | tail (lenf, $NIL, lenr, $CONS (x, _)) = empty
    | tail (lenf, $CONS (x, f'), lenr, r) = check (lenf-1, f',
lenr, r)
  ...snoc, last, init 정의는 위 세 가지 함수와 대칭임...
end
```

그림 8.3 지연 재구축과 은행원 기법을 사용하는 데크 구현

유지할 것이다.

$$D(i) \leq \min(ci + i, cs + 1 - t)$$

여기서 s = min(|f|, |r|)이고 t = max(|f|, |r|)이다. $d(0) = 0$이므로, 양스트림의 첫 원소에는 부채가 없기 때문에 언제든 head나 last에 접근해도 된다.

정리 8.1

cons와 tail(대칭적으로 snoc과 init)은 스트림당 각각 1과 $c + 1$ 부채를 상환함으로써 앞쪽과 뒤쪽 스트림에 대한 부채 불변조건을 유지한다.

증명

정리 6.1의 증명과 비슷하다.

관찰해보면 각 연산의 비공유 비용은 $O(1)$이며, 정리 8.1에 의해 매 연산은 최대 $O(1)$의 부채를 상환한다. 따라서 매 연산은 $O(1)$ 분할 상환 시간에 실행된다.

연습문제 8.5

정리 8.1을 증명하라.

연습문제 8.6

균형 상수 c의 여러 값에 어떤 장단점이 있는지 살펴보라. $c = 2$일 때보다 $c = 4$일 때 훨씬 빨리 작동할 수 있는 연산 시퀀스를 정해보라. 반대로 $c = 4$일 때보다 $c = 2$일 때 훨씬 빨리 작동할 수 있는 연산 시퀀스를 정해보라.

8.4.3 실시간 데크

실시간 데크$^{\text{real-time deque}}$는 모든 연산을 최악의 경우 $O(1)$에 지원한다. 8.4.2절에서 만든 데크의 앞쪽과 뒤쪽 스트림을 모두 스케줄링함으로써 실시간 데크를 얻는다.

항상 스케줄링 기법을 적용하는 첫 단계는 모든 모놀리식 함수를 점진적 함수로 바꾸는 것이다. 이전 구현에서 재구축 변환은 f와 r을 f ++ reverse (drop (j, r))과 take (j, r)로 재구축한다(또는 역으로 변환이 이뤄진다). take와 ++는 이미 점진적 함수이지만, reverse와 drop은 모놀리식하다. 따라서 ++의 각 단계마다 c 단계를 실행하는 rotateDrop을 사용해 f ++ reverse (drop (j, r))을 rotateDrop (f, j, r)로 바꾼다. rotateDrop은 결국 rotateRev를 호출하며, rotateRev는 ++의 나머지 단계마다 reverse를 c 단계씩 실행한다. rotateDrop은 다음과 같이 구현할 수 있다.

```
fun rotateDrop (f, j, r) =
    if j < c then rotateRev (f, drop (j, r), $NIL)
    else let val ($CONS (x, f')) = f
        in $CONS (x, rotateDrop (f', j - c, drop (c, r))) end
```

처음에 $|r| = c|f| + 1 + k$이다(이때 $1 \leq k \leq c$). rotateDrop은 $j < c$인 경우를 제외하고는 호출될 때마다 r에서 c개의 원소를 drop하고, f의 원소를 하나 처리한다. 한편 $j < c$이면 rotateDrop은 r에서 $j \bmod c$ 원소를 drop하고,[2] f는 그대로 둔다. 따라서 rotateRev가 처음 호출될 때 $|r| = c|f| + 1 + k - (j \bmod c)$이다. $|r| \geq c|f|$를 유지하면 편하므로, 우리는 $1 + k - (j \bmod c) \geq 0$을 요구할 것이다. $c < 4$인 경우에만 이를 보장할 수 있다. c는 1보다 커야 하므로, 결국 c의 값으로는 2나 3만을 허용할 수 있다. 그 후, rotateRev를 다음과 같이 구현할 수 있다.

---

2 코드를 보면 drop (j, r)인데, $j < c$이므로 $j \bmod c = j$이다. – 옮긴이

```
fun rotateRev ($NIL, r, a) = reverse r ++ a
  | rotateRev ($CONS (x, f), r, a) =
      $CONS (x, rotateRev (f, drop (c, r), reverse (take (c, r)) ++ a))
```

rotateDrop과 rotateRev가 우리가 없애려고 시도 중인 drop과 reverse를 자주
호출한다는 점에 유의하라. 하지만 이제는 어떤 바운드가 정해진 인자만을 가지
고 drop과 reverse를 호출한다. 따라서 이 둘은 $O(1)$에 실행된다.

　모놀리식 함수를 점진적으로 바꾸고 나서 해야 할 다음 단계는 f와 r에 있
는 일시중단을 실행하도록 스케줄링하는 것이다. 각 스트림마다 스케줄을 별도
로 유지하고, 연산을 수행할 때마다 각 스케줄에서 일시중단을 몇 개씩 실행한
다. 7.2절의 실시간 큐에서와 마찬가지로 목표는 (앞쪽과 뒤쪽에 대한) 두 스케
줄이 다음 회전 이전에 모두 평가되게 만들어서, 다음 회전 시에 rotateDrop과
rotateRev 안에서 일시중단들을 강제 실행할 때는 모든 일시중단이 이미 메모
화된 상태임을 보장하는 것이다.

> ### 📝 연습문제 8.7
>
> 삽입 시 스트림당 1개의 일시중단을 실행하고, 삭제 시 스트림당 2개의
> 일시중단을 실행하면 두 스케줄이 다음 회전 이전에 모두 완전히 평가됨
> 을 보장할 수 있다는 사실을 보여라.

전체 구현은 그림 8.4에 있다.

```
functor RealTimeDeque (val c : int): DEQUE = (* c = 2 또는 c = 3 *)
struct
  type 'a Queue =
        int * 'a Stream * 'a Stream * int * 'a Stream * 'a Stream

  val empty = (0, $NIL, $NIL, 0, $NIL, $NIL)
  fun isEmpty (lenf, f, sf, lenr, r, sr) = (lenf+lenr = 0)
```

(이어짐)

```
  fun exec1 ($CONS (x, s)) = s
    | exec1 s = s
  fun exec2 s = exec1 (exec1 s)

  fun rotateRev ($NIL, r, a) = reverse r ++ a
    | rotateRev ($CONS (x, f), r, a) =
        $CONS (x, rotateRev (f, drop (c, r), reverse (take (c, r))
++ a))
  fun rotateDrop (f, j, r) =
        if j < c then rotateRev (f, drop (j, r), $NIL)
        else let val ($CONS (x, f')) = f
            in $CONS (x, rotateDrop (f', j - c, drop (c, r))) end

  fun check {q as (lenf, f, sf, lenr, r, sr)) =
        if lenf > c*lenr + 1 then
            let val i = (lenf + lenr) div 2
                val j = lenf + lenr - i
                val f' = take (i, f)
                val r' = rotateDrop (r, i, f)
            in (i, f', f', j, r', r') end
        else if lenr > c*lenf + 1 then
            let val j = (lenf + lenr) div 2
                val i = lenf + lenr - i
                val r' = take (j, r)
                val f' = rotateDrop (f, j, r)
            in (i, f', f', j, r', r') end
        else q
  fun cons (x, (lenf, f, sf, lenr, r, sr)) =
        check (lenf+1, $CONS (x, f), exec1 sf, lenr, r, exec1 sr)
  fun head (lenf, $NIL, sf, lenr, $NIL, sr) = raise Empty
    | head (lenf, $NIL, sf, lenr, $CONS (x, _), sr) = x
    | head (lenf, $CONS (x, f'), sf, lenr, r, sr) = x
  fun tail (lenf, $NIL, sf, lenr, $NIL, sr) = raise Empty
    | tail (lenf, $NIL, sf, lenr, $CONS (x, _), sr) = empty
    | tail (lenf, $CONS (x, f'), sf, lenr, r, sr) =
        check (lenf-1, f', exec2 sf, lenr, r, exec2 sr)
  ... snoc, last, init 정의는 위 세 가지 함수와 대칭임
end
```

그림 8.4 지연 재구축과 스케줄링을 사용한 실시간 데크

8.5 참고사항

전역 재구축 오버마스는 [Ove83]에서 전역 재구축을 소개했다. 그 후 실시간 큐[HM81], 실시간 데크[Hoo82, GT86, Sar86, CG93], 접속 가능 데크 [BT95], 순서 유지 문제[DS87] 등 다양한 상황에서 전역 재구축이 쓰였다.

데크 후드[Hoo82]는 [HM81]이 소개한 실시간 데크를 수정해 전역 재구축을 사용하는 실시간 데크를 얻었다. 다른 여러 연구자들이 나중에 같은 작업을 수행했다[GT86, Sar86, CG93]. 이런 모든 구현은 다중 헤드 튜링 기계를 시뮬레이션하기 위해 사용했던 기법과 비슷하다[Sto70, FMR72, LS81]. 후거월드[Hoogerwoord]는 [Hoo92]에서 일괄 재구축에 기반한 분할 상환 데크를 제안했다. 하지만 일괄 재구축을 사용하는 경우 항상 그렇듯이, 영속성과 함께 사용할 경우 그의 구현은 효율적이지 않다. 그림 8.4에 있는 실시간 데크는 [Oka95c]에 처음 나타난다.

코루틴과 지연 계산 스트림(그리고 다른 지연 계산 데이터 구조들)은 스트림의 생산자와 소비자가 서로 코루틴으로 동작하는 형태를 구현하기 위해 자주 사용된다. 란딘[Landin]은 [Lan65]에서 처음 스트림과 코루틴 사이의 연결 관계를 지적했다. 휴즈[Hughes]의 [Hug89]에서 이런 특징에 대한 흥미로운 응용을 몇 가지 볼 수 있다.

수치적 표현

리스트와 자연수의 일반적인 표현과 각 데이터 타입의 전형적인 함수를 함께 살펴보자.

```
datatype 'a List =                  datatype Nat =
    NIL                                 ZERO
  | CONS of 'a * 'a List              | SUCC of Nat

fun tail (CONS (x, xs)) = xs         fun pred (SUCC n) = n

fun append (NIL, ys) = ys            fun plus (ZERO, n) = n
  | append (CONS (x, xs), ys) =        | plus (SUCC m, n) =
      CONS (x, append (xs, ys))            SUCC (plus (m, n))
```

리스트에는 원소가 들어 있지만 자연수에는 원소가 없다는 사실을 제외하면, 이 두 구현은 실질적으로 동일하다. 이항 힙과 이진수 사이의 관계도 비슷하다. 이런 예제는 n이라는 수의 표현과 크기가 n인 컨테이너 객체의 표현 사이에 강한 유사성을 드러낸다. 컨테이너에 대해 작용하는 함수는 수에 대한 산술 함수와 많이 닮았다. 예를 들어 원소를 추가하는 것은 수를 증가시키는 것과 닮았고, 원소를 삭제하는 것은 수를 감소시키는 것과, 두 컨테이너를 합치는 것은 두 수를 더하는 것과 닮았다. 이런 유사 관계를 새로운 컨테이너 추상화를 설계할 때 활용할 수 있다. 그렇게 하려면 우리가 원하는 특성을 제공하는 자연수 표현을 선택하고, 그에 맞게 컨테이너 객체의 함수를 정의하면 된다. 이런 방식으로 구현을 설계하는 것을 수치적 표현numerical representation이라고 부른다.

9장에서는 힙과 임의 접근 리스트(유연한 배열이라고도 한다)라는 두 가지 추상화에 대한 수치적 표현을 살펴볼 것이다. 이 두 추상화는 각기 다른 산술 연산을 강조한다. 힙에서는 효율적인 덧셈과 증가 함수가 필요한 반면, 임의 접근 리스트에서는 효율적인 증가와 효율적인 감소 함수가 필요하다.

9.1 위치에 기반한 수 체계

위치에 기반한 수 체계positional number system[Knu73b]는 $b_0 \ldots b_{m-1}$의 시퀀스로 수를 쓰는 표기법이다. b_0라는 숫자는 가장 작은 자리에 있는 숫자least significant digit라 불리며, b_{m-1}은 가장 큰 자리에 있는 숫자most significant digit라 불린다. 일반적인 10진수를 쓸 때를 제외하고는 항상 가장 작은 자리로부터 가장 큰 자리 쪽으로 숫자를 써나간다.

각 숫자 b_i에는 가중치 w_i가 있다. 따라서 $b_0 \ldots b_{m-1}$이라는 시퀀스의 값은 $\sum_{i=0}^{m-1} b_i w_i$이다. 위치 기반 수 체계마다 이 가중치는 고정되어 있고, 각 숫자 b_i에 가능한 값의 집합인 D_i도 정해져 있다. 예를 들어 1진수unary number라면 모든 i에 대해 $w_i = 1$이며 $D_i = \{1\}$이고,[1] 이진수의 경우 $w_i = 2^i$이고 $D_i = \{0, 1\}$이다 (관례적으로 일반적인 10진수를 제외한 모든 위치 기반 수에 대해서는 고정폭 글꼴을 사용한다). 어떤 수 체계가 $w_i = B^i$이고 $D_i = \{0, 1, \ldots, B - 1\}$로 정의된 경우 이를 밑base이 B인 수라고 말한다. 보통, (항상 그런 것은 아니지만) 가중치는 거듭제

---

[1] 1진수에서는 1의 개수와 수의 값이 같다. 예: 1 = $1_{(10)}$, 11 = $2_{(10)}$, 111 = $3_{(10)}$ – 옮긴이

곱 값이고, 집합 D_i는 모든 자리 i에 대해 동일하다.

어떤 수 체계에서 같은 값을 표현하는 방법이 두 가지 이상 존재하면 그 체계에 여분이 있다[redundant]라고 말한다. 예를 들어 $w_i = 2^i$, $D_i = \{0, 1, 2\}$로 정의하면 여분이 있는 수 체계를 만들 수 있다. 이 경우 13이라는 십진수는 1011, 1201, 122로 표현 가능하다.[2] 이때 관례적으로 맨 뒤(큰 자릿수)에 0이 1개 이상 오는 것은 허용하지 않는다. 그런 경우를 허용하면 모든 수 체계에 여분이 생겨 버린다는 것이 너무 뻔하기 때문이다.[3]

컴퓨터에서 위치 기반 수 표현은 **촘촘할**[dense] 수도 있고, **성길**[sparse] 수도 있다. 촘촘한 표현은 단순히 값 표현 중간에 있는 모든 0을 포함하는 숫자의 리스트(또는 다른 종류의 시퀀스)다. 반면 성긴 표현은 그런 0을 모두 제외한다. 따라서 성긴 표현에서는 0이 아닌 숫자의 랭크[rank](또는 인덱스)나 가중치 정보들이 필요하다. 그림 9.1에서는 SML에서 이진수를 표현하는 두 가지 방식을 각각의 증가, 감소, 덧셈 함수와 함께 보여준다. 우리가 이미 살펴본 수치적 표현 중에서 스케줄을 사용하는 이항 힙(7.3절)은 촘촘한 표현을 사용하지만, 이항 힙(3.2절)과 지연 이항 힙(6.4.1절)은 성긴 표현을 사용한다.

9.2 이진수

주어진 위치 기반 수 시스템에 대해, 그 시스템을 기반으로 하는 수치적 표현을 트리의 시퀀스로 구현할 수 있다. 크기가 n인 컬렉션을 표현하는 트리들의 개수와 크기는, 그 트리에 대응하는 위치 기반 수 시스템에서 n을 어떻게 표현하는지에 따라 달라진다. 각 가중치 w_i에 대해, w_i 크기의 트리는 b_i개 존재한다.

---

2   $1011 = 1 \cdot 1 + 1 \cdot 2^2 + 1 \cdot 2^3 = 1 + 4 + 8 = 13$
     $1201 = 1 \cdot 1 + 2 \cdot 2^1 + 1 \cdot 2^3 = 1 + 4 + 8 = 13$
     $122 = 1 \cdot 1 + 2 \cdot 2^1 + 2 \cdot 2^2 = 1 + 4 + 8 = 13$
     – 옮긴이

3   예를 들어, 2진법에서 맨 뒤의 0을 허용하면 10 = 100 = 1000 = 10000 = 100000 등으로 같은 수를 무한정 많이 만들 수 있다. – 옮긴이

```
(* 촘촘한 이진수 *)
structure Dense =
struct
  datatype Digit = ZERO | ONE
  type Nat = Digit list (* 자릿수가 작은 쪽부터 큰 쪽으로 나열 *)

  fun inc [] = [ONE]
    | inc (ZERO :: ds) = ONE :: ds
    | inc (ONE :: ds) = ZERO :: inc ds  (* 윗자리로 올림 *)

  fun dec [ONE] = []
    | dec (ONE :: ds) = ZERO :: ds
    | dec (ZERO :: ds) = ONE :: dec ds  (* 윗자리에서 내림 *)

  fun add (ds, []) = ds
    | add ([], ds) = ds
    | add (d :: ds1, ZERO :: ds2) = d :: add (ds1, ds2)
    | add (ZERO :: ds1, d :: ds2) = d :: add (ds1, ds2)
    | add (ONE :: dsi, ONE :: ds2) =
        ZERO :: inc (add (ds1, ds2))    (* 윗자리로 올림 *)
end
```

```
(* 성긴 이진수, 가중치 사용 *)
structure SparseByWeight =
struct
  type Nat = int list    (* 가중치(2의 거듭제곱)가 증가하는 순서로 배열 *)

  fun carry (w, []) = [w]
    | carry (w, ws as w':: ws') =
        if w < w' then w :: ws else carry (2*w, ws')

  fun borrow (w, ws as w':: ws') =
        if w = w' then ws' eise w :: borrow (2*w, ws)

  fun inc ws = carry (1, ws)
  fun dec ws = borrow (1, ws)

  fun add (ws, []) = ws
    | add ([], ws) = ws
    | add (m as w1 :: ws1, n as w2 :: ws2) =
        if w1 < w2 then w1 :: add (ws1, n)
        else if w2 < w1 then w2:: add (m, ws2)
        else carry (2*w1 add (ws1 ws2))
end
```

그림 9.1 이진수에 대한 두 가지 표현법

예를 들어 41을 이진수로 표현하면 100101이며,[4] 크기가 41인 컬렉션을 이진 수치적 표현으로 나타내면 크기가 1, 8, 32인 트리가 1개씩 존재한다.

수치적 표현의 트리들은 보통 아주 규칙적인 구조를 보여준다. 예를 들어, 이진 수치적 표현에서 모든 트리의 크기는 2의 거듭제곱이다. 이런 구조를 보여주는 세 가지 일반적인 트리 종류는 완전 이진 말단 트리complete binary leaf tree[KD96], 이항 트리binomial tree[Vui78], 페넌트pennant(3각 깃발)[SS90]가 있다.

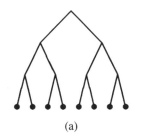  

그림 9.2 랭크가 3인 트리의 세 가지 종류: (a) 완전 이진 말단 트리, (b) 이항 트리, (c) 페넌트

정의 9.1(완전 이진 말단 트리)

랭크가 0인 완전 이진 말단 트리는 말단이 하나인 싱글톤이며, 랭크가 $r > 0$인 완전 이진 말단 트리는 자식이 둘 있는 이진 트리로, 두 자식은 모두 랭크가 $r - 1$인 완전 이진 말단 트리다. 말단 트리leaf tree는 말단과 중간 노드에 모두 원소가 들어갈 수 있는 일반 트리와 달리 원소가 말단에만 들어갈 수 있는 트리다. 랭크가 r인 완전 이진 트리에는 $2^{r+1} - 1$개의 노드가 있지만 말단은 2^r개만 존재한다. 따라서 랭크가 r인 완전 이진 말단 트리에는 2^r개의 원소가 들어 있다.

---

4 본문에서 오카사키도 이미 밝혔지만 혹시 혼동하는 독자가 있을까 봐 한 번 더 적는다. 여기서 100101은 우리가 프로그래밍에서 이진수를 쓸 때와 반대 순서임에 유의하라. – 옮긴이

정의 9.2(이항 트리)

랭크가 r인 이항 트리는 $c_1 \dots c_r$처럼 자식이 r개 있는 노드다. 여기서 각 c_i는 랭크가 $r - i$인 이항 트리다. 다른 식으로 정의하자면, 랭크가 $r > 0$인 이항 트리는 랭크가 $r - 1$인 이항 트리의 맨 왼쪽 자식으로 랭크가 $r - 1$인 이항 트리를 추가한 트리다. 두 번째 정의로부터 랭크가 r인 이항 트리에 2^r개의 노드가 들어 있음을 쉽게 보일 수 있다.[5]

정의 9.3(페넌트)

랭크가 0인 페넌트는 노드 하나로 이뤄져 있으며(싱글톤), 랭크 $r > 0$인 페넌트는 링크가 $r - 1$인 완전 이진 트리가 자식인 노드다. 랭크가 $r - 1$인 완전 이진 트리에는 $2^r - 1$개의 원소가 들어 있으므로, 페넌트에는 2^r개의 원소가 들어 있다.

그림 9.2는 이 세 종류의 트리를 보여준다. 주어진 데이터 구조에서 어떤 종류의 트리가 더 나은지는 그 데이터 구조가 유지해야 하는 성질(예: 트리 안에 어떤 순서로 데이터를 저장할지)에 따라 다르다. 어떤 데이터 구조에 어떤 트리 구조가 적합할지를 결정하는 핵심 요인은 이진 산술 계산에서 위로 올림^{carry}과 위에서 내림^{borrow}에 해당하는 함수를 각 트리가 얼마나 쉽게 제공하느냐다. 올림을 시뮬레이션할 때는 랭크가 r인 트리를 2개 연결^{link}해 랭크가 $r + 1$인 새 트리를 만든다. 올림의 경우와 대칭적으로, 내림을 시뮬레이션할 때는 랭크 $r > 0$인 트

---

5   A_r을 랭크가 r인 이항 트리의 노드 수라고 하고, 이를 점화식으로 쓰면 다음과 같다.

    $A_1 = 1$ (랭크가 1인 이항 트리의 원소 개수는 1)

    $A_r = 2A_{r-1}$ (랭크가 r인 이항 트리의 원소 개수는 랭크가 r − 1인 이항 트리 원소 개수 × 2)

    고등학교 수준에서 배운 공비가 2, 첫 항이 1인 가장 기초적인 등비수열이므로 쉽게 n번째 항이 무엇인지 알 수 있고, a_1부터 a_n까지 더한 합 S_n이 $2^n - 1$임도 쉽게 알 수 있다. − 옮긴이

리를 연결 해제^{unlink}해서 랭크가 $r - 1$인 새 트리를 2개 얻는다. 그림 9.3은 세 종류의 트리에 대한 연결 연산($\oplus$로 표현)을 보여준다. 원소를 재배치하지 않는 다면 세 종류의 트리 모두 $O(1)$ 시간 만에 연결하거나 연결을 해제할 수 있다.

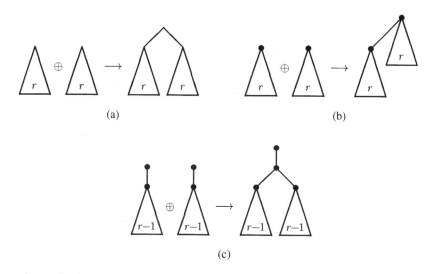

그림 9.3 랭크가 r인 트리를 2개 합쳐서 랭크가 $r + 1$인 트리 얻기: (a) 완전 이진 말단 트리, (b) 이항 트리, (c) 페넌트

　이 책에서 이미 이진 산술 계산과 이항 트리를 기반으로 한 여러 종류의 힙을 살펴봤다. 다음으로는 임의 접근 리스트에 대한 간단한 수치적 표현을 살펴볼 것이다. 그 후, 더 향상된 점근적 복잡도를 제공하는 변종 이진 산술에 대해 논 의한다.

9.2.1 이진 임의 접근 리스트

단방향 유연 배열^{one-sided flexible array}이라고도 하는 임의 접근 리스트^{random-access list}는 일반적인 리스트 cons, head, tail 연산과 더불어 배열과 비슷한 lookup 과 update 함수를 제공하는 데이터 구조다. 임의 접근 리스트의 시그니처는 그 림 9.4와 같다.

```
signature RANDOMACCESSLIST =
sig
  type 'a RList

  val empty   : 'a RList
  val isEmpty : 'a RList -> bool

  val cons    : 'a * 'a RList -> 'a RList
  val head    : 'a RList -> 'a
  val tail    : 'a RList -> 'a RList
    (* 리스트가 비어 있으면 head, tail은 Empty를 발생시킨다. *)

  val lookup  : int * 'a RList -> 'a
  val update  : int * 'a * 'a RList -> 'a RList
    (* 인덱스가 범위를 벗어나면 lookup, update는 Subscript를 발생시킨다. *)
end
```

그림 9.4 임의 접근 리스트의 시그니처

이진수 수치 표현을 사용해 임의 접근 리스트를 구현한다. 크기가 n인 이진 임의 접근 리스트에는 n을 이진수로 표현했을 때 1인 비트에 해당하는 트리들이 들어 있다. 각 트리의 랭크는 그 트리에 대응하는 1인 비트의 랭크와 같다. 즉, n을 이진수로 적은 표현에서 i번째가 1이라면 임의 접근 리스트에는 2^i 크기인 트리가 들어 있다. 이때 세 가지 유형의 트리 중 어떤 것이든 사용할 수 있고, 촘촘하거나 성긴 표현을 모두 사용할 수 있다. 이 예제에서는 여러 특성의 조합 중 가장 단순한 조합으로 완전 이진 말단 트리와 촘촘한 표현을 택한다. 이 경우 'a RList의 타입은 다음과 같다.

```
datatype 'a Tree = LEAF of 'a | NODE of int * 'a Tree * 'a Tree
datatype 'a Digit = ZERO | ONE of 'a Tree
type 'a RList = 'a Digit list
```

각 노드의 정수는 트리 크기다. 노드의 크기를 부모의 크기나 숫자 리스트상에서 자신의 있는 위치를 가지고 결정할 수 있으므로 이 정수는 사실 불필요하다. 하지만 편의상 이를 포함시켰다. 트리는 크기가 작은 것부터 커지는 순서로 저장하고, 원소는 한 트리 내부에서나 트리와 트리 사이에서 왼쪽에서 오른쪽 순서로 저장한다. 따라서 임의 접근 리스트의 **head**는 가장 작은 트리의 가장 왼쪽에 있는 말단이다. 그림 9.5는 크기가 7인 이진 임의 접근 리스트를 보여준다. 크기가 n인 리스트 안에 있는 트리의 개수는 최대 $\lfloor \log(n + 1) \rfloor$이며, 트리의 최대 깊이는 $\lfloor \log n \rfloor$이다.

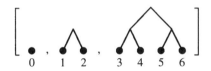

그림 9.5 0···6을 원소로 포함하는 이진 임의 접근 리스트

원소를 이진 임의 접근 트리에 (cons를 사용해) 추가하는 것은 이진수를 1 증가시키는 것과 비슷하다. 촘촘한 이진수의 증가 연산을 다시 살펴보자.

```
fun inc [] = [ONE]
  | inc (ZERO :: ds) = ONE :: ds
  | inc (ONE :: ds) = ZERO :: inc ds
```

새 원소를 리스트의 맨 앞에 추가하려면, 먼저 그 리스트를 말단 노드로 변환하고, 그 말단 노드를 inc의 규칙을 따르는 consTree라는 도우미 함수를 사용해 트리의 리스트에 삽입한다.

```
fun cons (x, ts) = consTree (LEAF x, ts)
fun consTree (t, []) = [ONE t]
  | consTree (t, ZERO :: ts) = ONE t :: ts
  | consTree (t1, ONE t2 :: ts) = ZERO :: consTree (link (t1, t2), ts)
```

link 도우미 함수는 크기가 같은 두 하위 트리로부터 새 트리를 만들고, 자동으로 새 트리의 크기를 계산한다.

원소를 이진 임의 접근 리스트에서 삭제하는 것(tail을 사용)은 이진수를 1 감소시키는 것과 비슷하다. 촘촘한 이진수의 감소 연산을 다시 살펴보자.

```
fun dec [ONE] = []
  | dec (ONE :: ds) = ZERO :: ds
  | dec (ZERO :: ds) = ONE :: dec ds
```

트리의 리스트에서 이에 대응하는 함수는 unconsTree이다. 첫 번째 숫자의 랭크가 r인 리스트에 적용하면 unconsTree는 랭크가 r인 트리와 그 트리가 제거된 새로운 리스트를 쌍으로 반환한다.

```
fun unconsTree [ONE t] = (t, [])
  | unconsTree (ONE t :: ts) = (t, ZERO :: ts)
  | unconsTree (ZERO :: ts) =
      let val (NODE (_, t1, t2), ts') = unconsTree ts
      in (t1, ONE t2 :: ts') end
```

head와 tail 함수는 unconsTree를 사용해 가장 왼쪽의 말단을 제거하고, 그 원소를 반환하거나 버린다. 각각은 다음과 같다.

```
fun head ts = let val (LEAF x, _) = unconsTree ts in x end
fun tail ts = let val (_, ts') = unconsTree ts in ts' end
```

lookup과 update 함수는 대응하는 산술 연산이 없다. 하지만 그 두 함수는 각 트리의 깊이가 로그이고, 트리 리스트의 길이가 로그라는 이진 임의 접근 리스트의 이점을 살릴 수 있다. 원소를 검색하는 과정은 두 단계로 이뤄진다. 먼저 리스트에서 올바른 트리를 찾는다. 그 후, 그 트리 안에서 올바른 원소를 찾는다. lookupTree라는 도우미 함수는 각 노드의 크기 필드를 사용해 i번째 원소가 그 트리의 오른쪽 하위 트리와 왼쪽 하위 트리 중 어느 쪽에 속해 있는지를 결정한다.

```
fun lookup (i, ZERO :: ts) = lookup (i, ts)
  | lookup (i, ONE t :: ts) =
    if i < size t then lookupTree (i, t) else lookup (i' - size t, ts)

fun lookupTree (0, LEAF x) = x
  | lookupTree (i, NODE (w, t1, t2)) =
    if i < w div 2 then lookupTree (i, t1)
    else lookupTree (i - w div 2, t2)
```

---

update도 마찬가지 방식이지만 루트에서부터 갱신한 말단에 이르는 경로를 복
사한다는 점이 다르다.

```
fun update (i, y, ZERO :: ts) = ZERO :: update (i, y, ts)
  | update (i, y, ONE t :: ts) =
    if i < size t then ONE (updateTree (i, y, t)):: ts
    else ONE t :: update (i - size t, y, ts)

fun updateTree (0, y, LEAF x) = LEAF y
  | updateTree (i, y, NODE (w, t1, t2)) =
    if i < w div 2 then NODE (w, updateTree (i, y, t1), t2)
    else NODE (w, t1, updateTree (i - w div 2, y, t2))
```

이 구현의 전체 코드는 그림 9.6에 있다.

```
structure BinaryRandomAccessList: RANDOMACCESSLIST =
struct
  datatype 'a Tree = LEAF of 'a | NODE of int * 'a Tree * 'a Tree
  datatype 'a Digit = ZERO | ONE of 'a Tree
  type 'a RList = 'a Digit list

  val empty = []
  fun isEmpty ts = null ts
```

(이어짐)

```
  fun size (LEAF x) = 1
    | size (NODE (w, t1, t2)) = w
  fun link (t1, t2) = NODE (size t1+size t2, t1, t2)
  fun consTree (t, []) = [ONE t]
    | consTree (t, ZERO :: ts) = ONE t:: ts
    | consTree (t1, ONE t2:: ts) = ZERO :: consTree (link (t1, t2),
ts)
  fun unconsTree [] = raise Empty
    | unconsTree [ONE t] = (t, [])
    | unconsTree (ONE t :: ts) = (t, ZERO :: ts)
    | unconsTree (ZERO :: ts) =
        let val (NODE (_, t1, t2), ts') = unconsTree ts
        in (t1, ONE t2 :: ts') end

  fun cons (x, ts) = consTree (LEAF x, ts)
  fun head ts = let val (LEAF x, _) = unconsTree ts in x end
  fun tail ts = let val (_, ts') = unconsTree ts in ts' end

  fun lookupTree (0, LEAF x) = x
    | lookupTree (i, LEAF x) = raise Subscript
    | lookupTree (i, NODE (w, t1, t2)) =
        if i < w div 2 then lookupTree (i, t1)
        else lookupTree (i - w div 2, t2)
  fun updateTree (0, y, LEAF x) = LEAF y
    | updateTree (i, y, LEAF x) = raise Subscript
    | updateTree (i, y, NODE (w, t1, t2)) =
        if i < w div 2 then NODE (w, updateTree (i, y, t1), t2)
        else NODE (w, t1, updateTree (i - w div 2, y, t2))

  fun lookup (i, []) = raise Subscript
    | lookup (i, ZERO :: ts) = lookup (i, ts)
    | lookup (i, ONE t :: ts) =
        if i < size t then lookupTree (i, t) else lookup (i - size t,
ts)
  fun update (i, y, []) = raise Subscript
    | update (i, y, ZERO :: ts) = ZERO :: update (i, y, ts)
    | update (i, y, ONE t :: ts) =
        if i < size t then ONE (updateTree (i, y, t)) :: ts
        else ONE t :: update (i - size t, y, ts)
end
```

그림 9.6 이진 임의 접근 리스트

cons, head, tail은 숫자마다 $O(1)$의 작업을 수행하므로 최악의 경우 $O(\log n)$ 시간에 실행된다. lookup, update는 올바른 트리를 찾는 데 최대 $O(\log n)$ 시간이 걸리고, 그 안에서 올바른 원소를 찾는 데 $O(\log n)$ 시간이 걸린다. 따라서 최악의 경우 전체 $O(\log n)$ 시간이 걸린다.

9.2.2 영이 없는 표현들

이진 임의 접근 리스트에서 실망스러운 부분은 cons, head, tail이 $O(1)$이 아니라 $O(\log n)$에 작동한다는 점이다. 다음 세 절에 걸쳐 이 세 함수의 실행 시간을 $O(1)$로 향상할 수 있는 다른 이진수 표현법을 공부할 것이다. 먼저 head 함수를 가지고 시작하자.

> **(!) 일러두기**
>
> head를 $O(1)$에 실행되게 만드는 직관적인 접근 방법은 리스트의 나머지 부분과 따로 첫 번째 원소를 저장하는 것이다. 연습문제 3.7의 ExplicitMin 펑터를 따라 하면 된다. 다른 해법은 성긴 표현을 사용하고 이항 트리나 페넌트 같은 트리 표현을 쓰는 것이다. 이런 경우 첫 번째 트리의 루트가 전체 리스트의 맨 앞 원소(head의 결과)다. 이번 절에서 살펴보는 해법은 lookup과 update의 실행 시간도 약간 개선한다는 장점이 있다.

현재 head는 unconsTree를 호출하는 것으로 구현된다. unconsTree는 첫 번째 원소를 추출하고, 그 원소가 들어 있지 않은 리스트를 다시 만든다. 이런 접근 방법을 택하면 head와 tail이 모두 unconsTree를 사용하기 때문에 코드가 간결해진다. 하지만 head에서는 만들자마자 즉시 버릴 리스트를 만드느라 시간을 낭비한다는 단점이 있다. 효율성을 더 높이기 위해 head를 직접 구현해야 한다. 특별한 경우로 첫 번째 숫자가 0이 아니면 head를 쉽게 $O(1)$에 처리할 수 있다.

```
fun head(ONE(LEAF x) :: _) = x
```

이러한 특징에 따라 첫 번째 숫자가 항상 0이 아닌 형태로 만들 방법을 찾아본다. 이런 조건을 만족시킬 몇 가지 마구잡이식 해법이 있지만, 무언가 더 규칙성이 있는 해법은 영이 없는[zeroless] 표현을 사용하는 것이다. 영이 없는 표현에서는 모든 숫자가 0이 아니다.

영이 없는 이진수는 0과 1 대신 1과 2로부터 만들어진다. i번째 숫자의 가중치는 여전히 2^i이다. 따라서 16이라는 십진수는 00001 대신 2111로 적을 수 있다.[6] 영이 없는 이진수의 증가와 감소 함수를 다음과 같이 정의할 수 있다.

```
datatype Digit = ONE | TWO
type Nat = Digit list
fun inc[] = [ONE]
  | inc (ONE :: ds) = TWO :: ds
  | inc (TWO :: ds) = ONE :: inc ds
```

📝 **연습문제 9.4**

영이 없는 이진수에 대한 감소와 덧셈 함수를 작성하라. 덧셈 과정에서 ONE과 TWO 모두에 대해 자리 올림이 발생할 수 있음에 유의하라.

이제 이진 임의 접근 리스트의 숫자 타입을 다음과 같이 바꾸면,

```
datatype 'a Digit = ONE of 'a Tree | TWO of 'a Tree * 'a Tree
```

---

head를 다음과 같이 구현할 수 있다.

```
fun head (ONE (LEAF x) :: _) = x
  | head (TWO (LEAF x, LEAF y):: _) = x
```

---

6 1부터 17까지 영이 없는 이진수를 적어보면 다음과 같다(편의상 뒤에 _를 붙여서 자릿수를 맞춘다). 쉽게 패턴을 볼 수 있을 것이다.

1___,2___,11__,21__,12__,22__,111_,211_,121_,221_,112_,212_,122_,222_,1111,2111,1211

– 옮긴이

이 타입(영이 없는 이진수를 사용하는 임의 접근 리스트 타입)의 나머지 함수
들을 구현하라.

i번째 원소에 대한 lookup과 update가 이제 $O(\log i)$ 시간이 걸림을 보
여라.

어떤 조건 아래서는 적흑 트리(3.3절)도 수치적 표현으로 생각할 수 있다.
영이 없는 이진 임의 접근 리스트와 삽입을 가장 왼쪽에만 할 수 있게 제
한한 적흑 트리를 비교해보라. cons와 insert 함수에 초점을 맞추고, 그
두 함수들이 만들어내는 구조에 존재하는 모양 불변조건을 살펴보라.

9.2.3 지연 계산 표현

이진수를 숫자 리스트가 아니라 숫자 스트림으로 표현하는 경우를 생각해보자.
그러면 증가 함수는 다음과 같이 바뀐다.

```
fun lazy inc ($NIL) = $CONS (ONE, $NIL)
       | inc ($CONS (ZERO, ds)) = $CONS (ONE, ds)
       | inc ($CONS (ONE, ds)) = $CONS (ZERO, inc ds)
```

이 함수는 점진적인 함수라는 점에 유의하라.

6.4.1절에서는 이항 힙에서 지연 계산을 사용해 삽입을 $O(1)$ 분할 상환 시간에 실행할 수 있음을 보였다. 따라서 여기 있는 inc도 분할 상환 시간으로 $O(1)$이 걸린다고 해도 놀랍지 않다. 이를 은행원 기법을 사용해 증명할 수 있다.

증명

각 ZERO에는 부채를 1씩, ONE에는 부채를 0씩 허용하자. ds가 k개의 ONE으로 시작하고 그 뒤에 ZERO가 하나 온다고 하면, inc ds는 각 ONE을 ZERO로 바꾸고 ZERO는 ONE으로 바꾼다. 이 각 단계마다 부채를 1씩 새로 할당하자. 이제 각 ZERO에는 부채가 1씩 있지만, 마지막 ONE에는 부채가 2 존재한다. 이 부채는 그 위치에 있던 원래의 일시중단에 새로 생긴 부채 1이 더해진 값이다. 두 부채를 상환하면 불변조건을 다시 회복시킬 수 있다. 이 함수의 분할 상환 비용은 비공유 비용(여기서는 $O(1)$)에 함수가 상환한 비용(여기서는 2)을 더한 것이다. 따라서 inc는 $O(1)$ 분할 상환 시간에 실행된다.

이제 감소 함수를 고려해보자.

```
fun lazy dec ($CONS (ONE, $NIL)) = $NIL
  | dec ($CONS (ONE, ds)) = $CONS (ZERO, ds)
  | dec ($CONS (ZERO, ds)) = $CONS (ONE, dec ds)
```

이 함수는 inc와 같은 패턴을 따르지만 ONE과 ZERO가 서로 역할을 맞바꿨다. 따라서 비슷한 증명을 써서 비슷한 바운드를 보일 수 있으리라 예상할 수 있다. 그리고 실제로도 증가와 감소를 함께 사용하지 않으면 그 가정대로 바운드가 성립한다. 하지만 두 함수를 함께 사용하면 최소한 한쪽 함수에는 반드시 $O(\log n)$ 분할 상환 시간을 요구해야 한다. 왜 그런지 알기 위해서는 $2^k - 1$과 2^k 사이를 오고 가는 증가와 감소 시퀀스를 생각해보라. 이 경우 매 연산이 모든 숫자를 변경하기 때문에, 전체적으로 $O(n \log n)$이 걸린다.

하지만 이미 두 함수가 모두 $O(1)$ 분할 상환 시간이 걸림을 증명하지 않았던가? 어디서 잘못된 것일까? 문제는 두 증명이 서로 모순이 되는 부채 불변조건을 요구했다는 점에 있다. inc가 $O(1)$에 실행됨을 증명하기 위해 우리는 각 ZERO에 부채를 1씩, 각 ONE에 부채를 0씩 부여했다. 그런데 dec가 $O(1)$에 실행됨을 증명하기 위해서는 각 ONE에 부채를 1씩, 각 ZERO에 부채를 0씩 부여해야 한다.

inc와 dec 중 어느 한쪽만을 사용할 때 만족시켜야 하는 필수조건은 스트림 안에서 어떤 위치에 도달하는 연산들 중 최소한 절반이 그 위치 이전에 끝나야만 한다는 점이다. 특히, 모든 inc와 dec는 첫 번째 숫자를 처리하지만, 두 번째 숫자를 처리하는 연산은 2개마다 있으며, 세 번째 숫자는 4개마다 있는 식의 패턴이 존재한다. 그렇다면 직관적으로 한 연산의 분할 상환 비용은 대략 다음과 같다.

$$O(1 + 1/2 + 1/4 + 1/8 + \cdots) = O(1)$$

어떤 숫자에 있을 수 있는 값을 '안전한' 값과 '위험한' 값으로 분류하자. 안전한 숫자에 도달하는 함수는 항상 그 숫자에서 실행이 끝나고, 위험한 숫자에 도달하는 함수는 그다음 숫자로 실행이 계속될 수 있다. 주어진 인덱스에 대해 연속적인 어느 두 연산이 모두 다음 인덱스를 처리하는 경우는 없다는 특성을 달성하기 위해, 우리는 연산 안에 위험한 숫자가 있어서 연산이 그 숫자 뒤로 계속되는 경우 그 연산이 그 위험한 숫자를 안전한 숫자로 변환함을 보장해야만 한다. 이를 보장하면 (이 연산 이후에) 이 숫자에 도달하는 다음 연산은 더 이상 진행이 되지 않음을 보장할 수 있다. 이제 안전한 숫자에 부채를 1 허용하고 안전하지 않은 숫자에 부채를 0 허용하는 부채 불변조건을 사용하면 모든 연산이 $O(1)$ 분할 상환 시간 안에 수행됨을 엄밀히 증명할 수 있다.

이제 증가 함수에서는 가장 큰 숫자(앞에서 본 예제에서는 ONE)가 위험하다고 구분돼야 하고, 감소 함수에서는 가장 작은 숫자(ZERO)가 위험하다고 구분돼야 한다. 따라서 증가와 감소 두 함수를 동시에 지원하기 위해서는 안전할 수 있는 세 번째 숫자를 정의해야 한다. 따라서 우리는 '여분이 있는' 이진수를 사용해야 한다. 그런 이진수에서는 각 자리에 0, 1, 2 중 하나가 올 수 있다. 이를 사용하면 inc와 dec를 다음과 같이 구현할 수 있다.

```
datatype Digit = ZERO | ONE | TWO
type Nat = Digit Stream

fun lazy inc ($NIL) = $CONS (ONE, $NIL)
       | inc ($CONS (ZERO, ds)) = $CONS (ONE, ds)
       | inc ($CONS (ONE, ds)) = $CONS (TWO, ds)
       | inc ($CONS (TWO, ds)) = $CONS (ONE, inc ds)
fun lazy dec ($CONS (ONE, $NIL)) = $NIL
       | dec ($CONS (ONE, ds)) = $CONS (ZERO, ds)
       | dec ($CONS (TWO, ds)) = $CONS (ONE, ds)
       | dec ($CONS (ZERO, ds)) = $CONS (ONE, dec ds)
```

inc와 dec에 대한 재귀(inc에서는 TWO, dec에서는 ZERO에서 재귀가 일어남)가 모두 ONE들을 만들어냄에 유의하라. ONE은 안전하고 ZERO와 TWO는 위험하다고 분류된다. 여분을 둠으로써 생기는 이점을 보려면 222222라는 여분이 있는 이진수를 증가시켜서 1111111을 얻는 과정을 생각해보라. 이 연산은 7단계가 걸린다. 하지만 이 값을 1 감소시켜도 다시 222222가 나오지 않는다. 대신 그 결과는 0111111이며, 단 한 단계 만에 이 결과를 얻을 수 있다. 따라서 증가와 감소를 서로 번갈아 수행해도 더 이상 아무 문제가 생기지 않는다.

지연 이진수는 다른 많은 데이터 구조의 틀 역할을 할 수 있다. 11장에서는 이 틀을 일반화해서 묵시적이며 재귀적인 감속implicit recursive slowdown이라는 설계 기법으로 만들 것이다.

📝 **연습문제 9.8**

ONE에 부채를 1, ZERO와 TWO에 부채를 0 할당하는 부채 불변조건을 사용해 inc와 dec가 $O(1)$ 분할 상환 시간에 실행됨을 보여라.

다음과 같은 타입의 0이 없는 여분이 있는 이진수를 사용해 cons, head, tail을 구현하라.

```
datatype 'a Digit =
    ONE of 'a Tree
  | TWO of 'a Tree * 'a Tree
  | THREE of 'a Tree * 'a Tree * 'a Tree
type 'a RList = 'a Digit Stream
```

여러분이 구현한 세 함수가 모두 $O(1)$ 분할 상환 시간에 실행됨을 보여라.

7.3절에서 스케줄을 사용하는 이항 힙을 통해 보여준 것처럼, 지연 이진수에 스케줄링을 사용하면 $O(1)$ 최악의 경우 시간 바운드를 얻을 수 있다. 연습문제 9.9에서 구현한 cons, head, tail을 최악의 경우 $O(1)$ 시간에 작동하도록 다시 작성하라. cons와 tail을 재귀적으로 호출할 때와 아닐 때를 구분하기 위해 TWO 생성자를 2개(예: TWO와 TWO') 만들면 도움이 될 것이다.

9.2.4 조각을 사용하는 표현

$O(1)$ 최악의 경우 시간 바운드를 제공하는 이진수의 다른 변종으로는 조각을 사용하는^{segmented} 이진수를 들 수 있다. 일반적인 이진수의 문제는 올림과 내림이 연쇄적으로 발생할 수 있다는 데 있다. 예를 들어 $2^k - 1$을 증가시키면 이진 산

술에서 k번 올림이 일어난다. 대칭적으로 2^k를 감소시키면 k번 윗자리로부터 값을 내려와야 한다. 조각을 사용하는 이진수는 한 단계 만에 올림과 내림을 여러 번 처리할 수 있게 함으로써 이런 문제를 해결한다.

이진수를 증가시킬 때 그 수의 맨 앞[7]에 k개의 1이 있다면 k단계가 필요하다는 사실을 기억하라. 마찬가지로, 이진수를 감소시킬 때도 맨 앞에 k개의 0이 있다면 k단계가 필요하다. 조각을 사용하는 이진수는 같은 숫자가 연속으로 반복되는 시퀀스를 블록으로 만들어서 전체 블록에 대한 올림이나 내림을 단 한 단계에 처리할 수 있게 해준다. 조각을 사용하는 이진수는 다음 데이터 타입을 이용해 0 블록과 1 블록을 번갈아 나열함으로써 표현할 수 있다.

```
datatype DigitBlock = ZEROS of int | ONES of int
type Nat = DigitBlock list
```

각 DigitBlock의 정수는 그 블록의 길이를 표현한다.[8]

블록 리스트 앞에 새로운 블록을 추가할 때는 zeros와 ones라는 도우미 함수를 사용한다. 이 두 함수는 같은 숫자로 이뤄진 연속된 블록을 하나로 병합하고, 빈 블록은 없애버린다. 추가로, zeros는 리스트 맨 뒤에 0이 반복되는 경우를 방지한다.

```
fun zeros (i, []) = []
  | zeros (0, blks) = blks
  | zeros (i, ZEROS j :: blks) = ZEROS (i+j) :: blks
  | zeros (i, blks) = ZEROS i :: blks
fun ones (0, blks) = blks
  | ones (i, ONES j :: blks) = ONES (i+j):: blks
  | ones (i, blks) = ONES i :: blks
```

7　다시 한번 말하지만, 일반적인 수 표기와 달리 여기서 이진수의 맨 앞은 낮은 자리 숫자 쪽이다. 예를 들어, 11101 과 같은 이진수를 1 증가시키려면 올림이 세 번 일어나야 한다. – 옮긴이

8　예를 들어 $3_{(10)}$ = 11 = [ONES(2)], $4_{(10)}$ = 001 = [ZEROS(2), ONES(1)], $5_{(10)}$ = 101 = [ONES(1), ZEROS(1), ONES(1)]이다. – 옮긴이

이제 조각을 사용하는 이진수를 증가시키려면 숫자들로 이뤄진 첫 블록을 살펴봐야 한다(그 숫자가 0이든 1이든 관계없다). 첫 블록이 0들로 이뤄져 있다면, 1이 하나만 들어 있는 블록을 만들고 0으로 이뤄진 블록의 길이를 1 감소시켜서 첫 0을 1로 바꾼다. 첫 블록에 1이 i개 들어 있다면, 그 블록을 i번 0이 있는 블록으로 바꾸고 바로 다음 숫자에 1을 더함으로써 i번 올림이 일어나는 것을 한 단계 만에 처리한다.

```
fun inc[] = [ONES 1]
  | inc (ZEROS i :: blks) = ones (1, zeros (i-1 , blks))
  | inc (ONES i :: blks) = ZEROS i :: inc blks
```

세 번째 줄에서 다음 블록이 있다면 그 블록은 반드시 0으로 이뤄진 블록이어야 하므로 inc에 대한 재귀 호출이 계속 반복될 수는 없음을 안다.[9] 두 번째 줄에서는 도우미 함수들이 맨 앞 블록에 0이 하나만 들어가 있는 특별한 경우를 잘 처리해준다.

조각을 사용하는 이진수를 감소시키는 것도 거의 비슷하지만, 0과 1의 역할이 뒤바뀐다.

```
fun dec (ONES i :: blks) = zeros (1, ones ( i-1 , blks))
  | dec (ZEROS i :: blks) = ONES i :: dec blks
```

여기서도 다음 블록에 1이 들어가 있어야만 하므로 dec 재귀 호출이 계속 반복될 수 없다.

조각을 사용하는 이진수는 inc와 dec를 최악의 경우 $O(1)$ 시간에 수행하지만, 조각을 사용하는 이진수에 기반한 수치적 표현은 실용적이기에는 너무 복잡하게 끝나는 경우가 대부분이다. 문제는 전체 블록을 0에서 1로 바꾸거나 1에

---

9 예를 들어 inc([ZEROS(10), ONES(1)]) = [ONES(1), ZEROS(9), ONES(1)]이고, inc([ONES(2), ZEROS(3)]) = [ZEROS(2), ONES(1), ZEROS(2)]이다. 여기서 ONES(2)를 ZEROS(2)로 바꾼 후, 재귀적으로 inc(ZEROS(3))을 해야 하는데, 이때 ZEROS에 대한 패턴 매치가 일어날 수밖에 없어서(이 이진수 표기에서는 항상 ONES/ZEROS가 서로 교대로 나타나야 한다) 재귀가 한 번만 일어나고 끝난다. - 옮긴이

서 0으로 바꾸는 과정을 트리 영역으로 옮기기가 쉽지 않다는 데 있다.[10] 조각을 사용하는 아이디어와 여분이 있는 이진수를 조합하면 더 실용적인 해법을 얻을 수 있다. 그런 해법을 얻은 후 숫자를(그리고 그 숫자에 해당하는 트리를) 한 번에 하나씩 처리하는 과정으로 돌아올 수 있다. 조각을 사용하면 시퀀스 맨 앞에 있는 숫자뿐만 아니라 시퀀스 중간에 있는 숫자를 처리할 수 있는 능력이 생긴다.

예를 들어, 1로 이뤄진 블록을 조각으로 표현하는 여분이 있는 표현을 생각해보자.

```
datatype Digits = ZERO | ONES of int | TWO
type Nat = Digits list
```

ones라는 도우미 함수를 만들어서 연속된 블록을 병합하고 빈 블록을 삭제하는 자세한 과정을 처리하게 한다.

```
fun ones (0, ds) = ds
  | ones (i, ONES j :: ds) = ONES (i+j) :: ds
  | ones (i, ds) = ONES i :: ds
```

TWO를 올림이 진행 중인 상황을 표현하는 것으로 생각하라. 올림이 연속적으로 일어나는 것을 방지하기 위해 둘 이상 TWO가 연속되지 않게 보장해야 한다. 우리는 모든 TWO 앞에 오는 숫자들 중에서 ONE이 아닌 맨 마지막 숫자는 항상 ZERO라는 불변조건을 유지한다.[11] 이 불변조건을 정규식으로 표현하면 (0 | 1 | 01*2)*이다. 이때 맨 뒤에 0이 연속으로 올 수 없음을 감안하면 (0*1 | 0+1*2)*이 된다. 첫 숫자는 결코 TWO가 될 수 없음에 유의하라. 따라서 첫 번째 숫자를 무작정 1 증가시키면 최악의 경우 $O(1)$ 시간 만에 수를 증가시킬 수 있다.

---

10 예를 들어 중간에 ONES(n)에 대응하는 트리들이 있다면, inc 시 이를 ZEROS(n)으로 바꾸고, 숫자적 표현의 나머지 부분에 대해 inc를 재귀 호출하면서 ONES(n)에 대응하던 모든 트리를 O(1) 시간에 병합한 트리를 전달할 수 있어야 inc가 O(1)에 끝나는데, n개의 트리를 O(1)에 병합할 수 있는 방법이 없다. – 옮긴이

11 연속해서 올림이 일어나지 않으려면 2 앞에 1이 있는 경우 inc에 의해 1이 2로 변하는 일이 없어야 한다. 즉, 12와 같은 수는 1을 증가시키면 22가 되면서 올림이 연속되므로 허용하면 안 되고, 항상 02, 012, 011112처럼 연속된 1이 2로 변하는 것을 막아줄 0이 최소한 하나는 필요하다. – 옮긴이

```
fun simpleInc [] = [ONES 1]
  | simpleInc (ZERO :: ds) = ones (1, ds)
  | simpleInc (ONES i :: ds) = TWO :: one (i-1, ds)
```

세 번째 줄은 분명 불변조건에 위배된다. 맨 앞에 2개의 TWO가 생길 수 있기 때문이다. 하지만 ds에 있는 1이 아닌 첫 번째 숫자가 TWO이면 두 번째 줄도 불변조건에 위배될 수 있다. 첫 번째 1이 아닌 숫자가 TWO인지 검사하고, TWO인 경우 그 TWO를 ZERO로 바꾸고 바로 뒤에 오는 숫자를 증가시키는 fixup이라는 함수를 사용해 불변조건을 다시 회복시킨다. 이때 TWO 다음에 오는 숫자는 TWO가 아님을 보장할 수 있기 때문에 fixup은 정상적으로 작동한다.

```
fun fixup (TWO :: ds) = ZERO :: simpleInc ds
  | fixup (ONES i : : TWO :: ds) = ONES i :: ZERO :: simpleInc ds
  | fixup ds = ds
```

fixup의 두 번째 줄은 1로 이뤄진 블록 뒤에 있는 숫자가 TWO인지 확인함으로써 한꺼번에 여러 숫자를 확인할 수 있는 조각의 이점을 살리는 부분이다. 마지막으로, inc는 simpleinc를 호출한 후 fixup을 호출한다.

```
fun inc ds = fixup (simpleInc ds)
```

이 구현도 다른 여러 데이터 구조의 틀 역할을 할 수 있다. 데이터 구조는 여러 수준의 시퀀스로 이뤄지며 각 수준을 초록green, 노랑yellow, 빨강red으로 구분할 수 있다. 초록은 ZERO에, 노랑은 ONE에, 빨강은 TWO에 해당한다. 주어진 객체에 대한 연산은 첫 단계의 색을 초록에서 노랑으로, 노랑에서 빨강으로 악화시킬 수 있지만, 초록에서 빨강으로 바로 악화시키지는 못한다. 불변조건은 빨강수준 이전에 오는 노랑이 아닌 마지막 수준은 항상 초록이라는 것이다. fixup과정은 마지막 노랑이 아닌 수준이 빨강인지 검사함으로써 불변조건을 유지한다. 빨강인 경우 fixup은 그 수준의 색을 빨강에서 초록으로 변경하면서, 필요하면 다음 수준의 색을 초록에서 노랑으로 악화시키거나 노랑에서 빨강으로 악화시킨다. 노랑이 여러 수준에 연속으로 있으면 그들을 한 블록으로 묶어서 최초로 노랑이 아닌 수준을 효율적으로 접근할 수 있게 한다. 캐플런[Kaplan]과 타잔[Tarjan][KT95]은 이 기법을 재귀적 감속[recursive slowdown]이라고 불렀다.

📝 연습문제 9.11

이항 힙에 조각을 도입해서 insert가 최악의 경우 $O(1)$ 시간에 작동하게 만들어라. 다음 타입을 사용하라.

```
datatype Tree = NODE of Elem.T * Tree list
datatype Digit = ZERO | ONES of Tree list | Two of Tree * Tree
type Heap = Digit list
```

merge를 한 후에 모든 TWO를 제거해서 불변조건을 유지하라.

📝 연습문제 9.12

재귀적 감속을 사용한 이진수 구현 예제는 inc를 최악의 경우 $O(1)$ 시간 복잡도로 지원하지만 dec는 $O(\log n)$이 걸릴 수 있다. inc와 dec를 모두 최악의 경우 $O(1)$이 걸리게 조각을 사용한 여분을 허용하는 이진수를 구현하라. 각 자리에는 0, 1, 2, 3, 4 중 하나가 올 수 있으며, 0, 4는 빨강, 1, 3은 노랑, 2는 초록이다.

연습문제 9.12에서 사용한 수 시스템을 기반으로 하는 임의 접근 리스트의 수치적 표현에 대한 cons, head, tail, lookup을 구현하라. 여러분이 구현한 함수들은 cons, head, tail을 최악의 경우 $O(1)$ 시간에, lookup을 최악의 경우 $O(\log i)$ 시간에 지원해야 한다.

9.3 치우친 이진수

지연 이진수와 조각을 사용하는 이진수에서 우리는 증가와 감소 함수의 점근적인 성능을 $O(\log n)$에서 $O(1)$로 향상하는 두 가지 방법을 살펴봤다. 이번 절에서는 실용적인 면에서 보통 더 단순하고 빠른 세 번째 방법을 살펴볼 것이다. 하지만 이를 위해 일반적인 이진수에서 좀 더 과격하게 멀리 나갈 필요가 있다.

[Mye83, Oka95b]에 소개된 치우친 이진수$^{\text{skew binary number}}$는 i번째 숫자의 가중치 w_i가 일반적인 이진수의 2^i가 아니라 $2^{i+1} - 1$인 이진수다. 숫자는 0, 1, 2 중 하나(즉, $D_i = \{0, 1, 2\}$)가 올 수 있다. 예를 들어, 92라는 십진수는 002101로 쓸 수 있다(작은 자리 수를 앞에 씀).

이 수 체계는 여분이 있지만, 가장 낮은 자리에 있는 0이 아닌 숫자가 2라는 제약을 가하기만 하면 유일한 표현을 얻을 수 있다. 이런 수를 표준 형식^{canonical} ^{form}이라고 부른다. 따라서 지금부터는 모든 치우친 이진수가 표준 형식으로 되어 있다고 가정한다.

정리 9.1(마이어스^{Myers}[Mye83])

모든 자연수에는 각각 유일한 치우친 이진수 표현이 존재한다.

---

i번째 숫자의 가중치가 $2^{i+1} - 1$이라는 사실을 떠올리고, $1 + 2(2^{i+1} - 1) = 2^{i+2} - 1$임을 확인하라. 이는 가장 낮은 자리에 있는 0이 아닌 숫자가 2인 치우친 이진수[12]를 1 증가시키는 경우, 가장 낮은 2를 0으로 만들고 바로 윗자리 숫자를 0에서 1로 바꾸거나 1에서 2로 바꾸면 된다는 뜻이다(다음 자리 숫자가 2일 수는 없다). 2를 포함하지 않는 치우친 이진수를 1 증가시키는 것은 더 쉽다(단지 가장 낮은 자리의 숫자를 0에서 1로 바꾸거나 1에서 2로 바꾸면 된다). 어떤 경우든 증가 연산의 결과는 여전히 표준 형식이다. 그리고 가장 낮은 0이 아닌 자리를 $O(1)$ 시간에 찾을 수만 있다면 증가 연산도 $O(1)$ 만에 끝난다!

가장 낮은 자리의 0이 아닌 숫자를 찾을 때 각 자릿수를 모두 뒤져야 하면 $O(1)$보다 시간이 오래 걸리므로, 촘촘한 표현을 쓸 수는 없다. 대신 성긴 표현을 써서 항상 가장 낮은 자리의 0이 아닌 숫자를 즉시 찾을 수 있게 한다.

```
type Nat = int list
```

여기서 정수들은 각 0이 아닌 숫자의 랭크나 가중치를 표현한다. 지금은 가중치를 사용한다. 가중치는 점점 커지는 순서로 저장하는데, 가장 작은 가중치가 두 번 들어갈 수 있다는 예외를 허용한다. 가장 작은 가중치가 두 번 들어 있다는 것은 가장 작은 0이 아닌 숫자가 2라는 뜻이다.[13] 이 표현을 사용하면 inc를 다음과 같이 정의할 수 있다.

```
fun inc (ws as w1 :: w2 :: rest) =
    if w1 = w2 then (1+w1+w2) :: rest else 1 :: ws
  | inc ws = 1 :: ws
```

첫 번째 절은 맨 앞의 두 가중치가 같은지 검사해서 같으면 그 둘을 조합해 다음

---

12 예를 들어 2나 212 같은 수를 말한다. 이 이진수들을 각각 1 증가시키면 01, 022가 된다. 모두 단 한 번만 올림이 일어난다는 점을 확인하라. - 옮긴이

13 예를 들어 2는 [1, 1]로, 211은 [1, 1, 3, 5]로 표현할 수 있다. - 옮긴이

가중치를 만들어내고(즉, 다음 자릿수를 1 증가시킨다[14]), 다르면 새로 1이라는 가중치를 맨 앞에 추가한다(즉, 가장 낮은 0번째 자리의 숫자를 1 증가시킴). 두 번째 절은 ws가 비어 있거나 가중치가 1개만 들어 있는 경우를 처리한다.[15] 분명히 inc는 최악의 경우 $O(1)$ 시간 만에 실행된다.

치우친 이진수를 감소시키는 것도 증가시키는 것만큼이나 쉽다. 가장 낮은 자리의 숫자가 0이 아니라면 단지 그 자리의 숫자를 2에서 1로, 1에서 0으로 감소시키면 된다. 그렇지 않다면 가장 낮은 자리의 0이 아닌 숫자를 찾아서 1 감소시키고 그 바로 앞의 (하나 낮은 자리의) 숫자를 2로 만든다. 이를 다음과 같이 구현할 수 있다.[16]

```
fun dec (1 :: ws) = ws
  | dec (w :: ws) = (w div 2) :: (w div 2) :: ws
```

두 번째 줄에서 $w = 2^{k+1} - 1$이라면 $\lfloor w/2 \rfloor = 2^k - 1$이라는 점을 확인하라. 분명히, dec도 최악의 경우 $O(1)$ 시간 만에 실행된다.

9.3.1 치우친 이진 임의 접근 리스트

다음으로 치우친 이진수를 기반으로 임의 접근 리스트에 대한 수치적 표현을 설계한다. 기본 표현은 트리의 리스트이며, 숫자가 1이면 트리 1개, 2이면 트리 2개를 사용한다. 트리들은 크기가 증가하는 순서로 배열하며, 가장 낮은 자리의 숫자가 2인 경우에는 크기가 가장 작은 트리가 2개 있을 수 있다.

---

14 원소를 나열해보면 $[2^{k+1} - 1, 2^{k+1} - 1, 나머지](k \geq 0)$이 되는데, $2^{k+1} - 1 + 2^{k+1} - 1 + 1 = 2 \cdot 2^{k+1} - 1 = 2^{k+2} - 1$이 되므로 다음 자리의 가중치를 1 증가시킨다. – 옮긴이

15 리스트 길이가 0이면 1을 추가하기만 하면 되고, 리스트 길이가 1이면 [1]이거나, $[2^{k+1} - 1](k > 1)$일 수밖에 없다. 예를 들어 [1]인 경우 [1, 1]로 하면 2가 되고, [3]인 경우 [1, 3]으로 하면 4가 된다. – 옮긴이

16 좀 더 설명을 추가한다.
 – [1]이면 첫 번째 절에 매치되며, []가 결괏값이다.
 – [1, 1, 나머지]이면 첫 번째 절에 매치되며, [1, 나머지]가 결괏값이다.
 – $[2^{k+1} - 1, 나머지]$이면 두 번째 절에 매치되며, $[2^k - 1, 2^k - 1, 나머지]$가 결괏값이다. 이때 $2^{k+1} - 1 - 1 = 2^{k+1} - 2 = 2 \cdot 2^k - 2 = 2(2^k - 1)$임에 유의하라. 예를 들어 [3, 나머지] = [1, 1, 나머지]가 된다. – 옮긴이

218

트리의 크기는 치우친 이진수의 가중치에 해당한다. 따라서 i번째 숫자를 표현하는 트리의 크기는 $2^{i+1} - 1$이다. 지금까지는 주로 크기가 2의 거듭제곱인 트리만을 사용해왔지만, 크기가 우리가 원하는 형태($2^n - 1$개의 노드를 갖는 트리)인 트리를 이미 하나 본 적이 있다. 바로 완전 이진 트리다. 따라서 치우친 이진 임의 접근 리스트를 완전 이진 트리의 리스트를 사용해 표현한다.

head를 효율적으로 지원하기 위해, 임의 접근 리스트의 첫 번째 원소는 첫 번째 트리의 루트여야 한다. 따라서 각 트리 내에서는 왼쪽에서 오른쪽 순서인 전위 순회 순서preorder를 따르고, 트리들 사이에서는 뒤에 있는 트리에 더 뒤쪽 원소들이 들어간다.

이전의 예제에서는 중복을 감수하고 크기나 랭크를 노드에 저장했다. 이 예제에서는 더 실제적인 접근 방법을 택해서, 크기 정보를 리스트에 있는 각 트리의 루트에만 저장하고 하위 트리에는 저장하지 않는다. 따라서 치우친 이진 임의 접근 리스트 타입은 다음과 같다.

```
datatype 'a Tree = LEAF of 'a | NODE of 'a * 'a Tree * 'a Tree
type 'a RList = (int * 'a Tree) list
```

이제 inc에 맞춰 cons를 정의할 수 있다.

```
fun cons (x, ts as (w1, t1) :: (w2, t2) :: rest) =
    if w1 = w2 then (1+w1+w2, NODE (x, t1, t2)) :: rest
    else (1, LEAF x) :: ts
  | cons (x, ts) = (1, LEAF x) :: ts
```

head와 tail은 첫 트리의 루트를 검사하거나 제거한다. tail은 제거한 루트의 자식들을(그런 자식이 있다면) 리스트의 맨 앞에 돌려놓는다. 그 자식들은 새로운 두 숫자를 표현한다.

```
fun head ((1, LEAF x) :: ts) = x
  | head ((w, NODE (x, t1, t2)) :: ts) = x
```

```
fun tail ((1, LEAF x):: ts) = ts
  | tail ((w, NODE (x, t1, t2)) :: ts) = (w div 2, t1) :: (w div 2, t2) ::
ts
```

원소를 인덱스로 찾으려면 먼저 리스트를 뒤져서 올바른 트리를 찾은 다음, 트리에서 올바른 원소를 찾는다. 트리를 검색할 때는 현재 트리의 크기를 추적해야 한다.

```
fun lookup (i, (w, t) :: ts) =
    if i < w then lookupTree (w, i, t)
    else lookup (i-w, ts)
fun lookupTree (1, 0, LEAF x) = x
  | lookupTree (w, 0, NODE (x, t1, t2)) = x
  | lookupTree (w, i, NODE (x, t1, t2)) =
    if i <= w div 2 then lookupTree (w div 2, i-1 , t1)
    else lookupTree (w div 2, i - 1 - w div 2, t2)
```

끝에서 두 번째 줄에서 x를 건너뛰므로 i에서 1을 뺐음에 유의하라. 마지막 줄에서는 x를 건너뛰고 t1의 모든 원소도 건너뛰기 때문에 $1 + \lfloor w/2 \rfloor$를 i에서 뺐다. update와 updateTree도 비슷하게 정의할 수 있고, 모든 구현이 들어 있는 그림 9.7에 그 정의가 있다.

```
structure SkewBinaryRandomAccessList: RANDOMACCESSLIST =
struct
  datatype 'a Tree = LEAF of 'a | NODE of 'a * 'a Tree * 'a Tree
  type 'a RList = (int * 'a Tree) list (* 정수는 트리의 가중치임 *)

  val empty = []
  fun isEmpty ts = null ts

  fun cons (x, ts as (w1, t1) :: (w2, t2) :: ts') =
      if w1 = w2 then (1+w1+w2, NODE (x, t1, t2)) :: ts'
      else (1, LEAF x) :: ts
```

(이어짐)

```
        | cons (x, ts) = (1, LEAF x) :: ts

   fun head [] = raise Empty
     | head ((1, LEAF x) :: ts) = x
     | head ((w, NODE (x, t1, t2)) :: ts) = x
   fun tail [] = raise Empty
     | tail ((1, LEAF x):: ts) = ts
     | tail ((w, NODE (x, t1, t2)) :: ts) = (w div 2, t1) :: (w div 2,
t2):: ts

   fun lookupTree (1, 0, LEAF x) = x
     | lookupTree (1, i, LEAF x) = raise Subscript
     | lookupTree (w, 0, NODE (x, t1, t2)) = x
     | lookupTree (w, i, NODE (x, t1, t2)) =
         if i <= w div 2 then lookupTree (w div 2, i-1 , t1)
         else lookupTree (w div 2, i - 1 - w div 2, t2)
   fun updateTree (1, 0, y, LEAF x) = LEAF y
     | updateTree (1, i, y, LEAF x) = raise Subscript
     | updateTree (w, 0, y, NODE (x, t1, t2)) = NODE (y, t1, t2)
     | updateTree (w, i, y, NODE (x, t1, t2)) =
         if i <= w div 2 then NODE (x, updateTree (w div 2, i-1 , y,
t1), t2)
         else NODE (x, t1, updateTree (w div 2, i - 1 - w div 2, y,
t2))

   fun lookup (i, []) = raise Subscript
     | lookup (i, (w, t) :: ts) =
         if i < w then lookupTree (w, i, t)
         else lookup (i-w, ts)
   fun update (i, y, []) = raise Subscript
     | update (i, y, (w, t) :: ts) =
         if i < w then (w, updateTree (w, i, y, t)) :: ts
         else (w, t):: update (i-w, y, ts)
end
```

그림 9.7 치우친 이진 임의 접근 리스트

cons, head, tail이 최악의 경우 $O(1)$에 실행됨을 보이는 것은 쉽다. 이진 임의 접근 리스트와 마찬가지로 치우친 이진 임의 접근 리스트도 로그 깊이의 트리들이 모인 로그 길이의 리스트로 이뤄진다. 따라서 lookup과 update는 최악의 경우 $O(\log n)$ 시간이 걸린다. lookup이나 update에서 검색에 성공하지 못하는 단계마다 최소 1개씩 원소를 버리기 때문에, 이 바운드를 $O(\min(i, \log n))$으로 약간 더 줄여 쓸 수 있다.

⚡ **전문가를 위한 힌트**

치우친 이진 임의 접근 리스트는 임의 접근 리스트의 리스트 같은 측면과 배열 같은 측면의 이점을 한꺼번에 취하고 싶은 경우 좋은 선택이다. 더나은 리스트 구현이 많이 있고, 더 나은 (영속적) 배열 구현도 많이 있지만, 두 측면에서 모두 치우친 이진 임의 접근 리스트보다 좋은 구현은 없다[Oka95b].

📝 **연습문제 9.14**

8.2.1절의 HoodMelvilleQueue 구조를 일반 리스트 대신 치우친 이진 임의 접근 리스트를 사용해 다시 작성하라. 그렇게 만든 구조의 lookup과 update 함수를 다시 구현하라.

9.3.2 치우친 이항 힙

마지막으로, 치우친 이진수와 일반 이진수 양쪽에 기반한 혼합적인 수치적 표현을 생각해보자. 치우친 이진수를 증가시키는 것은 간단하며 빠르고 insert 함수의 틀로 아주 잘 쓰일 수 있다. 불행히도 임의의 치우친 이진수 2개를 서로 더하는 것은 끔찍하다. 따라서 merge 함수는 치우친 이진수가 아니라 일반 이진수의 덧셈을 기반으로 한다.

치우친 이항 힙skew binomial tree은 각 노드에 최대 r개의 원소가 들어 있는 리스트가 덧붙여진 이항 트리다. 여기서 r은 대상 노드의 랭크다.

```
datatype Tree = NODE of int * Elem.T * Elem.T list * Tree list
```

일반 이항 트리와 달리 치우친 이항 트리의 크기는 랭크에 따라서만 정해지지 않는다. 대신, 어떤 치우친 이항 트리의 랭크는 그 트리의 크기 범위를 알려준다.

보조정리 9.2

랭크가 r인 치우친 이항 트리 t가 있다면, $2^r \leq |t| \leq 2^{r+1} - 1$이다.

✍ 연습문제 9.15

보조정리 9.2를 증명하라.

치우친 이항 트리는 연결linked됐거나 치우치게 연결skew linked됐을 수 있다. link 함수는 랭크가 r인 두 트리를 연결해 랭크가 $r + 1$인 트리로 만든다. 이때 루트가 더 큰 트리를 루트가 더 작은 트리의 자식으로 만든다.

```
fun link (t1 as NODE (r, x1, xs1, c1), t2 as NODE (_, x2, xs2, c2)) =
    if Elem.leq (x1, x2) then NODE (r+1, x1, xs1, t2 :: c1)
    else NODE (r+1, x2, xs2, t1 :: c2)
```

---

skewLink 함수는 랭크가 r인 두 트리를 추가 원소와 함께 묶어서 랭크가 $r + 1$인 트리를 만든다. 이때 두 트리를 먼저 연결하고, 결과 트리의 루트에 추가 원

소를 짝짓는다. 두 원소 중 더 작은 쪽이 루트가 되고 더 큰 쪽이 외부 원소가 된다.

```
fun skewLink (x, t1, t2) =
    let val NODE (r, y, ys, c) = link (t1, t2)
    in
      if Elem.leq (x, y) then NODE (r, x, y :: ys, c)
      else NODE (r, y, x :: ys, c)
    end
```

치우친 이항 힙은 힙 순서로 나열된 치우친 이항 트리들을 랭크의 오름차순으로 나열한 리스트로 표현할 수 있다. 랭크가 같은 치우친 이항 트리들의 크기가 다를 수 있으므로 더 이상 힙에 있는 트리와 힙의 크기를 나타내는 치우친 이진수 표현 사이에 직접적인 연관 관계는 없다. 예를 들어 4의 치우친 이진수 표현은 11이지만, 크기가 4인 치우친 이항 힙에는 크기가 4인 랭크 2짜리 트리가 하나 들어 있거나, 크기가 2이면서 랭크가 1인 트리가 2개 들어 있거나, 크기가 2이면서 랭크가 1인 트리 하나와 랭크가 0인 트리 둘이 들어 있을 수 있다. 하지만 힙에 있는 트리의 최대 개수는 여전히 $O(\log n)$이다.

치우친 이항 힙의 큰 장점은 새 원소를 $O(1)$ 시간에 추가할 수 있다는 점이다. 먼저 가장 작은 두 트리의 랭크를 비교한다. 그 둘의 랭크가 같다면 두 트리와 새 원소를 치우치게 연결한다. 두 트리의 랭크가 같지 않다면 새로운 싱글톤 트리를 만들고 그 트리를 리스트의 맨 앞에 추가한다.

```
fun insert (x, ts as t1 :: t2 :: rest) =
    if rank t1 = rank t2 then skewLink (x, t1, t2) :: rest
    else NODE (0, x, [], []) :: ts
  | insert (x, ts) = NODE (0, x, [], []) :: ts
```

나머지 함수는 일반적인 이항 힙에서와 거의 같다. 예전 이항 힙 merge 함수의 이름을 mergeTrees로 바꾼다. 이제 새 이항 힙에서 mergeTrees 함수는 두 랭크가 같은 트리를 발견해도 보통 link를 사용하며(skewLink가 아니다!), 잘 작동한다. mergeTrees와 도우미 함수인 insTree는 트리 랭크가 엄격하게 증가하는 리스트를 받아야 하므로 merge는 mergeTrees를 호출하기 전에 인자로 받은 두 트리의 맨 앞에 있는 중복을 제거해서 트리들을 정규화normalize한다.

```
fun normalize [] = []
  | normalize (t :: ts) = insTree (t, ts)
fun merge (ts1, ts2) = mergeTrees (normalize ts1, normalize ts2)
```

치우친 이항 힙을 사용해도 findMin과 removeMinTree에는 전혀 영향이 없다. 그 둘은 랭크를 무시하고 각 트리의 루트만 신경 쓰기 때문이다. deleteMin만 약간 바꾸면 된다. 처음에 deleteMin은 최소 루트를 갖는 트리를 제거하고, (제거한 루트의) 자식들이 들어 있는 리스트를 역순으로 뒤집고, 뒤집은 자식 리스트를 나머지 트리에 병합한다는 점에서 기존 방식과 똑같다. 하지만 그 후 제거한 루트에 붙어 있던 외부 리스트에 있는 원소들을 다시 삽입해야 한다.

```
fun deleteMin ts =
    let val (NODE (_, x, xs, ts1), ts2) = removeMinTree ts
        fun insertAll ([], ts) = ts
          | insertAll (x :: xs, ts) = insertAll (xs, insert (x, ts))
    in insertAll (xs, merge (rev ts1, ts2)) end
```

그림 9.8은 치우친 이항 힙의 전체 구현을 보여준다.

insert는 최악의 경우 $O(1)$에 작동한다. 하지만 merge, findMin, deleteMin은 이 힙에 대응하는 일반 이항 큐에 있는 각각의 함수와 같은 시간에 작동한다. 즉, 그들은 모두 $O(\log n)$ 최악의 시간 복잡도를 보인다. deleteMin의 여러 단계들(가장 작은 루트가 들어 있는 트리를 찾기, 자식을 뒤집기, 남은 트리에 자식 병합하기, 외부 원소들 다시 삽입하기)은 모두 $O(\log n)$ 시간이 걸린다.

필요하다면 연습문제 3.7에 있는 ExplicitMin 펑터를 써서 findMin의 실행 시간을 $O(1)$로 개선할 수도 있다. 10.2.2절에서는 merge의 실행 시간을 $O(1)$로 개선하는 방법을 살펴볼 것이다.

```
functor SkewBinomialHeap (Element: ORDERED) : HEAP =
struct
  structure Elem = Element
  datatype Tree = NODE of int * Elem.T * Elem.T list * Tree list
  type Heap = Tree list

  val empty = []
  fun isEmpty ts = null ts

  fun rank (NODE (r, x, xs, c)) = r
  fun root (NODE (r, x, xs, c)) = x

  fun link (t1 as NODE (r, x1 , xs1, c1), t2 as NODE (_, x2, xs2,
c2)) =
        if Elem.leq (x1, x2) then NODE (r+1, x1, xs1, t2 :: c1)
        else NODE (r+1, x2, xs2, t1 :: c2)
  fun skewLink (x, t1, t2) =
        let val NODE (r, y, ys, c) = link (t1, t2)
        in
          if Elem.leq (x, y) then NODE (r, x, y :: ys, c)
          else NODE (r, y, x :: ys, c)
        end
  fun insTree (t, []) = [t]
    | insTree (t1, t2 :: ts) =
        if rank t1 < rank t2 then t1 :: t2 :: ts else insTree (link
(t1, t2), ts)
  fun mergeTrees (ts1, []) = ts1
    | mergeTrees ([], ts2) = ts2
    | mergeTrees (ts1 as t1 :: ts1', ts2 as t2:: ts2') =
        if rank t1 < rank t2 then t1 :: mergeTrees (ts1', ts2)
        else if rank t2 < rank t1 then t2 :: mergeTrees (ts1, ts2')
        else insTree (link (t1, t2), mergeTrees (ts1', ts2'))
  fun normalize [] = []
    | normalize (t :: ts) = insTree (t, ts)

  fun insert (x, ts as t1 :: t2 :: rest) =
        if rank t1 = rank t2 then skewLink (x, t1, t2) :: rest
        else NODE (0, x, [], []) :: ts
```

(이어짐)

```
      | insert (x, ts) = NODE (0, x, [], []) :: ts
  fun merge (ts1, ts2) = mergeTrees (normalize ts1, normalize ts2)

  fun removeMinTree [] = raise Empty
    | removeMinTree [t] = (t, [])
    | removeMinTree (t :: ts) =
        let val (t', ts') = removeMinTree ts
        in if Elem.leq (root t, root t') then (t, ts) else (t', t ::
ts') end

  fun findMin ts = let val (t, _) = removeMinTree ts in root t end
  fun deleteMin ts =
        let val (NODE (_, x, xs, ts1), ts2) = removeMinTree ts
            fun insertAll([], ts) = ts
              | insertAll (x :: xs, ts) = insertAll (xs, insert (x,
ts))
        in insertAll (xs, merge (rev ts1, ts2)) end
end
```

그림 9.8 치우친 이항 힙

📝 **연습문제 9.16**

Elem.T * Heap -> Heap이라는 타입의 delete 함수를 원한다고 하자. 힙
의 구현을 H라는 인자로 받는 펑터를 만들어라. 그 펑터는 다른 힙 함수
와 더불어 이 delete 함수를 지원해야 한다. 다음 타입을 활용하라.

type Heap = H.Heap * H.Heap

여기서 첫 번째 힙은 원소가 양으로 나타난 것을 표현하고, 두 번째 힙은
원소가 음으로 나타난 것을 표현한다. 원소가 음으로 나타났다는 것은 그

원소가 삭제됐지만 아직 힙에서 물리적으로 삭제되지는 않았다는 뜻이다. 같은 원소가 음과 양 모두 나타났다면 그 둘의 효과가 서로를 상쇄하며, 다음에 그 원소가 최소 원소가 되면 각각의 힙에서 삭제된다. 양의 힙의 최소 원소가 음의 힙의 최소 원소보다 엄격하게 작다는 불변조건을 유지하라(이 구현에는 원소를 삽입하기 전에 삭제할 수 있다는 이상한 성질이 존재하지만, 여러 응용에서 이런 문제를 허용할 만하다).

9.4 삼진수와 사진수

전산학에서 이진수에 너무 익숙해진 우리는 때로 다른 밑을 사용할 수도 있다는 사실을 잊어버리곤 한다. 이번 절에서는 3과 4를 밑으로 하는 산술을 사용하는 수치적 표현을 살펴본다.

밑이 k인 경우 각 숫자의 가중치는 k^r이다. 따라서 크기가 k^r인 트리들이 필요하다. 이진 수치적 표현에 사용했던 이진 트리를 다음과 같이 더 일반화할 수 있다.

정의 9.4(완전 k진 말단 트리^{complete k-ary leaf tree})

랭크가 0인 완전 k진 말단 트리는 말단 하나로 이뤄진 트리다. 랭크 $r > 0$인 완전 k진 트리는 자식이 k개 있는 노드로, 각 자식은 랭크가 $k - 1$인 완전 k진 트리다. 랭크가 r인 완전 k진 트리에는 $(k^{r+1} - 1)/(k - 1)$개와 k^r개의 말단이 존재한다. 완전 k진 말단 트리는 원소를 말단에만 저장한 완전 k진 트리다.

정의 9.5(*k*항 트리^{k-nomial tree})

랭크가 r인 k항 트리는 랭크가 $r - 1$부터 0까지인 $k - 1$개의 자식이 있는 노드다. 다른 식으로 정의하면, 랭크가 $r > 0$인 k항 트리는 랭크가 $r - 1$인 k항 트리를 다른 랭크가 $r - 1$인 k항 트리의 가장 왼쪽 자식으로 추가한 트리다. 두 번째 정의로부터 랭크가 r인 k항 트리에 k^r개의 노드가 들어 있음을 쉽게 알 수 있다.

정의 9.6(*k*진 페넌트^{k-ary pennant})

랭크가 0인 페넌트는 노드가 하나인 트리이고, 랭크가 $r > 0$인 k진 페넌트는 자식이 $k - 1$개 있으며 각 자식은 랭크가 $r - 1$인 k진 트리다. 각 하위 트리에는 $(k^r - 1)/(k - 1)$ 노드가 있으므로, 전체 트리에는 k^r개의 노드가 들어 있다.

    2가 아닌 밑의 장점은 더 적은 자릿수를 사용해 수를 표현할 수 있다는 것이다. n을 밑이 2인 수로 표현하려면 $\log_2 n$개의 자릿수가 필요한 반면, 밑이 k인 수로 표현하려면 $\log_k n = \log_2 n / \log_2 k$개의 자릿수가 필요하다. 예를 들어, 밑을 4로 하면 밑이 2인 경우보다 절반의 자릿수로 같은 크기의 수를 표현할 수 있다. 반면 각 자리에 올 수 있는 숫자의 종류가 더 많으므로, 각 숫자를 처리하는 데 시간이 더 오래 걸린다. 수치적 표현에서 k진법의 한 숫자를 처리하는 데는 $k + 1$ 단계가 필요하므로, 모든 자리에 있는 숫자를 처리해야 하는 연산의 경우 총 $(k + 1) \log_k n = \dfrac{k + 1}{\log_2 k} \log n$ 단계가 걸린다. 다음 표는 $k = 2, \dots, 8$인 경우 $(k + 1)/\log_2 k$의 값을 보여준다.

k	2	3	4	5	6	7	8
$(k + 1)/\log_2 k$	3.00	2.52	2.50	2.58	2.71	2.85	3.0

이 표를 보면 삼진수나 사진수에 기반한 수치적 표현은 이진수에 기반한 수치적

표현보다 16% 정도 빠름을 알 수 있다. 하지만 k가 더 커지면 코드 크기 증가 등의 다른 요소들로 인해 성능 향상이 그리 효과적이지 않아서, 실제로는 그렇게 큰 속도 개선을 볼 수 없다. 실제 데이터 집합이 작으면 삼진수나 사진수 표현이 더 느리게 작동하는 경우도 많다. 하지만 데이터 집합 크기가 커지면 삼진수나 사진수 표현이 5~10% 정도 성능 향상을 가져온다.

📝 연습문제 9.17

다음 타입을 가지고 삼항 힙을 구현하라.

```
datatype Tree = NODE of Elem.T * (Tree * Tree) list
datatype Dight = ZERO | ONE of Tree | TWO of Tree * Tree
type Heap = Digit list
```

📝 연습문제 9.18

영 없는 사진^{quaterary} 임의 접근 리스트를 다음 타입을 가지고 구현하라.

```
datatype 'a Tree = LEAF of 'a | NODE of 'a Tree vector
datatype 'a RList = 'a Tree vector list
```

NODE에 있는 vector에는 트리가 4개 들어 있다. 리스트에 있는 각 벡터에는 1개 이상 4개 이하만큼 트리가 들어갈 수 있다.

치우친 이진수에서 사용했던 개념을 임의의 밑에 대해 적용할 수 있다. 치우친 k진수에서 i번째 숫자에는 $(k^{i+1} - 1)/(k - 1)$이라는 가중치가 부여된다. 각 숫자는 $\{0, \ldots, k - 1\}$의 원소이며, 가장 낮은 자리에 있는 0이 아닌 숫자의 값은 k여야만 한다. 다음 타입을 사용해 치우친 삼진 임의 접근 리스트를 구현하라.

```
datatype 'a Tree = LEAF of 'a | NODE of 'a * 'a Tree * 'a Tree *
'a Tree
Tree type 'a RList = (int * 'a Tree) list
```

9.5 참고사항

수치적 표현으로 바꿔 해석할 수 있는 데이터 구조는 놀랍도록 흔하다. 하지만 여러 수 시스템과 데이터 구조 사이의 관계를 명시적으로 설명한 문헌은 그리 많지 않다[GMPR77, Mye83, CMP88, KT96b]. 치우친 이진 임의 접근 리스트는 [Oka95b]에 처음 소개됐다. 치우친 이항 힙은 [BO96]에 처음 소개됐다.

10

데이터 구조적 부트스트래핑

부트스트래핑bootstrapping이란 말은 '신발 끈을 잡아당겨 스스로 일어서기'라는 뜻이다. 말도 안 되는 것 같은 이 이미지는 전산학에서 흔히 발생하는, 문제를 해결하기 위해 같은 문제에 대한 (좀 더 단순한) 해결 방법이 필요한 상황을 나타낸다.

예를 들어, 어떤 운영체제도 없는 컴퓨터에 디스크나 테이프로부터 운영체제를 불러오는 상황을 생각해보자. 운영체제가 없으면 컴퓨터는 심지어 디스크나 테이프를 읽을 수도 없다! 한 가지 해법은 **부트스트랩 로더**bootstrap loader다. 부트스트랩 로더는 아주 작고 불완전한 운영체제로, 유일한 목적은 조금 더 크고 기능이 많은 운영체제를 미리 정해둔 곳에서 불러들이는 것이다. 부트스트랩 로더가 불러온 약간 더 큰 운영체제는 다시 우리가 실행하고 싶은 운영체제를 읽어서 메모리에 적재하고 제어를 넘긴다. 이는 부트스트래핑을 통해 불완전한 해법으로부터 완전한 해법을 만들어가는 방식의 한 가지 예시다.

컴파일러는 부트스트래핑의 또 다른 예시다. 새 언어를 위한 컴파일러를 작성할 때 일반적으로 수행하는 활동 중 하나가 바로 그 언어로 자신의 컴파일러를 작성하는 것이다. 하지만 그 컴파일러를 어떻게 컴파일할 수 있을까? 한 가지 해법은 아주 간단하고 효율이 떨어지는 새 언어를 위한 인터프리터를 기존의 언어로 작성하는 것이다. 그 후, 그 인터프리터를 사용해 같은 언어로 된 컴파일러를 실행해서 그 언어의 컴파일러를 컴파일하면 효율적인 컴파일이 이뤄진 실행 파일을 얻을 수 있다. 이는 부트스트래핑을 이용해 비효율적인 해법으로부터 효율적인 해법을 만들어가는 방식의 한 가지 예시다.

아담 북스바움Adam Buchsbaum은 그의 논문[Buc93]에서 두 가지 알고리즘 설계 기법을 설명하면서 이들을 묶어 데이터 **구조적 부트스트래핑**data structural bootstrapping이라고 불렀다. 첫 번째 기법인 **구조적 분해**structural decomposition는 불완전한 데이터 구조에서 완전한 데이터 구조를 부트스트래핑해나가는 기법이다. 두 번째 기법인 **구조적 추상화**structural abstraction는 비효율적인 데이터 구조로부터 효율적인 데이터 구조를 만들어나간다. 10장에서는 이 두 기법을 다시 살펴보고, 기본적인 요소로 이뤄진 데이터 구조로부터 여러 요소가 조합된 데이터 구조를 부트스트래핑하는 기법을 살펴본다.

10.1 구조적 분해

구조적 분해[1]는 불완전한 데이터 구조에서 완전한 데이터 구조를 부트스트래핑하는 기법이다. 전형적인 경우, 이는 어떤 한도보다 작은 크기(때로 0일 수도 있다)의 데이터만을 다룰 수 있는 구현을 확장해서 크기 제약 없이 객체를 다룰 수 있게 하는 과정을 포함한다.

리스트나 이진 말단 트리 같은 재귀적인 데이터 구조를 생각해보자.

```
datatype 'a List = NIL | CONS of 'a * 'a List
datatype 'a Tree = LEAF of 'a | NODE of 'a Tree * 'a Tree
```

---

1 스칼라에서 익스트랙터(unapply 메소드)를 활용하거나 자바스크립트에서 대입문을 사용해, 객체 프로퍼티를 분해해 여러 변수에 나눠 담는 행위를 가리키는 '구조 분해(destructuring)'라는 용어와 혼동하지 말라. – 옮긴이

어떤 면에서 이들은 구조적 분해의 구체적인 예라고 말할 수 있다. 두 구조 모두 어떤 크기(원소의 개수)가 제한된 객체의 구현에서 시작하고(리스트의 경우 크기가 0이고, 트리의 경우 크기가 1이다), 큰 객체를 더 작은 객체로 재귀적으로 분해하는 규칙이 있으며, 그 규칙을 따르다 보면 언젠가는 제한된 크기를 다루는 규칙에 의해 처리될 수 있을 정도로 객체가 작아진다.

하지만 이 두 정의는 모두 아주 단순하며, 각각의 재귀 부분은 각자가 정의하고 있는 타입과 일치한다. 예를 들어 'a List의 재귀 부분은 'a List이다. 이런 데이터 타입을 균일하게 재귀적^{uniformly recursive}이라 한다.

일반적으로 구조적 분해라는 단어는 비균일^{non-uniform} 재귀적 데이터 구조를 설명할 때 사용하는 단어다. 예를 들어, 다음 시퀀스 정의를 살펴보자.

```
datatype 'a Seq = NIL' | CONS' of 'a * ('a * 'a) Seq
```

여기서 시퀀스는 비어 있거나, 원소 하나와 원소 쌍의 시퀀스를 묶은 것으로 이뤄진다. 여기서 재귀적 부분인 ('a * 'a) Seq가 'a Seq와 다르므로 이 재귀는 비균일 재귀다.

이런 비균일 재귀가 균일 재귀보다 더 적합할 때는 언제일까? 비균일 재귀 타입의 더 복잡한 구조는 종종 균일한 재귀보다 더 효율적인 알고리즘을 지원하곤 한다. 예를 들어, 리스트와 시퀀스의 size 함수를 비교해보자.

```
fun sizeL NIL = 0
  | sizeL (CONS (x, xs)) = 1 + sizeL xs

fun sizeS NIL' = 0
  | sizeS (CONS' (x, ps)) = 1 + 2 * sizeS ps
```

리스트에 대한 함수는 $O(n)$ 시간이 걸리는 반면 시퀀스에 대한 함수는 $O(\log n)$ 시간이 걸린다.

10.1.1 비균일 재귀와 SML

불행히도 SML에서는 구조적 분해를 직접 구현할 수 없다. SML에서 비균일 재귀 데이터 구조를 정의할 수는 있지만, 타입 시스템이 그런 비균일 재귀 타입에 대한 흥미로운 함수를 모두 막아버린다. 예를 들어, 시퀀스에 대한 sizeS 함수를 보자. SML은 이 함수를 거부한다. SML 타입 시스템이 재귀 함수 내의 모든 재귀 호출은 그 호출을 둘러싸고 있는 함수와 타입이 같아야만 한다고 요구하기 때문이다(즉, 재귀 함수 정의는 반드시 균일해야 한다). sizeS 함수의 타입은 'a Seq -> int인데 내부에서 재귀 호출하는 sizeS의 타입은 ('a * 'a) Seq -> int이기 때문에 sizeS는 SML 타입 시스템의 제약에 위배된다.[2]

여러 다른 비균일 타입 인스턴스들을 한 타입에 속하는 별도의 인스턴스로 만들어주는 새로운 데이터 타입을 정의하면 항상 비균일 타입을 균일한 타입으로 변환할 수 있다. 예를 들어, 원소들과 쌍을 한 타입으로 묶는 새 타입을 사용해 Seq를 다시 쓰면 다음과 같다.

```
datatype 'a EP = ELEM of 'a | PAIR of 'a EP * 'a EP
datatype 'a Seq = NIL' | CONS' of 'a EP * 'a Seq
```

---

2 스칼라에서는 다음과 같이 이 타입을 정의해 쓸 수 있다. 다만 비균일 재귀 타입의 객체를 정의할 때 타입 애노테이션을 붙여서 컴파일러에게 정확한 타입을 알려줘야 타입 체커가 타입을 제대로 검사하며, 그렇지 않으면 잘못된 구조의 값을 정의해도 Seq[Any]라는 극히 일반적인 타입으로 타입을 추론해버린다.

```
sealed trait Seq[+A]
object NIL extends Seq[Nothing]
case class CONS[+A](v:A, l:Seq[(A,A)]) extends Seq[A]

def sizeS[A](v:Seq[A]):Int = v match {
    case NIL => 0
    case CONS(v,l) => 1 + 2 * sizeS(l)
}

val y:CONS[Int] = CONS(10, CONS((10,20),NIL))          // OK
val yy = CONS(10,CONS(((10,20),30),NIL))               // OK. Type이 CONSS[Any]
val zz:CONS[Int] = CONS(10,CONS(((10,20),30),NIL))     // type mismatch
println(sizeS(y))                                      // 3 출력
```

– 옮긴이

이제 sizeS 함수는 원래 쓰여진 그대로 완전히 합법적인 함수가 된다. 외부의 sizeS와 내부의 sizeS 모두 타입이 'a Seq -> int가 되기 때문이다.

항상 비균일 타입을 균일 타입으로 변환할 수 있지만, 구조적 분해는 우리가 데이터 타입에 대해 생각하는 방법에 대해 말하는 것이지 데이터 타입을 구현하는 방법에 대해 이야기하는 것이 아니다. 예를 들어, 위에 있는 'a Seq를 보자. 'a EP 타입은 이진 말단 트리와 동형isomorphic이다. 따라서 변경한 'a Seq는 'a Tree list와 동일하다. 하지만 우리는 쌍의 시퀀스와 트리의 리스트를 생각할 때 두 가지를 서로 다르게 생각하는 경향이 있다. 몇몇 알고리즘은 이 두 표현 중 어느 한 표현에서 더 자연스럽고 단순하지만 다른 알고리즘은 다른 쪽 표현에서 더 자연스럽고 단순하다. 다음 절에서 그런 예를 몇 가지 살펴볼 것이다.

또 균일한 재귀 타입보다 'a Seq 같은 비균일 재귀 타입을 선호하는 실용적인 이유가 있다. 첫째, 비균일 재귀 타입이 더 간결하다. 타입이 2개가 아니라 하나뿐이며, 수동으로 ELEM이나 PAIR 생성자를 일일이 끼워 넣을 필요가 없다. 둘째, 언어 구현에 따라 비균일 재귀 쪽이 더 효율적일 수 있다. ELEM이나 PAIR 생성자와 패턴 매치할 필요가 없으며, 이 두 생성자가 표현하는 객체를 실행 시점에 메모리에 만들 필요가 없다. 셋째로, 이 특성이 가장 중요한데, 타입 시스템을 통해 많은 프로그래밍 오류를 잡아낼 수 있다. 비균일 정의의 타입은 맨 바깥쪽 CONS' 생성자에 원소 하나와 원소 쌍이 들어 있거나, 원소와 원소의 쌍과 원소 쌍과 원소 쌍의 쌍이 들어 있는 등의 구조만 허용한다. 균일 재귀 타입의 타입들은 쌍의 두 원소가 서로 균형이 맞아야 한다든지, 쌍의 내포 깊이가 한 번에 한 단계씩만 늘어나야 한다든지 하는 제약을 보장하지 못한다. 따라서 이런 제약을 프로그래머가 시스템 불변조건으로 확립해야 한다. 그러나 프로그래머가 실수로(예를 들어, 쌍이 필요한 곳에 원소를 하나만 사용해서) 그런 제약을 깬다고 해도, 이런 오류를 감지하는 데는 타입 시스템이 아무 도움이 못 된다.

이런 이유로 우리는 다형적 재귀polymorphic recursion[Myc84]와 같이 종종 SML이 비균일 재귀 함수를 허용하는 것처럼 코드를 작성해 보여줄 것이다. 이 코드는 실행할 수는 없지만 읽기는 쉽다. 그리고 앞 페이지에서 설명한 타입 변환

방식을 사용해 이 코드를 항상 합법적인 SML 코드로 다시 변환할 수 있다.

10.1.2 이진 임의 접근 리스트 다시 보기

지금까지 이야기한 모든 장점에도 불구하고 우리가 논의했던 `'a Seq` 타입은 시퀀스를 표현할 때 쓸모가 없다. 문제는 이 타입이 원소가 $2^k - 1$개인 시퀀스만을 표현할 수 있다는 점이다. 수치적 표현의 관점에서 생각해보면 `CONS'` 생성자가 1인 비트를 작성할 수 있는 방법을 제공하지만, `'a Seq`에는 0인 비트를 작성할 수 있는 방법이 없다. 하지만 이 타입에 다른 생성자를 하나 추가하면 이 문제를 쉽게 해결할 수 있다. 이때 `CONS'` 생성자의 이름도 이진수와의 연관 관계를 더 잘 드러내도록 변경한다.

```
datatype 'a Seq = NIL | ZERO of ('a * 'a) Seq | ONE of 'a * ('a * 'a) Seq
```

이제 0···10이라는 시퀀스를 다음과 같이 표현할 수 있다.

```
ONE (0, ONE ((1,2), ZERO (ONE ((((3,4),(5,6)),((7,8),(9,10))), NIL))))
```

이 시퀀스의 크기는 11이며, 2진수로는 1101[3]이다.

이 타입에서 쌍은 항상 균형이 맞는다. 실제로 원소의 쌍이나 원소 쌍의 쌍을 생각하는 다른 방법은 완전 이진 단말 트리다. 따라서 이 타입은 근본적으로 9.2.1절에서 다룬 이진 임의 접근 리스트 타입과 동등하지만, 구조에 대한 불변 조건을 타입에 드러내고 있다는 점에서 차이가 있다.

이진 임의 접근 리스트에 대한 함수들을 다시 구현해보자. 이번에는 완전 이진 단말 트리 리스트라는 관점이 아니라 원소와 쌍의 시퀀스라는 관점에서 생각해야 한다. 모든 함수는 여전히 $O(\log n)$ 시간이 걸린다. 하지만 나중에 보면 알 수 있듯이, 새로운 방식으로 생각함에 따라 더 짧고 이해하기 쉬운 알고리즘

---

3 앞쪽이 더 작은 비트(lsb)다. – 옮긴이

을 만들 수 있다.

먼저 cons 함수를 살펴보자. 맨 앞 두 절은 쉽다.

```
fun cons (x, NIL) = ONE (x, NIL)
  | cons (x, ZERO ps) = ONE (x, ps)
```

새 원소를 ONE (y, ps) 형태의 시퀀스에 추가하려면 새 원소를 기존 원소와 짝 지어서 쌍의 시퀀스에 추가하면 된다.

```
fun cons (x, ONE (y, ps)) = ZERO (cons ((x, y), ps))
```

여기서 다형적 재귀가 필요하다. 바깥쪽 cons의 타입은 다음과 같지만,

```
'a * 'a Seq -> 'a Seq
```

안쪽 cons의 타입은 다음과 같다.

```
('a * 'a) * ('a * 'a) Seq -> ('a * 'a) Seq
```

head와 tail 함수는 uncons라는 외부 함수를 가지고 구현한다. 이 uncons는 시퀀스를 첫 번째 원소와 나머지 시퀀스로 나눠준다.

```
fun head xs = let val (x, _) = uncons xs in x end
fun tail xs = let val (_, xs') = uncons xs in xs' end
```

cons의 각 절을 거꾸로 읽어서 uncons 함수를 만들 수 있다.

```
fun uncons (ONE (x, NIL)) = (x, NIL)
  | uncons (ONE (x, ps)) = (x, ZERO ps)
  | uncons (ZERO ps) = let val ((x, y), ps') = uncons ps
                        in (x, ONE (y, ps')) end
```

다음으로 lookup 함수를 생각해보자. ONE (x, ps)라는 시퀀스에 대해, lookup은 x를 반환하거나 ZERO ps에 대해 질의를 반복한다.

```
fun lookup (0, ONE (x, ps)) = x
  | lookup (i, ONE (x, ps)) = lookup (i-1 , ZERO ps)
```

쌍의 시퀀스에서 i라는 인덱스에 있는 원소를 찾으려면 $\lfloor i/2 \rfloor$번째에 있는 쌍을 찾아서 적절한 원소를 뽑아내면 된다.

```
fun lookup (i, ZERO ps) = let val (x, y) = lookup (i div 2, ps)
                          in if i mod 2 = 0 then x else y end
```

마지막으로 update 함수를 살펴보자. ONE 생성자에 대한 절은 간단하다.

```
fun update (0, e, ONE (x, ps)) = ONE (e, ps)
  | update (i, e, ONE (x, ps)) = cons (x, update (i-1, e, ZERO ps))
```

하지만 쌍의 시퀀스에 들어 있는 원소를 변경하려면 조금 문제가 있다. $\lfloor i/2 \rfloor$번째에 있는 쌍을 찾아 변경해야 하는데, 새로운 쌍을 만들려면 이전 쌍에 있던 원소를 가져와야 한다. 따라서 갱신을 하기 전에 lookup을 해야 한다.

```
fun update (i, e, ZERO ps) =
    let val (x, y) = lookup (i div 2, ps)
        val p = if i mod 2 = 0 then (e, y) else (x, e)
    in ZERO (update (i div 2, p, ps)) end
```

📝 **연습문제 10.1**

본문에서 본 update가 $O(\log^2 n)$ 시간에 동작함을 증명하라.

---

update 함수의 $O(\log n)$ 바운드를 회복하려면 lookup 함수를 없애야 한다. 하지만 새 쌍을 만들 때 짝지을 다른 원소를 어떻게 얻을 수 있을까? 모하메드를 억지로 산으로 데려갈 수 없다면, 산을 모하메드에게 가져가는 수밖에 없다.[4] 즉, 이전 쌍을 가져오는 대신 새로운 쌍을 지역적으로 만들고, 함수를 보내서 이전 쌍이 발견되면 이전 쌍을 가지고 새 쌍을 만들게 한다. 이를 위해 시퀀스의 i번째 원소에 인자로 받은 함수를 적용해주는 fupdate라는 도우미 함수를 만든다. fupdate가 있으면 update는 단순히 다음과 같이 정의할 수 있다.

```
fun update (i, y, xs) = fupdate(fn x => y, i, xs)
```

fupdate에서 핵심은 원소에 대해 작용하는 함수 f를 쌍을 받는 함수 f'으로 승급promote시키는 것이다. f'은 i의 나머지에 따라 쌍의 첫 번째나 두 번째 원소에 f를 적용한다.

```
fun f' (x, y) = if i mod 2 = 0 then (f x, y) else (x, f y)
```

이 정의가 있으면 fupdate의 나머지 부분은 단순하다.

```
fun fupdate (f, 0, ONE (x, ps)) = ONE (f x, ps)
  | fupdate (f, i, ONE (x, ps)) = cons (x, fupdate (f, i-1 , ZERO ps))
  | fupdate (f, i, ZERO ps) =
      let fun f' (x, y) = if i mod 2 = 0 then (f x, y) else (x, f y)
      in ZERO (fupdate (f', i div 2, ps)) end
```

전체 구현은 그림 10.1에 있다.

그림 10.1과 그림 9.6을 비교해보면 이 구현이 훨씬 더 간결하고 각각의 함수가 훨씬 더 단순하다는 사실을 알게 될 것이다. 다만 update는 예외일 수 있

---

[4] 모하메드에게 산이 오지 않는다면 모하메드가 산으로 가는 수밖에 없다는 일화에서 비롯된 서양 속담을 뒤집은 말이다. – 옮긴이

```
structure AltBinaryRandomAccessList: RANDOMACCESSLIST =
(* 다형적 재귀를 가정한다! *)
struct
  datatype 'a RList =
      NIL | ZERO of ('a * 'a) RList | ONE of 'a * ('a * 'a) RList

  val empty = NIL
  fun isEmpty NIL = true | isEmpty _ = false

  fun cons (x, NIL) = ONE (x, NIL)
    | cons (x, ZERO ps) = ONE (x, ps)
    | cons (x, ONE (y, ps)) = ZERO (cons ((x, y), ps))

  fun uncons NIL = raise Empty
    | uncons (ONE (x, NIL)) = (x, NIL)
    | uncons (ONE (x, ps)) = (x, ZERO ps)
    | uncons (ZERO ps) = let val ((x, y), ps') = uncons ps
                         in (x, ONE (y, ps')) end

  fun head xs = let val (x, _) = uncons xs in x end
  fun tail xs = let val (_, xs') = uncons xs in xs' end

  fun lookup (i, NIL) = raise Subscript
    | lookup (0, ONE (x, ps)) = x
    | lookup (i, ONE (x, ps)) = lookup (i-1, ZERO ps)
    | lookup (i, ZERO ps) = let val (x, y) = lookup (i div 2, ps)
                            in if i mod 2 = 0 then x else y end

  fun fupdate (f, i, NIL) = raise Subscript
    | fupdate (f, 0, ONE (x, ps)) = ONE (f x, ps)
    | fupdate (f, i, ONE (x, ps)) = cons (x, fupdate {f, i-1, ZERO
ps))
    | fupdate (f, i, ZERO ps) =
        let fun f' (x, y) = if i mod 2 = 0 then (f x, y) else (x, f y)
        in ZERO (fupdate (f', i div 2, ps)) end

  fun update (i, y, xs) = fupdate (fn x => y, i, xs)
end
```

그림 10.1 이진 임의 접근 리스트의 다른 구현

다(그러나 여러분이 고차 함수에 익숙하다면 update조차도 더 단순해 보일 것이다). 이런 이점은 데이터 구조를 원하는 불변조건을 직접적으로 반영하는 비균일 타입으로 재정의한 데서 온다.

📝 **연습문제 10.2**

cons, head, tail이 $O(1)$ 분할 상환 시간이 걸리도록 AltBinaryRandom AccessList를 재구현하라. 다음 타입을 사용하라.

```
datatype 'a RList =
    NIL
  | ONE of 'a * ('a * 'a) RList susp
  | Two of 'a * 'a * ('a * 'a) RList susp
  | THREE of 'a * 'a * 'a * ('a * 'a) RList susp
```

10.1.3 부트스트랩으로 만든 큐

6.3.2절의 은행원 큐에 있는 ++ 사용을 살펴보자. 회전이 일어나는 동안 앞쪽 스트림 f는 f ++ reverse r로 대치된다. 회전이 몇 번 이뤄지고 나면 앞쪽 스트림은 다음과 같은 형태가 된다.

$$((f \text{ ++ reverse } r_1) \text{ ++ reverse } r_2) \text{ ++ } \cdots \text{ ++ reverse } r_k$$

연결 함수append는 가장 왼쪽 스트림의 원소들을 계속 반복 처리하기 때문에 이와 같은 왼쪽 결합 환경에서 비효율적이라는 사실이 잘 알려져 있다. 예를 들어 이 경우 f의 원소는 k번 처리되며(++마다 한 번), r_i의 원소들은 $k - i + 1$번 처리된다(reverse에 의해 1번, ++마다 한 번). 일반적으로 왼쪽 결합 연결의 복잡도는 이차 함수인 경우가 흔히 있다. 다행히 이 경우 각 r_i가 바로 전의 r_{i-1}보다 2배 길기 때문에 전체 연결 비용은 여전히 선형이다. 하지만 여전히 이런 큐에서 벌어지는 반복 처리가 실전에서 큐를 느리게 만드는 경우가 자주 있다. 이번 절에서는 구조적 분해를 사용해 이런 비효율성을 없앨 것이다.

앞에서 설명한 앞쪽 스트림을 f와 컬렉션 m = {reverse r_1, ..., reverse r_k}의 두 부분으로 나눌 것이다. 그러면 f를 리스트로 표현하고 각 reverse r_i를 일시중단 리스트로 표현할 수 있다. 또한 뒤쪽 스트림 r을 리스트로 바꾼다. 이렇게 변경하면 거의 대부분의 일시중단을 없애고 지연 계산과 관련한 거의 대부분의 부가 비용을 피할 수 있다. 하지만 그렇다면 m 컬렉션을 어떻게 표현해야 할까? 앞으로 보게 되겠지만 이 컬렉션은 FIFO 순서로 접근해야 하므로 구조적 분해를 사용하면 m을 일시중단 리스트들의 큐로 표현할 수 있다. 다른 재귀적타입에서와 마찬가지로 기반이 되는(개수가 정해져 있는) 경우가 필요하다. 따라서 빈 큐를 특별한 생성자를 사용해 표현한다.[5] 따라서 이 새로운 표현은 다음과 같다.

```
datatype 'a Queue =
    E | Q of int * 'a list * 'a list susp Queue * int * 'a list
```

첫 번째 정수 lenfm은 f의 길이와 m에 있는 일시중단된 리스트들의 모든 길이를 합한 것이다(이는 예전 표현에서 단순히 lenf에 해당한다). 두 번째 정수는 lenr로 이전과 마찬가지로 r의 길이를 표현한다. 일반적으로 사용하는 균형 불변조건은 이제 lenr ≤ lenfm이다. 추가로 f가 항상 비어 있지 않게 한다(예전 표현에서 f는 전체 큐가 비어 있는 경우에만 비어 있을 수 있었다. 하지만 지금은 전체 큐가 비어 있는 경우와 f가 비어 있는 경우를 나눠서 표현한다).

항상 그렇듯이 큐 관련 함수를 작성하는 것은 쉽다.

```
fun snoc (E, x) = Q (1, [x], E, 0, [])
  | snoc (Q (lenfm, f, m, lenr, r), x) = checkQ (lenfm, f, m, lenr+1, x :: r)
fun head (Q (lenfm, x :: f', m, lenr, r)) = x
fun tail (Q (lenfm, x :: f', m, lenr, r)) = checkQ (lenfm-1, f', m, lenr, r)
```

---

5 아주 약간 더 효율적인 구현으로는 미리 정해둔 크기까지는 큐를 리스트로 표현하는 방법이 있다.

도우미 함수 checkQ에 흥미로운 경우가 들어 있다. r이 너무 길면 checkQ는 reverse r을 하기 위한 일시중단을 만들고, 그 일시중단을 m에 추가한다. r의 길이를 검사한 다음, checkQ는 두 번째 도우미 함수인 checkF를 호출해서 f가 비어 있지 않도록 보장한다. f와 m이 모두 비어 있다면 전체 큐가 비어 있는 것이다. 그렇지 않다면, f가 비어 있는 경우 m의 첫 번째 일시중단을 제거하면서 강제 실행하고, 그 결과 만들어진 리스트를 새 f로 삼는다.

```
fun checkF (lenfm, [], E, lenr, r) = E
  | checkF (lenfm, [], m, lenr, r) =
      Q (lenfm, force (head m), tail m, lenr, r)
  | checkF q = Q q
fun checkQ (q as (lenfm, f, m, lenr, r)) =
    if lenr <= lenfm then checkF q
    else checkF (lenfm+lenr, f, snoc (m, $rev r), 0, [])
```

checkQ와 checkF가 snoc과 tail을 호출하고, 두 함수는 다시 checkQ를 호출한다. 따라서 이 함수들을 모두 서로 상호 재귀적$^{mutual\ recursive}$으로 정의해야 한다. 전체 구현은 그림 10.2에 있다.

이런 질의는 은행원의 큐와 같은 시점에 뒤쪽 리스트를 뒤집는 일시중단을 만들어내고, 은행원의 큐보다 한 연산 빠르게 일시중단을 강제 실행한다. 따라서 은행원 큐에서 뒤집기 연산이 $O(1)$ 분할 상환 시간을 각 연산에 기여한 것처럼, 이 부트스트래핑한 큐에서도 각 연산마다 $O(1)$ 분할 상환 시간을 기여한다. 하지만 snoc과 tail의 실행 시간은 상수가 아니다! snoc이 checkQ를 호출하고, checkQ는 다시 m에 대한 snoc을 호출한다는 데 유의하라. 이 방법을 사용하면 snoc이 큐의 각 단계마다 한 번씩 연쇄적으로 일어날 수도 있다. 하지만 m에 있는 리스트들은 크기가 최소 2배씩 커지므로 m의 길이는 $O(\log n)$이다. 따라서 중간 큐(m)의 크기가 적어도 한 단계마다 로그적인 규모로 줄어들므로, 전체 큐의 깊이는 최대 $O(\log^* n)$이다. snoc은 각 단계마다 $O(1)$ 분할 상환 작업을 수행하므로, snoc 전체는 $O(\log^* n)$ 분할 상환 시간이 걸린다.

마찬가지로 tail도 결과적으로 (checkQ를 통해) snoc이나 (checkF를 통해) tail

```
structure BootstrappedQueue: QUEUE =
(* 다형적 재귀를 가정한다! *)
struct
  datatype 'a Queue =
        E | Q of int * 'a list * 'a list susp Queue * int * 'a list

  val empty = E
  fun isEmpty E = true | isEmpty _ = false

  fun checkQ (q as (lenfm, f, m, lenr, r)) =
        if lenr <= lenfm then checkF q
        else checkF (lenfm+lenr, f, snoc (m, $rev r), 0, [])
  and checkF (lenfm, [], E, lenr, r) = E
    | checkF (lenfm, [], m, lenr, r) =
        Q (lenfm, force (head m), tail m, lenr, r)
    | checkF q = Q q

  and snoc (E, x) = Q (1, [x], E, 0, [])
    | snoc (Q (lenfm, f, m, lenr, r), x) = checkQ (lenfm, f, m,
lenr+1, x :: r)
  and head E = raise Empty
    | head (Q (lenfm, x :: f', m, lenr, r)) = x
  and tail E = raise Empty
    | tail (Q (lenfm, x :: f', m, lenr, r)) = checkQ (lenfm-1, f', m,
lenr, r)
end
```

그림 10.2 구조적 분해를 사용해 부트스트래핑으로 만든 큐

을 재귀 호출할 수 있다. 이런 일이 벌어지는 경우는 tail이 snoc의 결과에 대
해 호출되는 경우뿐임에 유의하라. 이제 snoc이 재귀적으로 자기 자신을 호출
할 수 있고, tail은 재귀적으로 snoc과 tail을 호출할 수 있다. 하지만 연습문
제 10.3에서는 snoc과 tail이 둘 다 재귀적으로 snoc을 호출하는 경우는 없음
을 봤다. 따라서 snoc와 tail은 한 단계당 최대 한 번만 호출된다. snoc과 tail
이 모두 각 단계당 $O(1)$ 분할 시간만큼 작업을 수행하므로, tail의 전체 분할

상환 비용도 $O(\log^* n)$이다.

⚡ 전문가를 위한 힌트

실전에서 가끔 영속적으로 쓰이고, 아주 극단적인 방식으로 쓰일 때조차 성능이 좋아야 하는 응용에 큐를 사용하는 경우, 본문에서 설명한 큐의 변형을 사용하는 것이 현재까지 알려진 가장 빠른 구현이다.

📝 연습문제 10.3

tail (snoc (q, x))라는 식을 생각해보라. tail과 snoc이 둘 다 재귀적으로 snoc을 호출하는 경우가 없음을 보여라.

📝 연습문제 10.4

다음 타입을 사용해 본문의 큐를 다형적 재귀 없이 구현하라.

```
datatype 'a EL = ELEM of 'a | LIST of 'a EL list susp
datatype 'a Queue = E | Q of int * 'a EL list * 'a Queue * int *
'a EL list
```

다형적 재귀의 필요를 없애는 또 다른 방법은 다른 큐 구현을 사용해 중간 큐를 표현하는 것이다. 그렇게 하면 부트스트래핑으로 만든 큐의 타입은 다음과 같아진다.

```
datatype 'a Queue =
    E | Q of int * 'a list * 'a list susp PrimQ.Queue * int * 'a list
```

여기서 PrimQ는 다른 큐 구현이다.

(a) 다음과 같은 형식의 펑터로 부트스트래핑한 큐의 변종을 구현하라.

```
functor BootstrapQueue (PrimQ : QUEUE) : QUEUE = ...
```

(b) PrimQ 인스턴스로 실시간 큐 구현 중 하나를 사용해 만들어지는 BootstrapQueue는 모든 연산이 $O(1)$ 분할 상환 시간에 이뤄짐을 증명하라.

10.2 구조적 추상화

두 번째 종류의 데이터 구조적 부트스트래핑은 구조적 추상화structural abstraction다. 구조적 추상화는 두 컬렉션을 효율적으로 합칠 수 있는 join 함수 등을 사용해 리스트나 힙 같은 컬렉션 구현을 확장할 때 쓰인다. 많은 구현에서 컬렉션에 원소를 하나만 넣는 함수인 insert를 효율적으로 설계하는 것은 쉽다. 하지만 효율적인 join 함수를 설계하는 것은 어렵다. 구조적 추상화는 다른 컬렉션을 원소로 갖는 컬렉션을 만든다. 이렇게 하면 단지 한 컬렉션을 다른 컬렉션 안에 삽입하는 것만으로 두 컬렉션을 합칠 수 있다.

구조적 추상화의 아이디어는 주로 타입 수준에서 설명할 수 있다. 'a C가 원

소가 'a인 컬렉션 타입이고, 다음과 같은 시그니처의 효율적인 insert 함수를
지원한다고 하자.

```
val insert: 'a * 'a C -> 'a C
```

'a C를 원시 타입$^{primitive\ type}$이라 부르자. 이 타입에서 새로운 데이터 타입인 'a
B를 도출해내되, 다음 시그니처를 갖는 insert와 join을 효율적으로 제공하고
싶다. 이 'a B를 부트스트랩된 타입$^{bootstrapped\ type}$이라 부른다.

```
val insertB: 'a * 'a B -> 'a B
val joinB: 'a B * 'a B -> 'a B
```

(부트스트랩된 타입의 함수와 원시 타입 함수를 구분하기 위해 뒤에 B를 붙였다.) 또한
부트스트랩된 타입은 효율적인 unitB 함수를 제공한다. 이 함수는 새로운 싱글
톤 컬렉션을 만들 수 있다.

```
val unitB : 'a -> 'a B
```

이제 insertB를 단순히 다음과 같이 구현할 수 있다.

```
fun insertB (x, b) = joinB (unitB x, b)
```

구조적 추상화의 기본 아이디어는 부트스트랩된 컬렉션을 다른 부트스트랩된
컬렉션의 원시 컬렉션으로 사용하는 것이다. 그러면 대강 다음과 같이 insert
를 가지고 joinB를 구현할 수 있다(insertB가 아니다!).

```
fun joinB (b1, b2) = insert(b1, b2)
```

이 함수는 b1을 b2의 원소로 삽입한다. 대신, b2를 b1의 원소로 삽입할 수도 있

다. 하지만 핵심은 join을 간단한 insert로 줄였다는 점에 있다.

물론, 모든 것이 이렇게 단순하지만은 않다. 위 설명에 따라 여러분이 'a B를 다음과 같이 정의하려 시도할지도 모르겠다.

---

datatype 'a B = B **of** ('a B) C

이 정의는 다음과 같은 동형 관계를 지정하는 것으로 볼 수 있다.

$$\text{'a B} \cong (\text{'a B}) \, C$$

하지만 동형 관계를 몇 번 펼치고 나면 이 정의의 문제를 쉽게 발견할 수 있다.

$$\text{'a B} \cong (\text{'a B}) \, C \cong ((\text{'a B}) \, C) \cong \cdots \cong ((\cdots C) \, C) \, C$$

'a라는 타입이 사라져버린다. 따라서 이 컬렉션에는 실제 원소를 저장할 방법이 없다! 부트스트랩된 컬렉션을 원소 하나와 원시 컬렉션의 쌍으로 만듦으로써 이런 문제를 해결할 수 있다.

---

datatye 'a B = B **of** 'a * ('a B) C

이 정의에 따르면 unitB를 다음과 같이 정의할 수 있다.

---

fun unitB x = B (x, empty)

여기서 empty는 빈 원시 컬렉션이다.

하지만 이제는 다른 문제가 생겼다. 모든 부트스트랩된 컬렉션에 적어도 하나의 원소가 존재해야 한다면, 어떻게 빈 부트스트랩된 컬렉션을 표현할 수 있을까? 따라서 앞에서 본 타입을 한 번 더 다듬어야 한다.

---

datatype 'a B = E | B **of** 'a * ('a B) C

이제 앞에서 본 insertB와 joinB의 틀을 정의할 수 있다.

```
fun insertB (x, E) = B (x, empty)
  | insertB (x, B (y, c)) = B (x, insert (unitB y, c))
fun joinB (b, E) = b
  | joinB (E, b) = b
  | joinB (B (x, c), b) = B (x, insert (b, c))
```

이 틀을 쉽게 여러 방식으로 변형할 수 있다. 예를 들어, insertB의 두 번째 절
에서 x와 y의 역할을 바꿀 수도 있다. 마찬가지로, joinB의 세 번째 절에서도 첫
번째 인자와 두 번째 인자의 역할을 서로 바꿀 수 있다.

어떤 컬렉션이 주어지면, 첫 번째 원소나 가장 작은 원소 등 그 컬렉션에서
삭제나 접근이 쉬운 구별된 원소가 보통은 있기 마련이다. insertB와 joinB 틀
을 가지고 구현을 할 때는 부트스트랩된 컬렉션 B (x, c)에서 구별된 원소가 x
자체가 되도록 구현해야 한다. 구조적 추상화를 사용해 부트스트랩된 컬렉션을
설계할 때 창의성이 필요한 부분은 구별된 원소 x를 버리는 deleteB를 구현하
는 부분에 있다. x를 버리고 나면 타입이 ('a B) C인 원시 컬렉션만 남는다. 이
컬렉션을 다시 'a B 타입의 부트스트랩된 컬렉션으로 변환해야 한다. 이런 변환

을 어떻게 수행하느냐는 데이터 구조에 따라 달라질 수밖에 없다.

이제부터는 방금 살펴본 틀을 두 가지 방식으로 실제 구현해볼 것이다. 첫째로는 연결(즉, append 연산)을 지원하는 큐를 부트스트래핑해본다. 두 번째로는 힙을 부트스트래핑해서 더 효율적으로 병합할 수 있게 한다.

10.2.1 효율적 연결을 지원하는 리스트

구조적 추상화를 통해 구현할 첫 번째 데이터 구조는 그림 10.3에 있는 시그니처를 지원하는 연결 가능한 리스트다. 연결 가능 리스트는 일반 리스트 시그니처에 효율적인 연결 함수(++)를 추가 지원한다. 그리고 xs ++ cons (x, empty)로 쉽게 정의할 수 있음에도 불구하고, 편의를 위해 snoc을 지원한다. 원소를 리스트 맨 뒤에 덧붙이는 기능으로 인해 이 데이터 구조에 더 적합한 이름은 연결 가능 출력 제한 데크^{catenable output-restricted deque}일 것이다.

```
signature CATENABLELIST =
sig
  type 'a Cat

  val empty    : 'a Cat
  val isEmpty  : 'a Cat -> bool

  val cons     : 'a * 'a Cat -> 'a Cat
  val snoc     : 'a Cat * 'a -> 'a Cat
  val ++       : 'a Cat * 'a Cat -> 'a Cat

  val head     : 'a Cat -> 'a      (* 리스트가 비어 있으면 Empty를 발생시킨다. *)
  val tail     : 'a Cat -> 'a Cat  (* 리스트가 비어 있으면 Empty를 발생시킨다. *)

end
```

그림 10.3 연결 가능 리스트의 시그니처

FIFO 큐를 효율적으로 구현한 것을 부트스트래핑함으로써, 모든 연산을 $O(1)$ 분할 상환 시간에 수행하는 효율적인 연결 가능 리스트 구현을 만들 수 있다. 원시 큐로 정확히 어떤 유형을 선택하든 크게 중요하지 않다. 단지 영속성을 지원하고 (분할 상환이든 최악의 경우든) 상수 시간에 수행되는 구현이면 모두 잘 작동할 것이다.

QUEUE 시그니처를 만족하는 주어진 원시 큐 구현 Q에 대해 구조적 추상화를 하면 연결 가능 리스트를 다음과 같이 표현할 수 있다.

---

datatype 'a Cat = E | C **of** 'a * 'a Cat Q.Queue

이 타입을 해석하는 한 가지 방법은 각 노드에 원소가 들어 있고, 각 노드의 자식은 왼쪽부터 오른쪽으로 큐에 저장된 트리로 해석하는 것이다. 리스트의 첫 번째 원소에 쉽게 접근하고 싶기 때문에, 첫 번째 원소를 트리 루트에 저장한다. 이런 특성으로 인해 각 트리의 원소는 전위 순회하면서 트리들은 왼쪽부터 오른쪽으로 순회해야 한다. $a \dots t$를 저장한 예제 리스트는 그림 10.4와 같다.

이제 head는 단순히 다음과 같다.

---

fun head (C (x, _)) = x

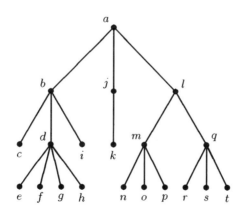

그림 10.4 $a \dots t$가 들어 있는 리스트를 표현하는 트리

비어 있지 않은 두 리스트를 연결하려면 두 번째 트리를 첫 번째 트리의 마지막 자식으로 만들면서 두 트리를 연결한다.

```
fun xs ++ E = xs
  | E ++ ys = ys
  | xs ++ ys = link (xs, ys)
```

도우미 함수 link는 두 번째 인자를 첫 번째 인자의 자식 큐 맨 뒤에 추가한다.

```
fun link (C (x, q), ys) = C (x, Q.snoc (q, ys))
```

cons와 snoc은 그냥 ++를 호출하면 된다.

```
fun cons (x, xs) = C (x, Q.empty) ++ xs
fun snoc (xs, x) = xs ++ C (x, Q.empty)
```

마지막으로, 비어 있지 않은 트리의 경우 tail은 루트를 버리고 자식들로 이뤄진 큐를 한 트리로 만들어야 한다. 큐가 비어 있다면 tail은 E를 반환해야 한다. 큐가 비어 있지 않다면 자식들을 하나로 연결한다.

```
fun tail (C (x, q)) = if Q.isEmpty q then E else linkAll q
```

연결 연산에는 결합 법칙이 성립하기 때문에 자식들을 어떤 순서로 연결하든 관계없다. 하지만 약간만 생각해보면 그림 10.5에 표현한 대로 자식을 오른쪽부터 왼쪽으로 연결하면 그 직후 tail이 불렸을 때 해야 할 일을 최소화할 수 있다. 따라서 linkAll을 다음과 같이 구현한다.

```
fun linkAll q = let val t = Q.head q
                    val q' = Q.tail q
                in if Q.isEmpty q' then t else link (t, linkAll q') end
```

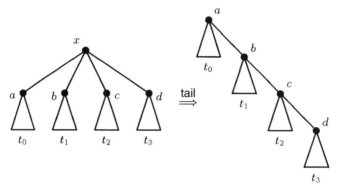

그림 10.5 tail 연산을 표현한 그림

> **(!) 일러두기**
>
> linkAll은 foldr 방식을 적용할 수 있는 한 가지 예다.

이 구현에서 tail은 $O(n)$ 시간이 걸릴 수 있다. 이 시간을 $O(1)$로 줄이고 싶지만, 영속성이 있는 상황에서 그렇게 하려면 설계 안에 어떻게든 지연 계산을 포함시켜야 한다. linkAll이 $O(1)$보다 더 오랜 시간이 걸리는 유일한 루틴이므로, 당연히 linkAll이 지연 계산을 적용할 대상이다. 재귀 호출을 할 때마다 일시중단을 만들어내도록 linkAll을 재작성할 것이다. 그리고 트리를 큐에서 빼낼 때 일시중단을 강제 실행한다.

```
fun linkAll q = let val $t = Q.head q
                    val q' = Q.tail q
                in if Q.isEmpty q' then t else link (t, $linkAll q') end
```

이 정의가 의미가 있으려면 큐 안에 트리가 아니라 트리 일시중단이 들어가야 한다. 따라서 타입을 다음과 같이 다시 정의한다.

```
datatype 'a Cat = E | C of 'a * 'a Cat susp Q.Queue
```

이 새로운 타입에 맞춰 ++는 자신의 두 번째 인자를 가짜로 일시중단시켜야 한다.

```
fun xs ++ E = xs
  | E ++ xs = xs
  | xs ++ ys = link (xs, $ys)
```

전체 코드는 그림 10.6에 있다.

```
functor CatenableList (Q : QUEUE) : CATENABLELIST =
struct
  datatype 'a Cat = E | C of 'a * 'a Cat susp Q.Queue

  val empty = E
  fun isEmpty E = true | isEmpty _ = false

  fun link (C (x, q), s) = C (x, Q.snoc (q, s))
  fun linkAll q = let val $t = Q.head q
                      val q' = Q.tail q
                  in if Q.isEmpty q' then t else link (t, $linkAll
q') end

  fun xs ++ E = xs
  | E ++ xs = xs
  | xs ++ ys = link (xs, $ys)
  fun cons (x, xs) = C (x, Q.empty) ++ xs
  fun snoc (xs, x) = xs ++ C (x, Q.empty)

  fun head E = raise Empty
    | head (C (x, _)) = x
  fun tail E = raise Empty
    | tail (C (x, q)) = if Q.isEmpty q then E else linkAll q
end
```

그림 10.6 연결 가능한 리스트

head는 분명 최악의 경우 $O(1)$ 시간에 실행된다. 반면 cons와 snoc은 ++와 같은 시간이 걸린다. 이제 ++와 tail이 $O(1)$ 분할 상환 시간에 실행됨을 은행원 기법을 사용해 증명한다. 각각의 비공유 비용은 $O(1)$이다. 따라서 단지 각 연산이 $O(1)$의 부채를 상환한다는 사실을 보이면 된다.

$d_t(i)$가 트리 t의 i번째 노드에 있는 부채의 개수이고 $D_t(i) = \sum_{j=0}^{i} d_t(j)$는 t에서 i번째 노드까지(i번째 노드도 포함) 이르는 누적 부채라 하자. 마지막으로, D_t는 t에 있는 모든 노드의 부채 총합(즉, $D_t = D_t(|t| - 1)$)이라 하자. 우리는 부채에 대해 두 가지 불변조건을 유지한다.

첫째로 어떤 노드에 대한 부채는 그 노드의 자식 노드 개수^{degree}에 의해 바운드된다(즉, $d_t(i) \leq degree_t(i)$). 비어 있지 않은 트리에서 모든 노드의 자식 수를 합한 값은 트리 크기보다 1 작다.[6] 따라서 부채와 자식 수 사이의 바운드 관계는 트리 전체의 부채가 트리의 크기에 의해 바운드됨을 암시한다(즉, $D_t < |t|$). 우리는 노드에 할당한 부채의 수를 그 노드의 자식이 늘어날 때만 늘림으로써 이 불변조건을 유지한다.

두 번째로 우리는 $D_t(i)$가 i에 대한 선형 함수에 의해 바운드되게 한다. 우리가 선택한 선형 함수는 바로 다음과 같다.

$$D_t(i) \leq i + depth_t(i)$$

여기서 $depth_t(i)$는 t의 루트에서 i에 이르는 경로의 길이다. 이 불변조건을 왼쪽 선형 부채 불변조건$^{left\text{-}linear\ debit\ invariant}$이라 부른다. 왼쪽 선형 부채 불변조건이 $d_t(0) = D_t(0) \leq 0 + 0 = 0$임을 보장하므로, 어떤 노드의 모든 부채는 그 노드가 루트에 도달하는 시점에 모두 상환된다(실제로는 루트를 일시중단하는 경우는 없다!). 어떤 일시중단을 실제로 강제 실행하는 유일한 시점은 일시중단된 노드가 새로운 루트가 되려는 시점뿐이다.

---

6 트리에서 모든 자식은 부모에 이르는 간선이 하나씩 있어야 하고, 부모가 없는 루트만 그런 간선이 없다. 따라서 모든 노드의 자식 수를 합한 값은 트리의 노드 수 − 1과 같고, 이 값은 모든 노드의 자식 노드 개수(degree)의 합과 같다. − 옮긴이

정리 10.1

++와 tail은 각각 1개와 3개의 부채를 상환함으로써 두 가지 불변조건을 모두 유지한다.

증명

(++)

++가 만들어내는 유일한 부채는 두 번째 인자에 대한 뻔한 일시중단뿐이다. 이 노드의 자식이 늘지는 않으므로 이 새 부채를 즉시 상환할 수 있다. 이제 t_1과 t_2가 비어 있지 않고, $t = t_1 ++ t_2$이고, $n = |t_1|$이라 하자. t_1에 있는 각 노드의 인덱스, 깊이, 누적 부채는 연결을 해도 영향을 받지 않는다. 따라서 $i < n$에 대해 다음이 성립한다.

$$
\begin{aligned}
D_t(i) &= D_{t_1}(i) \\
&\leq i + depth_{t_1}(i) \\
&= i + depth_t(i)
\end{aligned}
$$

t_2에 있는 노드들은 인덱스가 n만큼 커지고, 깊이가 1 늘어나며, t_1의 전체 부채를 누적해 받는다. 따라서 다음 식이 성립한다.

$$
\begin{aligned}
D_t(n + i) &= D_{t_1} + D_{t_2}(i) \\
&< n + D_{t_2}(i) \\
&\leq n + i + depth_{t_2}(i) \\
&= n + i + depth_t(n + i) - 1 \\
&< (n + i) + depth_t(n + i)
\end{aligned}
$$

따라서 왼쪽 선형 부채 불변조건을 만족시키기 위해 더 부채를 상환해야 할 필요는 없다.

(tail)

$t' = $ tail t라 가정하자. t의 루트를 버리고 나서 루트의 자식 $t_0 \dots t_{m-1}$을 오른쪽에서 왼쪽으로 연결한다. t'_j가 $t_j \dots t_{m-1}$을 연결한 중간 결과라 하자. 이때 $t' = t'_0$이다. 가장 바깥쪽 연결을 제외한 나머지 링크는 모두 일시중단이므로, 우

리는 $0 < j < m - 1$인 t_j의 루트마다 부채를 1씩 할당한다. 이런 노드들의 자식 수가 각각 1씩 늘어남에 유의하라. 또한 t'_{m-1}의 루트에도 부채를 1 할당한다. 왜냐하면 맨 마지막 linkAll 호출은, 그 호출이 link를 호출하지는 않지만 일시중단되기 때문이다. 이 노드의 자식 수는 바뀌지 않으므로, 이 마지막 부채를 즉시 상환할 수 있다.

이제, t의 i번째 노드가 t_j에 나타난다고 가정하자. 왼쪽 선형 부채 불변조건에 의해, $D_t(i) < i + depth_t(i)$임을 안다. 하지만 tail로 인해 이 모든 양이 어떻게 바뀌는지 생각해보면, 첫 번째 원소를 버렸으므로 i는 모두 1씩 감소하고, t_j에 있는 각 노드의 깊이는 $j - 1$만큼 늘어난다(그림 10.5 참조). 반면 t_j에 있는 각 노드의 누적 부채는 j만큼 늘어난다. 따라서 다음과 같다.

$$
\begin{aligned}
D_{t'}(i-1) &= D_t(i) + j \\
&\leq i + depth_t(i) + j \\
&= i + (depth_{t'}(i-1) - (j-1)) + j \\
&= (i-1) + depth_{t'}(i-1) + 2
\end{aligned}
$$

맨 앞의 두 부채를 상환하면 불변조건을 회복할 수 있고, 전체적으로 3개의 부채만 생긴다.

⚡ **전문가를 위한 힌트**

잘 만든 큐 구현 중에서, 여기 있는 구현이 알려진 영속적인 연결 가능 리스트 구현 중 가장 빠른 구현이다. 특히 영속성을 아주 많이 사용할 때 이 구현이 빠르다.

'a Cat list -> 'a Cat 타입인 flatten이라는 함수를 작성하라. 이 함수
는 연결 가능 리스트의 리스트에 들어 있는 모든 원소를 연결한다. 여러
분이 만든 함수가 $O(1 + e)$ 분할 상환 시간이 걸림을 증명하라. 여기서
e는 리스트 안에 있는 빈 연결 가능 리스트의 개수다.

10.2.2 효율적인 병합을 지원하는 힙

다음으로는 힙에 대해 구조적 추상화를 적용해서 효율적인 병합 연산을 얻어낼
것이다.

우리가 알고 있는 힙 구현은 대부분 insert를 최악의 경우 $O(1)$ 시간에 수
행하며, merge, findMin, deleteMin을 최악의 경우 $O(\log n)$ 시간에 실행한다.
9.3.2절의 치우친 이항 힙이 그런 구현의 한 예이고, 7.3절의 스케줄을 사용한
이항 힙은 또 다른 예다. 구조적 추상화를 사용하면 findMin과 merge의 실행 시
간을 최악의 경우 $O(1)$에 할 수 있다.

일단은 힙의 타입은 원소의 타입에 따라 다형적이라고 가정하자. 어떤 원소
타입이 주어지더라도 우리는 마법처럼 비교 함수를 알 수 있다. 나중에 펑터를
적용할 때 비로소 원소의 타입과 비교 함수에 관심을 가질 것이다.

이 가정을 유지하면 부트스트랩된 힙의 타입을 다음과 같이 정의할 수 있다.

---

datatype 'a Heap = E | H **of** 'a * ('a Heap) PrimH.Heap

여기서 PrimH는 원시 힙의 구현이다. 주어진 힙 H에 저장된 원소는 그 노드에
루트를 둔 하위 트리의 최소 원소다. 원시 힙의 원소들은 다시 또 부트스트랩된
힙이다. 원시 힙 안에서 부트스트랩된 힙은 그들의 최소 원소(즉, 루트)에 의해
순서가 정해진다. 이 타입을 각 자식 노드를 원시 힙에 저장한, 자식의 개수에
제한이 없는multiary 트리라고 생각할 수 있다.

최소 원소가 루트에 있으므로 findMin은 다음과 같다.

```
fun findMin (H (x, _)) = x
```

두 부트스트랩된 힙을 병합하려면 루트가 더 큰 힙을 루트가 더 작은 힙의 자식
으로 넣으면 된다.

```
fun merge (E, h) = h
  | merge (h, E) = h
  | merge (h1 as H (x, p1), h2 as H (y, p2)) =
      if x < y then H (x, PrimH.insert (h2, p1)
      else H (y, PrimH.insert (h1, p2))
```

(x < y라는 비교에서 <는 원소에 맞는 비교 함수를 가정한다.) 이제 insert를 merge로
정의할 수 있다.

```
fun insert (x, h) = merge (H (x, PrimH.empty), h)
```

마지막으로, deleteMin을 생각해보자. 그 정의는 다음과 같다.

```
fun deleteMin (H (x, p)) =
    if PrimH.isEmpty p then E
    else let val (H (y, p1)) = PrimH.findMin p
             val p2 = PrimH.deleteMin p
    in H (y, PrimH.merge (p1, p2)) end
```

루트를 버리고 나서 원시 힙 p가 비어 있는지 먼저 검사한다. p가 비어 있다면
새 힙은 빈 힙이다. 그렇지 않다면, p에서 가장 작은 원소를 찾아서 제거한다.
이때 p의 원소는 힙 안에 있는 부트스트랩된 힙에 들어 있는 원소들 중에서 가
장 작은 원소가 들어 있는 힙이다. 그 최소 원소가 새 루트가 된다. 마지막으로,
p1과 p2를 병합해서 새로운 힙을 얻는다.

이 힙의 분석은 간단하다. 분명 findMin은 하위 원시 힙 구현이 무엇인지와 관계없이 최악의 경우 $O(1)$ 시간이 걸린다. insert와 merge는 PrimH.insert 에만 의존한다. 우리는 PrimH.insert가 최악의 경우 $O(1)$ 시간이 걸린다고 가정했다. 따라서 insert와 merge도 최악의 경우 $O(1)$이 걸린다. 마지막으로, deleteMin은 PrimH.findMin과 PrimH.deleteMin, PrimH.merge를 호출한다. 각 함수가 최악의 경우 $O(\log n)$이 걸리므로, deleteMin도 마찬가지다.

> **(!) 일러두기**
>
> 분할 상환 복잡도를 갖는 힙을 가지고 부트스트랩된 힙을 만들 수도 있다. 예를 들어 6.4.1절의 지연 이항 힙을 사용하면 findMin을 최악의 경우 $O(1)$에 실행하고, insert와 merge를 $O(1)$ 분할 상환 시간에 실행하며, deleteMin을 $O(\log n)$ 분할 상환 시간에 실행하는 구현을 얻을 수 있다.

지금까지는 힙이 다형적이라고 가정했다. 하지만 HEAP 시그니처는 한 가지 타입만을 가정한다. 즉, 원소의 타입과 그 원소에 대한 비교 함수가 펑터 적용 시 고정된다. 힙 구현은 원소 타입과 비교 함수를 인자로 받는 펑터다. 우리가 부트스트랩 힙에 사용할 펑터는 힙 펑터를 힙 펑터로 매핑하지, 힙 스트럭처를 힙 스트럭처로 매핑하지 않는다. 고차 펑터[high order functor][MT94]를 사용하면 다음과 같이 표현할 수 있다.

```
functor Bootstrap (functor MakeH (Element: ORDERED)
                            : HEAP where type Elem.T = Element.T)
                   (Element: ORDERED) : HEAP = ...
```

Bootstrap 펑터는 MakeH 펑터를 인자로 받는다. MakeH 펑터는 원소의 타입과 비교 함수를 정의하는 ORDERED 스트럭처인 Element를 인자로 받고, HEAP 스트럭처를 반환한다. MakeH가 주어지면 Bootstrap은 ORDERED 스트럭처인 Element

를 인자로 받아서 HEAP 스트럭처를 반환하는 펑터를 반환한다.

이제 부트스트랩된 힙을 가지고 원시 힙 스트럭처를 만들기 위해서는 MakeH를 ORDERED 스트럭처 BootstrappedElem에 적용해야 한다. 이때 ORDERED 스트럭처는 부트스트랩된 힙을 표현해야 하며, 최소 원소를 가지고 두 부트스트랩된 힙의 크기를 비교하는 비교 함수를 제공해야 한다(이 힙과 힙 사이의 순서 관계는 빈 부트스트랩된 힙에는 들어 있지 않다). 이를 다음과 같이 상호 재귀적인 스트럭처 선언을 사용해 정의할 수 있다.

```
structure rec BootstrappedElem =
  struct
    datatype T = E | H of Elem.T x PrimH.Heap
    fun leq (H (x, _), H (y, _)) = Elem.leq (x, y)
      ... eq와 lt에 대한 비슷한 정의
  end
and PrimH = MakeH (BootstrappedElem)
```

여기서 Elem은 부트스트랩된 힙의 진짜 원소를 나타내는 ORDERED 스트럭처다. Bootstrap 펑터의 전체 구현은 그림 10.7에 있다.

```
functor Bootstrap (functor MakeH (Element: ORDERED)
                                  : HEAP where type Elem.T = Element.T)
                  (Element: ORDERED) : HEAP =
struct
  structure Elem = Element

  (* SML에서는 재귀적 스트럭처를 허용하지 않는다! *)
  structure rec BootstrappedElem =
    struct
      datatype T = E | H of Elem.T x PrimH.Heap
      fun leq (H (x, _), H (y, _)) = Elem.leq (x, y)
        ... eq와 lt에 대한 비슷한 정의
    end
  and PrimH = MakeH (BootstrappedElem)

  open BootstrappedElem (* E와 H 생성자를 부트스트랩된 스트럭처에서 가져옴 *)

  type Heap = BootstrappedElem.T

  val empty = E
  fun isEmpty E = true | isEmpty _ = false

  fun merge (E, h) = h
    | merge (h, E) = h
    | merge (h1 as H (x, p1), h2 as H (y, p2)) =
        if Elem.leq (x, y) then H (x, PrimH.insert (h2, p1)
        else H (y, PrimH.insert (h1, p2))
  fun insert (x, h) = merge (H (x, PrimH.empty), h)

  fun findMin E = raise Empty
    | findMin (H (x, _)) = x
  fun deleteMin E = raise Empty
    | deleteMin (H (x, p)) =
        if PrimH.isEmpty p then E
        else let val (H (y, p1)) = PrimH.findMin p
                 val p2 = PrimH.deleteMin p
        in H (y, PrimH.merge (p1, p2)) end
end
```

그림 10.7 부트스트랩된 힙

SML은 재귀적 스트럭처 선언을 지원하지 않는다. 지원하지 않는 이유는 부작용이 있는 MakeH 펑터에서는 그런 선언이 의미가 없기 때문이다. 하지만 우리가 Bootstrap을 적용하려고 고려하는 대상인 MakeH 펑터는(예: 9.3.2절의 SkewBinomialHeap) 이런 관점에서 (부작용 없이) 잘 작동하는 펑터이며, Bootstrap 안에 있는 재귀적 패턴은 SkewBinomialHeap 같은 펑터에 대해서는 의미가 잘 정의될 수 있다. SML이 이런 형태로 부트스트래핑을 기술하도록 허용하지 않는 것은 안타까운 일이다.

하지만 여전히 부트스트랩된 힙을 SML로 정의할 수 있다. 대신, SkewBinomialHeap이나 LazyBinomialHeap 같은 특정 MakeH를 펑터 안에 인라이닝하고, BootstrappedElem과 PrimH를 별도의 스트럭처로 분리함으로써 Bootstrap 내부에서 제거해야 한다. 이렇게 하면 스트럭처에 대한 재귀가 데이터 타입에 대한 재귀로 줄어들기 때문에 SML에서 처리가 가능해진다.

📝 연습문제 10.7

방금 설명한 것처럼 6.4.1절의 LazyBinomialHeap을 인라이닝하면 다음과 같은 타입을 얻을 수 있다.

```
datatype Tree = Node of int * Heap x Tree list
datatype Heap = E | NE of Elem.T * Tree list susp
```

이 부트스트랩된 힙의 구현을 마무리하라.

힙의 원소는 종종 우선순위 외에 다른 정보를 포함하고는 한다. 이런 종류의 원소의 우선순위와 다른 정보를 분리해 다룰 수 있는 힙이 있으면 편할 때가 자주 있다. 그림 10.8은 그런 (우선순위와 다른 정보를 분리하는) 힙의 시그니처다.

(a) LazyBinomialHeap이나 SkewBinomialHeap 중 하나를 이 새 시그니처에 맞춰 변경하라.

(b) Bootstrap 펑터를 다음과 같이 재작성하라.

functor Bootstrap (PrimH : HEAPWITHINFO) : HEAPWITHINFO = ...

고차 펑터나 재귀적 스트럭처를 전혀 사용할 필요가 없을 것이다.

```
signature HEAPWITHINFO =
sig
  structure Priority: ORDERED

  type 'a Heap

  val empty    : 'a Heap
  val isEmpty  : 'a Heap -> bool

  val insert   : Priority.T * 'a * 'a Heap -> 'a Heap
  val merge    : 'a Heap * 'a Heap -> 'a Heap

  val flndMin  : 'a Heap -> Priority.T x 'a
  val deleteMin : 'a Heap -> 'a Heap
  (* 힙이 비어 있으면 findMin과 deleteMin은 Empty를 발생시킨다. *)
end
```

그림 10.8 힙의 다른 시그니처

10.3 조합된 타입 부트스트래핑하기

지금까지 조합된 데이터의 컬렉션(예: 힙의 힙)이 조합되지 않은 데이터의 컬렉션(예: 원소들의 힙)을 구현할 때 유용했던 예제를 살펴봤다. 하지만 조합된 데이터의 컬렉션은 그 자체로도 유용하다. 간단한 예를 들자면, 문자열(문자들의 시퀀스)은 집합의 원소 타입이나 유한한 맵의 키 타입으로 유용하다. 이번 절에서는 어떤 간단한 타입에 대해 정의된 유한한 맵을 부트스트래핑해서 그 간단한 타입들로 이뤄진 리스트나 트리들에 대한 유한 맵을 정의하는 방법을 살펴본다.

10.3.1 트라이

이진 검색 트리는 키나 원소 타입의 비교 비용이 싼 경우 아주 잘 작동한다. 정수나 문자 같은 간단한 타입의 경우 비교 비용이 싸다는 말이 사실이지만, 문자열 같은 조합된 타입의 경우는 그렇지 못하다. 예를 들어, 전화번호부를 이진 검색 트리로 표현하는 경우를 생각해보자. "Smith, Joan"에 대한 질의를 처리하려면 "Smith, John"과 여러 번 비교를 수행해야 한다. 두 문자열에서 겹치는 문자가 9글자 있으므로 비교 결과를 반환하기 전에 양 문자열을 10번 살펴봐야 한다.

문자열 같은 조합형 타입을 처리하는 더 나은 해법은 그 타입의 구조를 활용할 수 있는 표현을 선택하는 것이다. 그런 표현으로 트라이^{trie}가 있다. 트라이를 다른 말로 숫자 검색 트리^{digital search tree}라고도 한다. 이번 절에서는 트라이를 사용해서 그림 10.9에 있는 FINITEMAP 추상화를 구현한다.

이제부터 논의할 내용에서는 키로 문자열을 가정하며, 문자열을 문자의 리스트로 표현한다. 때로 문자를 기반 타입^{base type}이라고 부를 것이다. 여기서 설명하는 아이디어를 다른 기반 타입을 사용하는 시퀀스 표현 방식에 적용할 수 있다.

트라이는 각 간선에 문자 레이블^{label}이 붙은 멀티웨이^{multiway}(자식이 여럿 있을 수 있는) 트리다. 트라이의 루트에서 나가는 간선은 문자열의 첫 번째 문자를, 루트의 자식에서 나가는 간선은 문자열의 두 번째 문자를 표현하며, 이하 다른

```
signature FINITEMAP =
sig
  type Key
  type 'a Map

  val empty  : 'a Map
  val bind   : Key * 'a * 'a Map -> 'a Map
  val lookup : Key * 'a Map -> 'a (* 키를 찾을 수 없으면 NotFound를 발생
시킨다. *)
end
```

그림 10.9 유한 맵의 시그니처

수준의 노드에서 나가는 간선도 마찬가지로 문자열의 특정 위치에 있는 문자 하나를 표현한다. 주어진 문자열과 관련 있는 노드를 찾으려면, 루트에서 출발해 문자열의 각 문자와 일치하는 레이블이 붙은 간선을 따라 순서대로 진행하면 된다. 예를 들어 "cat", "dog", "car", "cart"를 표현하는 트라이를 다음과 같이 그릴 수 있다.

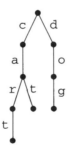

문자열을 트라이에 삽입할 때는 그 문자열의 모든 접두사를 트라이에 삽입해야 한다는 점에 유의하라. 하지만 그중 오직 일부만 올바른 원소가 된다. 이 예제에서 "c", "ca", "car"는 모두 "cart"의 접두사이지만, 그중 "car"만 올바른 원소다. 따라서 각 노드가 올바른 원소인지 여부를 표시해야 한다. 유한 맵의 경우 내장 option 타입을 사용해 이를 달성한다.

```
datatype 'a option = NONE | SOME of 'a
```

주어진 노드가 올바른 원소가 아니라면 그 노드의 레이블로 **NONE**을 붙인다. 어떤 노드가 올바른 노드이고, 그 노드에 이르는 문자열이 x라는 값을 매핑한다면, 그 노드의 레이블로 **SOME** x를 붙인다.

남아 있는 아주 중요한 질문 하나는 노드를 떠나는 간선을 어떻게 표현할 것인가다. 일반적으로 멀티웨이 노드의 자식은 트리의 리스트로 표시할 수 있다. 하지만 트라이에서는 간선에 붙은 레이블을 표현할 수 있어야 한다. 기반 타입을 어떤 것으로 선택하느냐와 트라이의 예상 밀도에 따라 노드를 떠나는 간선을 벡터, 연관 리스트, 이진 검색 트리 등으로 표현할 수 있다. 그리고 심지어 기반 타입이 리스트나 문자열 등이라면 간선을 다른 트라이로 표현하는 것도 가능하다! 하지만 이들 모두는 단지 간선 레이블과 트라이를 짝지어주는 유한한 맵에 불과하다. 따라서 이런 간선 맵의 표현을 추상화해버리고, 기반 타입에 대해 유한 맵을 구현하는 M이라는 스트럭처가 있다고 가정한다. 이렇게 하면 트라이의 타입을 단순히 다음과 같이 정의할 수 있다.

```
datatype 'a Map = TRIE of 'a option * 'a Map M.Map
```

빈 트라이는 자식이 없는 잘못된 노드 하나로 표현한다.

```
val empty = TRIE (NONE, M.empty)
```

문자열을 검색하려면 간선 맵에서 문자열을 하나씩 검색해야 한다. 마지막 노드에 도달하면 그 노드가 올바른지 그렇지 않은지를 검사한다.

```
fun lookup ([], TRIE (NONE, m)) = raise NotFound
  | lookup ([], TRIE (SOME x, m)) = x
  | lookup (k :: ks, TRIE (v, m)) = lookup (ks, M.lookup (k, m))
```

주어진 문자열이 트라이 안에 없으면 최종 노드에 도달하지 않을 수도 있다. 예를 들어, 앞에서 보여준 예제 트라이에서 "dark"를 검색하면 d 검색은 성공하지만 a 검색은 실패할 것이다. 그런 경우 M.lookup은 NotFound 예외를 발생시킨다. 이 경우는 이 예외가 lookup 함수의 올바른 출력이라고 간주할 수 있으므로 그대로 그 예외를 (아무 처리도 하지 않고) 전달한다.

> **ⓘ 일러두기**
>
> 본문에서 설명한 검색 실패가 바로 트라이가 해시보다 빠를 수도 있는 이유를 보여준다. 트라이에서는 앞의 몇 문자만 살펴보고 검색이 실패할 수있지만, 해시를 사용한 검색이 실패하기 위해서는 해시 함수를 계산하기위해 입력 문자열 전체를 살펴봐야 한다!

bind 함수는 lookup 함수와 비슷하지만 M.lookup이 실패하도록 허용하지 않는다. 따라서 NotFound 예외가 발생하면 빈 노드를 대신 반환한다.

```
fun bind ([], x, TRIE (_, m)) = TRIE (SOME x, m)
  | bind (k :: ks, x, TRIE (v, m)) =
     let val t = M.lookup (k, m) handle NotFound => empty
         val t' = bind (ks, x, t)
     in TRIE (v, M.bind (k, t', m)) end
```

전체 구현을 그림 10.10에서 볼 수 있다.

```
functor Trie (M : FINITEMAP) : FINITEMAP =
struct
  type Key = M.Key list

  datatype 'a Map = TRIE of 'a option * 'a Map M.Map

  val empty = TRIE (NONE, M.empty)

  fun lookup ([], TRIE (NONE, m)) = raise NotFound
    | lookup ([], TRIE (SOME x, m)) = x
    | lookup (k :: ks, TRIE (v, m)) = lookup (ks, M.lookup (k, m))

  fun bind ([], x, TRIE (_, m)) = TRIE (SOME x, m)
    | bind (k :: ks, x, TRIE (v, m)) =
        let val t = M.lookup (k, m) handle NotFound => empty
            val t' = bind (ks, x, t)
        in TRIE (v, M.bind (k, t', m)) end
end
```

그림 10.10 간단한 트라이 구현

📝 **연습문제 10.9**

트라이에 저장할 키들에 대해 어느 한 값이 다른 값의 진 접두사proper
prefix가 될 수 없다는 특성을 갖는 경우가 자주 있다. 예를 들어, 모든 키
의 길이가 같거나 키의 마지막 문자들이 다른 키의 같은 위치에 나타날
수 없는 유일한 문자일 수도 있다. 이런 가정하에 다음 타입을 사용해 트
라이를 다시 구현하라.

```
datatype 'a Map = Entry of 'a | TRIE of 'a Map M.Map
```

트라이에는 단 한 자식에서만 달라지고 긴 경로를 공유하는 노드들이 있는 경우가 자주 있다. 일반적인 최적화 기법으로 그런 경로를 한 노드로 축약하는 방법이 있다. 모든 노드에 그 노드로부터 시작하는 하위 트라이에 대한 가장 긴 공통 접두사를 저장함으로써 이런 최적화가 가능하다. 그런 경우 트라이의 타입은 다음과 같아진다.

```
datatype 'a Map = TRIE of M.Key list * 'a option * 'a Map M.Map
```

이 타입을 사용해 트라이를 다시 구현하라. 어떤 노드가 잘못된 노드인 동시에 유일한 자식 노드인 경우가 없다는 불변조건을 유지해야만 한다. M 스트럭처 안에 isEmpty라는 함수가 있다고 가정할 수 있다.

유한한 맵이 여러 계층으로 존재하는 다른 일반적인 데이터 구조로는 해시 테이블[hash table]이 있다. 다음 추상 해시 테이블 구현을 마무리하라.

```
functor HashTable (structure Approx : FINITEMAP
                   structure Exact  : FINITEMAP
                   val hash : Exact.Key -> Approx.Key): FINITEMAP =
struct
  type Key = Exact.Key
  type 'a Map = 'a Exact.Map Approx.Map
  ...
  fun lookup (k, m) = Exact.lookup (k, Approx.lookup (hash k, m))
  ...
end
```

이 표현의 장점은 Approx가 효율적인 키 타입(예: 정수)을 사용할 수 있고, Exact가 평범한 뻔한 구현(연관 리스트 등)을 사용할 수 있다는 점이다.

10.3.2 일반화한 트라이

트라이의 아이디어를 일반화해서 트리 같은 조합적 타입에 적용할 수 있다 [CM95]. 먼저 앞에서 본 간선 맵이 cons 생성자의 타입을 어떻게 반영했는지 생각해보라. 간선 맵을 'a Map M.Map으로 표현한다. 바깥쪽 맵은 cons 생성자의 첫 번째 필드를 인덱싱하고, 내부 맵은 cons 생성자의 두 번째 필드를 인덱싱한다. 바깥쪽 맵에서 cons 셀의 헤드(첫 번째 인자)를 검색하면 내부 맵을 얻을 수 있고, 그 내부 맵에서 cons 셀의 두 번째 인자를 검색할 수 있다.

이 방식을 이진 트리에 일반화할 수 있다. 이진 트리에는 세 가지 필드가 있다. 따라서 세 번째 맵 계층을 추가한다. 예를 들어, 다음 타입의 이진 트리가 있다면

```
datatype 'a Tree = E | T of 'a * a Tree * 'a Tree
```

이 트리들에 대한 간선 맵을 'a Map Map M.Map으로 표현할 수 있다. 맨 바깥쪽 맵은 T 생성자의 첫 번째 필드를 인덱싱하고, 가운데 맵은 두 번째 필드를, 가장 안쪽의 맵은 세 번째 필드를 인덱싱한다. 바깥쪽 맵에서 주어진 노드의 원소를 검색하면 중간 맵을 얻을 수 있고, 그 맵에서 왼쪽 하위 트리를 얻을 수 있다. 그 후, 다시 내부 맵을 얻어서 거기서 오른쪽 하위 트리를 검색할 수 있다.

더 일반적으로 이진 트리에 대한 트라이를 다음과 같이 표현한다.

```
datatype 'a Map = TRIE of 'a option * 'a Map Map M.Map
```

이 타입이 비균일 재귀 타입이므로, 이 타입에 대한 재귀를 처리하려면 다형적 재귀가 필요하다.

이제 lookup 함수는 각 T 생성자에 대한 세 가지 검색을 수행하며, 각각은 T 생성자의 세 필드에 해당한다. 최종 노드에 도착하면 lookup은 그 노드가 바른 노드인지 검사한다.

```
fun lookup (E, TRIE (NONE, m)) = raise NotFound
  | lookup (E, TRIE (SOME x, m)) = x
  | lookup (T (k, a, b), TRIE (v, m)) =
      lookup (b, lookup (a, M.lookup (k, m)))
```

bind 함수도 비슷하다. 트리에 대한 트라이 구현 전체를 보여주는 그림 10.11
에서 그 함수를 찾아볼 수 있다.

```
datatype 'a Tree = E | T of 'a * 'a Tree * 'a Tree

functor TrieOfTrees (M : FINITEMAP) : FINITEMAP =
(* 다형적 재귀를 가정한다! *)
struct
  type Key = M.Key Tree

  datatype 'a Map = TRIE of 'a option * 'a Map Map M.Map

  val empty = TRIE (NONE, M.empty)

  fun lookup (E, TRIE (NONE, m)) = raise NotFound
    | lookup (E, TRIE (SOME x, m)) = x
    | lookup (T (k, a, b), TRIE (v, m)) =
        lookup (b, lookup (a, M.lookup (k, m)))

  fun bind (E, x, TRIE (_, m)) = TRIE (SOME x, m)
    | bind (T (k, a, b), x, TRIE (v, m)) =
        let val tt = M.lookup (k, m) handle NotFound => empty
            val t = lookup (a, tt) handle NotFound => empty
            val t' = bind (b, x, t)
            val tt' = bind (a, f', tt)
        in TRIE (v, M.bind (k, tt', m)) end
end
```

그림 10.11 일반화한 트라이

> ✏️ **연습문제 10.12**
>
> TrieOfTrees 펑터를 다음 타입을 사용해 다형적 재귀 없이 다시 구현하라.
>
> ```
> datatype 'a Map = TRIE of 'a EM option * 'a Map M.Map
> and 'a EM = ELEM of 'a | MAP of 'a Map
> ```

> ✏️ **연습문제 10.13**
>
> 키가 다음과 같은 멀티웨이 트리인 트라이를 구현하라.
>
> ```
> datatype 'a Tree = T of 'a * 'a Tree list
> ```

이런 예제들로부터 곱^{product}과 합^{sum}을 포함하는 모든 재귀 타입에 대한 트라이 표현을 일반화할 수 있다. 단지 컴포넌트 부분에 대한 유한 맵이 주어졌을 때, 구조화된 타입을 위한 유한 맵을 구현할 때 따라야 하는 간단한 규칙이 몇 가지 필요할 뿐이다. 'a Map$_\tau$를 τ 타입에 대한 유한 맵의 타입이라 정의하자.

곱의 경우를 어떻게 처리할지 우리는 잘 알고 있다. 트라이에서 쌍을 검색하려면, 쌍의 첫 번째 원소를 검색해서 나오는 맵에서 쌍의 두 번째 원소를 검색하면 된다. 따라서 다음과 같이 정리할 수 있다.

$$\tau = \tau_1 \times \tau_2 \Rightarrow \alpha\, \mathsf{Map}_\tau = \alpha\, \mathsf{Map}_{\tau_2}\, \mathsf{Map}_{\tau_1}$$

이제 합은 어떻게 처리해야 할까? 트리의 타입과 트리에 대한 트라이의 타입을 다시 살펴보자.

```
datatype 'a Tree = E | T of 'a * 'a Tree * 'a Tree
datatype 'a Map = TRIE of 'a option * 'a Map Map M.Map
```

분명히 `'a Map Map M.Map` 부분은 T 생성자에 해당한다. 하지만 E 생성자에 해당하는 부분은 어디일까? 사실 `'a option`은 `unit` 타입에 대한 아주 효율적인 유한 맵 구현 이상도 이하도 아니다. 사실 이 부분이 사라진 E 생성자의 몸통에 해당한다. 이로부터 합에 대한 일반 규칙을 다음과 같이 만들 수 있다.

$$\tau = \tau_1 + \tau_2 \Rightarrow \alpha\ \mathsf{Map}_\tau = \alpha\ \mathsf{Map}_{\tau_1} \times \alpha\ \mathsf{Map}_{\tau_2}$$

📝 연습문제 10.14

합과 곱에 대한 위의 규칙을 구현한 다음 펑터를 완성하라.

```
functor ProductMap (M1 : FINITEMAP) (M2 : FINITEMAP): FINITEMAP =
struct
  type Key = M1.Key * M2.Key
  ...
end

datatype ('a, 'b) Sum = LEFT of 'a | RIGHT of 'b

functor SumMap (M1 : FINITEMAP) (M2 : FINITEMAP) : FINITEMAP =
struct
   type Key = (M1.Key, M2.Key) Sum
   ...
end
```

📝 **연습문제 10.15**

식별자의 타입인 Id에 대해 유한 맵을 구현하는 스트럭처 M이 있을 때, 람다^{lambda} 식을 나타내는 타입 Exp에 대한 트라이를 구현하라. Exp 타입은 다음과 같다.

datatype Exp = VAR **of** Id | LAM **of** Id * Exp | APP **of** Exp * Exp

트라이의 타입을 빈 맵을 표현하는 별도의 생성자를 가지고 확장하면 이 문제를 풀 때 도움이 될 수도 있다.

10.4 참고사항

데이터 구조적 부트스트래핑 북스바움^{Buchsbaum}과 동료들은 [Buc93, BT95, BST95]에서 데이터 구조적 부트스트래핑을 일반적인 데이터 구조 설계 기법으로 제시했다. 구조적 분해와 구조적 추상화는 이전에 각각 [Die82]와 [DST94]에서 사용됐다.

연결 가능 리스트 효율적인 연결을 지원하는 영속적인 리스트의 다른 표현을 설계하기는 상대적으로 쉽지만(예를 들어, [Hug86]을 참조하라), 그런 다른 표현은 거의 불가피하게 head나 tail 함수의 효율을 희생하는 것처럼 보인다.

마이어스는 [Mye84]에서 모든 주요 리스트 함수를 $O(\log n)$ 시간에 지원하는 AVL 트리에 기반한 표현을 설명했다. 타잔과 동료들[DTS94, BT95, KT95]은 로그보다 더 낮은 복잡도의 구현을 여러 가지 탐구했고, 연결과 다른 모든 일반 리스트 함수를 최악의 경우 $O(1)$ 시간에 수행하는 구현을 얻었다. 10.2.1절에 있는 연결 가능 리스트 구현은 최초 [Oka95a]에 나타났다. 그 구현은 캐플런과 타잔의 구현보다 훨씬 단순하지만, 최악의 경우 바운드가 아니라 분할 상환 바운드를 제공한다.

병합 가능 힙 여러 명령형 구현들이 insert, merge, findMin을 $O(1)$ 분할 상환 시간에 지원하며, deleteMin을 $O(\log n)$ 분할 상환 시간에 지원한다. 그런 구현으로는 이항 큐[KL93], 피보나치 힙[FT87], 릴렉스드[relaxed] 힙[DGST88], V 힙[Pet87], 치우친 상향식 힙[ST86b], 페어링 힙[FSST86] 등이 있다. 하지만 이 중에서 페어링 힙만 영속적인 환경에서 지연 계산과 짝지었을 때 분할 상환 효율성을 유지하는 것 같아 보인다(6.5절 참조). 하지만 불행히도 페어링 힙의 바운드는 아직 증명되지 않은 가설 상태다.

브로달[Brodal][Bro95, Bro96]은 같은 최악의 경우 복잡도를 달성했다. 그의 원래 데이터 구조[Bro95]는 캐플런과 타잔의 재귀적 감속 기법[KT95]을 통해 순수 함수적 방식으로 구현될 수 있다(따라서 영속적으로 만들 수 있다). 구현 시, 8.4.3절에서 다뤘던 것과 같은, 순수 함수적으로 구현한 실시간 데크를 캐플런과 타잔의 기법과 사용해야 한다. 하지만 그런 구현은 복잡하고 느리기 쉽다. 브로달과 오카사키[Okasaki]는 이 구현을 치우친 이항 힙(9.3.2절)과 구조적 추상화(10.2.2절)를 사용해 [BO96]에서 단순화했다.

다형적 재귀 SML을 다형적 재귀로 확장하려는 시도가 [Myc84, Hen93, KTU93]처럼 여러 번 있었다. 한 가지 복잡한 부분은 다형적 재귀가 있으면 실용적으로 계산 가능하기는 하지만 타입 추론이 결정 불가능해진다는 점이다 [Hen93, KTU93]. 하스켈은 프로그래머가 명시적으로 시그니처를 제공하는 경우에만 다형적 재귀를 허용함으로써 이 문제를 회피한다.[7]

---

7 10.1.1절의 각주에서 설명했지만 스칼라에서도 비균일 재귀 타입을 쓸 수 있다. 하지만 제네릭(generic, 스칼라/자바 등에서 타입 파라미터를 받는 다형적인 함수를 일컫는 말) 비균일 재귀 함수를 정의하면 제네릭 타입의 파라미터 타입을 추론할 때 더 일반적인 Any 타입을 추론함으로써 (의도치 않게) 비균일 재귀 구현을 허용하는 것 같다. 10.1.1절에 있는 sizeS() 정의를 보라. – 옮긴이

암시적이며 재귀적인 감속

9.2.3절에서 지연 계산을 하는 여분이 있는 이진수가 어떻게 증가와 감소 함수를 $O(1)$ 분할 상환 시간에 지원하는지 살펴봤다. 10.1.2절에서 비균일 타입과 다형적 재귀를 사용해 이진 임의 접근 리스트 같은 표현을 어떻게 아주 간단히 지원할 수 있는지 살펴봤다. 11장에서는 이 두 기법을 조합하고 일반화해서 암시적이며 재귀적인 감속implicit recursive slowdown이라는 프레임워크로 만든다.

캐플런과 타잔은 [KT95, KT96b, KT96a]에서 이와 관련한 프레임워크인 재귀적 감속을 연구했다. 그들은 지연 계산 이진수가 아니라 조각을 사용하는 이진수(9.2.4절)에 기반해 연구를 진행했다. 재귀적 감속을 사용한 구현과 암시적인 재귀적 감속을 사용한 구현 사이의 유사점과 차이점은 두 수 체계 사이의 유사점과 차이점과 같다.

11.1 큐와 데크

10.1.2절에서 본 이진 임의 접근 리스트를 다시 살펴보자. 그 타입은 다음과 같다.

```
datatype 'a RList =
    NIL | ZERO of ('a * 'a) RList | ONE of 'a * ('a * 'a) RList
```

나중에 설명을 단순화하기 위해 이 타입을 다음과 같이 바꾸자.

```
datatype 'a Digit = ZERO | ONE of 'a
datatype 'a RList = SHALLOW of 'a Digit | DEEP of 'a Digit * ('a * 'a)
RList
```

얕은(SHALLOW) 리스트에는 0개나 1개의 원소만 들어 있다. 깊은(DEEP) 리스트에는 0개나 1개의 원소와 쌍의 리스트가 들어 있다. 이 타입을 가지고 9장에서 이진 임의 접근 리스트에 대해 수행했던 것과 똑같은 놀이를 진행할 수 있다. 예를 들어, 영이 없는 표현을 사용하면 head를 $O(1)$ 시간에 지원할 수 있다.

```
datatype 'a Digit = ZERO | ONE of 'a | Two of 'a * 'a
datatype 'a RList = SHALLOW of 'a Digit | DEEP of 'a Digit * ('a * 'a)
RList
```

이 표현에서 DEEP 노드의 숫자는 ONE이나 TWO여야만 한다. ZERO 생성자는 빈 리스트인 SHALLOW ZERO에 대해서만 쓰인다.

비슷하게, 각 DEEP 노드에서 쌍의 리스트를 일시중단시키면 cons와 tail 중 하나를 $O(1)$ 분할 상환 시간에 실행할 수 있고, 나머지 하나를 $O(\log n)$ 분할 상환 시간에 실행할 수 있다.

```
datatype 'a RList =
    SHALLOW of 'a Digit
  | DEEP of 'a Digit * ('a * 'a) RList susp
```

각 DEEP 노드에서 세 가지 0이 아닌 숫자 중 하나를 선택하게 허용함으로써, cons, head, tail을 $O(1)$ 시간에 실행되게 할 수 있다.

```
datatype 'a Digit =
    ZERO | ONE of 'a | Two of 'a * 'a | THREE of 'a * 'a * 'a
```

이 경우에도 ZERO를 빈 리스트에만 사용한다.

이제 이 설계를 확장해서 큐와 데크를 지원하게 만드는 것은 각 DEEP 노드에 두 번째 숫자를 추가하는 문제일 뿐이다.

```
datatype 'a Queue =
    SHALLOW of 'a Digit
  | DEEP of 'a Digit * ('a * 'a) Queue susp * 'a Digit
```

첫 번째 숫자는 큐의 맨 앞에 있는 원소를 몇 개 나타낸다. 두 번째 숫자는 큐의 맨 끝에 있는 원소를 몇 개 나타낸다. 나머지 원소들은 중간에 있는 쌍의 큐에 들어 있으며, 이를 중간middle 큐라고 부른다.

큐의 양 끝에서 어떤 함수를 지원해야 하느냐에 따라 어떤 숫자 타입을 선택할지 결정해야 한다. 다음 표는 주어진 함수 조합을 지원하는 앞쪽 숫자로 채택 가능한 값들을 보여준다.

지원하는 함수	허용할 수 있는 숫자들
cons	ZERO, ONE
cons/head	ONE, TWO
head/tail	ONE, TWO
cons/head/tail	ONE, TWO, THREE

뒤쪽 숫자에 대해서도 같은 선택을 적용할 수 있다.

구체적인 예로 큐의 뒤쪽 끝에서 snoc을, 앞쪽 끝에서 head와 tail을 지원하는 큐(즉, 일반적인 FIFO 큐) 구현을 개발해보자. 위 표를 보면 DEEP 노드의 앞쪽 숫자로는 ONE이나 TWO를, 뒤쪽 숫자로는 ZERO나 ONE을 사용해야 한다. 또한 SHALLOW 노드의 숫자로 ZERO나 ONE을 허용한다.

snoc을 사용해 새로운 원소 y를 깊은 큐에 넣으려면, 뒤쪽 숫자를 봐야 한다. 그 값이 ZERO이면 뒤쪽 숫자를 ONE y로 바꾼다. 그 값이 ONE x이면, 뒤쪽 숫자를 ZERO로 바꾸고, (x, y)라는 쌍을 중간 큐에 넣는다. 또, 얕은 큐에 원소를 추가하는 특별한 경우에 대해 몇 가지 처리를 추가해야 한다.

```
fun snoc (SHALLOW ZERO, y) = SHALLOW (ONE y)
  | snoc (SHALLOW (ONE x), y) = DEEP (TWO (x, y), $empty, ZERO)
  | snoc (DEEP (f, m, ZERO), y) = DEEP (f, m, ONE y)
  | snoc (DEEP (f, m, ONE x), y) =
      DEEP (f, $snoc (force m, (x, y)), ZERO)
```

tail을 사용해 깊은 큐에서 원소를 제거하려면, 앞쪽 숫자를 살펴봐야 한다. 그 숫자가 TWO (x, y)이면 x를 버리고 앞쪽 숫자를 ONE y로 설정한다. 그 숫자가 ONE x이면 중간 큐에서 쌍 (y, z)를 '빌려와서', 앞쪽 숫자를 TWO (y, z)로 설정한다. 여기서도 얕은 큐에 대한 처리를 추가해야 한다.

```
fun tail (SHALLOW (ONE x)) = empty
  | tail (DEEP (TWO (x, y), m, r)) = DEEP (ONE y, m, r)
  | tail (DEEP (ONE x, $q, r)) =
      if isEmpty q then SHALLOW r
      else let val (y, z) = head q
          in DEEP (TWO (y, z), $tail q, r) end
```

맨 마지막 tail 절에서 중간 큐를 강제 실행했음에 유의하라. 그림 11.1에 전체 코드가 있다.

다음으로, snoc과 tail이 모두 $O(1)$ 분할 상환 시간에 실행됨을 보이자. snoc은 앞쪽 숫자를 무시하고, tail은 뒤쪽 숫자를 무시함을 기억하라. 각 함수를 독립적으로 생각하면, snoc은 지연 이진수의 inc에 해당하고, tail은 영이 없는 지연 이진수의 dec에 해당한다. inc와 dec에 대한 증명을 빌려오면, 쉽게 snoc과 tail 중 어느 한쪽만 사용하는 경우 $O(1)$ 분할 상환 시간에 실행됨을 증명할 수 있다.

```
signature ImplicitQueue: QUEUE =
(* 다형적 재귀를 가정한다! *)
struct
  datatype 'a Digit = ZERO | ONE of 'a | Two of 'a * 'a
  datatype 'a Oueue =
      SHALLOW of 'a Digit
    | DEEP of 'a Digit * ('a * 'a) Queue susp * 'a Digit

  val empty = SHALLOW ZERO
  fun isEmpty (SHALLOW ZERO) = true | isEmpty _ = false

  fun snoc (SHALLOW ZERO, y) = SHALLOW (ONE y)
    | snoc (SHALLOW (ONE x), y) = DEEP (TWO (x, y), $empty, ZERO)
    | snoc (DEEP (f, m, ZERO), y) = DEEP (f, m, ONE y)
    | snoc (DEEP (f, m, ONE x), y) =
        DEEP (f, $snoc (force m, (x, y)), ZERO)

  fun head (SHALLOW ZERO) = raise Empty
    | head (SHALLOW (ONE x)) = x
    | head (DEEP (ONE x, m, r)) = x
    | head (DEEP (TWO (x, y), m, r)) = x

  fun tail (SHALLOW ZERO) = raise Empty
    | tail (SHALLOW (ONE x)) = empty
    | tail (DEEP (TWO (x, y), m, r)) = DEEP (ONE y, m, r)
    | tail (DEEP (ONE x, $q, r)) =
        if isEmpty q then SHALLOW r
        else let val (y, z) = head q
            in DEEP (TWO (y, z), $tail q, r) end
end
```

그림 11.1 암시적이며 재귀적인 감속을 사용한 큐

　암시적인 재귀적 감속의 핵심 아이디어는 snoc이나 tail 같은 함수는 '거의' 독립적이어서 두 함수에 필요한 부채를 합침으로써 각각의 증명을 서로 엮을 수 있다는 데 있다. snoc에 대한 증명은 끝 숫자가 ZERO이면 부채를 1 허용하고

ONE이면 부채를 0 허용한다. tail에 대한 증명에서는 앞 숫자가 TWO이면 부채를 1 허용하고 ONE이면 부채를 0 허용한다. 다음 증명은 이 두 부채 허용을 서로 조합한다.

정리 11.1

snoc과 tail은 $O(1)$ 분할 상환 시간에 작동한다.

증명

은행원 기법을 사용해 이 구현을 분석한다. 모든 일시중단에 대해 부채를 할당한다. 각 중단은 어떤 깊은 큐의 중간 필드에 들어 있다. 부채 불변조건으로는 각 중단마다 앞쪽과 뒤쪽 숫자 필드에 따라 제어되는 부채를 할당하는 것이다. 깊은 큐의 중간 필드에는 최대 $|f| - |r|$개의 부채가 있을 수 있다. $|f|$는 1 또는 2이며, $|r|$은 0 또는 1이다.

각 함수의 비공유 비용은 $O(1)$이다. 따라서 두 함수 중 어느 쪽 함수도 $O(1)$보다 더 많은 부채를 상환하지 않음을 보이기만 하면 된다. 여기서는 tail에 대한 증명만 보인다. snoc에 대한 증명은 좀 더 간단하다.

우리는 부채 전달^{debit passing}을 통해 논리를 전개한다. 부채 전달은 부채 상속과 밀접한 관계가 있다. 내포된 일시중단에 대해 허용된 부채보다 더 많은 부채가 그 일시중단에 할당되어 있으면, 그런 부채를 그 일시중단을 둘러싸고 있는 일시중단에게 넘긴다. 이 큐의 경우 그런 (주위를 둘러싸고 있는) 일시중단은 이전 DEEP 노드의 중간 필드다. 안쪽 일시중단을 강제 실행하기 전에 바깥쪽 일시중단을 반드시 강제 실행해야 하므로 부채 전달은 안전하다. 부채를 갚을 책임을 안쪽 일시중단에서 바깥쪽 일시중단으로 넘기면 그 부채가 바깥쪽 일시중단이 강제 실행되기 전에 반드시 상환되도록 만든다. 따라서 (바깥쪽 일시중단을 강제 실행한 후, 내부 일시중단에 허용하는 부채만 다 상환하고 나면) 내부 일시중단을 강제 실행할 수 있다.

우리는 모든 tail 호출이 바깥쪽 일시중단에 부채를 1 넘김을 보인다. 단, 맨 바깥쪽 tail 호출은 주변을 둘러싸고 있는 일시중단이 없기 때문에 부채를 넘기지 않는다. 따라서 맨 바깥쪽 호출은 자신의 추가 부채를 해소시켜야 한다.

이런 연속된 재귀 tail 호출은 f를 TWO에서 ONE으로 넘기는 tail 호출로 끝난다(증명을 단순화하기 위해 얕은 큐일 가능성은 무시한다). 이 (마지막) tail 호출은 m에 허용되는 부채를 1 감소시킨다. 따라서 이때 남는 부채를 바깥쪽 일시중단에 전달한다.

중간에 있는 tail 호출은 f를 ONE에서 TWO로 바꾸고 재귀 호출을 진행한다. 이때 두 가지 경우가 있다.

- r이 ZERO인 경우: m에는 부채가 1 있다. 이 부채는 m을 강제 실행하기 전에 상환해야만 하는 부채다. 이 부채를 바깥쪽 일시중단에 전달한다. 그리고 일시중단한 재귀 호출의 비공유 비용을 충당하기 위해 부채를 1 만든다. 이 일시중단에 허용되는 부채는 최대 2이다. 따라서 (부채 1을) 문제없이 남길 수 있다.

- r이 ONE인 경우: m에는 부채가 0 있다. 따라서 공짜로 m을 강제 실행할 수 있다. 일시중단한 재귀 호출의 비공유 비용을 충당하기 위해 부채를 1 만든다. 이 일시중단은 재귀 호출에서 전달받은 부채가 1 있다. 이 일시중단에 허용되는 부채는 1이므로, 부채를 1 가지고 남는 1은 바깥쪽 일시중단에 전달한다.

📝 **연습문제 11.1**

이 큐에 대한 lookup과 update 함수를 구현하라. 여러분이 만든 함수는 $O(\log i)$ 분할 상환 시간에 실행돼야 한다. 각 큐에 크기 필드를 달면 도움이 될 수도 있다.

11.2 연결 가능한 데크

마지막으로, 암시적이며 재귀적인 감속을 사용해 연결 가능한 데크^{catenable}

를 구현하자. 이 데크의 시그니처는 그림 11.2에 있다. 먼저 ++ 를 $O(\log n)$, 나머지 모든 연산을 $O(1)$ 분할 상환 시간에 지원하는 상대적으로 단순한 구현을 설명한다. 그 후 훨씬 더 복잡한 구현을 통해 ++의 실행 시간을 $O(1)$로 향상하는 방법을 보여준다.

```
signature CATENABLEDEQUE =
sig
  type 'a Cat

  val empty   : 'a Cat
  val isEmpty : 'a Cat -> bool

  val cons    : 'a * 'a Cat -> 'a Cat
  val head    : 'a Cat -> 'a          (* 큐가 비어 있으면 Empty를 발생시킨다. *)
  val tail    : 'a Cat -> 'a Cat      (* 큐가 비어 있으면 Empty를 발생시킨다. *)

  val snoc    : 'a Cat * 'a -> 'a Cat
  val last    : 'a Cat -> 'a          (* 큐가 비어 있으면 Empty를 발생시킨다. *)
  val init    : 'a Cat -> 'a Cat      (* 큐가 비어 있으면 Empty를 발생시킨다. *)

  val ++      : 'a Cat * 'a Cat -> 'a Cat

end
```

그림 11.2 연결 가능한 양방향 큐의 시그니처

다음 연결 가능 데크, 즉 c 데크^{c-deque} 표현을 살펴보자. c 데크는 '얕을' 수도, '깊을' 수도 있다. 얕은 c 데크는 그냥 일반적인 데크로, 예를 들면 8.4.2절의 은행원 데크 같은 구조가 이에 해당한다. 깊은 c 데크는 '앞^{front}', '중간^{middle}', '뒤^{rear}'의 세 가지 부분으로 나뉜다. 앞과 뒤는 각각 2개 이상의 원소가 들어 있는 일반적인 데크다. 중간은 일반적인 데크로 이뤄진 c 데크다. 각 일반적인 데크에는 원소가 2개 이상 있다. 우리는 D가 DEQUE라는 시그니처를 만족하는 데크 구현이며, D의 모든 함수는 (분할 상환 또는 최악의 경우에) $O(1)$ 시간에 작동한다고 가정한다.

```
datatype 'a Cat =
      SHALLOW of 'a D.Queue
    | DEEP of 'a D.Queue * 'a D.Queue Cat susp * 'a D.Queue
```

이 정의는 다형적 재귀를 가정하고 있음에 유의하라.

원소를 양 끝에 넣으려면 앞쪽 데크나 뒤쪽 데크에 원소를 추가하기만 하면 된다. 예를 들어, cons 구현은 다음과 같다.

```
fun cons (x, SHALLOW d) = SHALLOW (D.cons (x, d))
  | cons (x, DEEP (f, m, r)) = DEEP (D.cons (x, f), m, r)
```

양 끝에서 원소를 제거하려면 앞쪽 데크나 뒤쪽 데크에서 원소를 제거하면 된다. 원소를 제거함으로 인해 데크의 길이가 2보다 작아지면 남은 (유일한) 원소를 중간 데크에서 제거해 가져온 다른 데크에 (방향에 맞게) 추가한 후, 그 결과를 새로운 앞이나 뒤 데크로 설정한다. 이때 원소를 제거한 데크에서 남은 원소를 추가했으므로 새로운 데크에는 최소 3개의 원소가 들어 있다. 예를 들어, tail 코드는 다음과 같다.

```
fun tail (SHALLOW d) = SHALLOW (D.tail d)
  | tail (DEEP (f, m, r)) =
      let val f' = D.tail f
      in
```

```
        if not (tooSmall f') then DEEP (f', m, r)
        else if isEmpty (force m) then SHALLOW (dappendL (f', r))
        else DEEP (dappendL (f', head (force m)), $tail (force m), r)
    end
```

여기서 tooSmall은 데크의 길이가 2보다 작은지 검사하고, dappendL은 길이가 0 또는 1인 데크를 다른 임의의 길이인 데크에 덧붙인다.

앞 데크의 길이가 2인 경우에만 tail 호출이 다음 수준의 c 데크로 전달된다는 점에 유의하라. 9.2.3절의 용어를 사용하면, 길이가 3 이상인 데크는 '안전'하며, 길이가 2인 데크는 '위험'하다. tail이 다음 수준으로 자기 자신을 재귀적으로 호출할 때마다, 현재 수준의 앞 데크는 위험한 상태에서 안전한 상태로 바뀐다. 따라서 어떤 수준에 있는 c 데크에 대해 tail이 연속적으로 호출돼도 결코 두 번 다 다음 수준으로 전달되는 경우는 없다. 안전한 데크에 부채를 1 부여하고 위험한 데크에 부채를 0 부여함으로써, tail이 $O(1)$ 분할 상환 시간 안에 작동함을 쉽게 증명할 수 있다.

> ### ✏️ 연습문제 11.3
>
> tail과 init이 모두 $O(1)$ 분할 상환 시간에 실행됨을 증명하라. 암시적이며 재귀적인 감속에서 설명한 대로 두 함수가 허용하는 부채의 크기를 한꺼번에 조합하는 방법으로 증명할 수 있다.

그렇다면 연결은 어떨까? 두 깊은 c 데크 c1과 c2를 연결하려면 c1의 앞 데크를 새 앞 데크로 유지하고, c2의 뒤 데크를 새 뒤 데크로 유지하며, 나머지 요소들을 새로운 중간 c 데크로 만들면 된다. 이때 c1의 뒤를 c1의 중간 뒤에 삽입하고, c2의 앞을 c2의 중간 앞에 삽입한 다음, 두 결과를 서로 연결하면 된다.

```
fun (DEEP (f1, m1, r1)) ++ (DEEP (f2, m2, r2)) =
    DEEP (f1, $(snoc (force m1, r1) ++ cons (f2, force m2)), r2)
```

(물론 c1과 c2가 얕은 큐인 경우도 처리해야 한다.) 여기서 ++는 둘 중 더 얕은 c 데크의 깊이까지 재귀 호출이 이뤄짐에 유의하라. 더 나아가 ++는 매 수준마다 $O(1)$의 부채를 만들어내며, tail과 init이 요구하는 부채 불변조건을 회복하기 위해서는 ++가 매 수준마다 만들어내는 부채를 반드시 지불해야 한다. 따라서 n_i가 c_i의 크기일 때, ++는 $O(\min(\log n_1, \log n_2))$ 분할 상환 시간에 작동한다.

c 데크의 완전한 구현은 그림 11.3에 있다.

```
functor SimpleCatenableDeque (D : DEQUE) : CATENABLEDEQUE =
  (* 다형적 재귀를 가정한다! *)
struct
  datatype 'a Cat =
      SHALLOW of 'a D.Queue
    | DEEP of 'a D.Queue * 'a D.Queue Cat susp * 'a D.Queue

  fun tooSmall d = D.isEmpty d orelse D.isEmpty (D.tail d)

  fun dappendL (d1, d2) =
      if D.isEmpty d1 then d2 else D.cons (D.head d1, d2)
  fun dappendR (d1, d2) =
      if D.isEmpty d2 then d1 else D.snoc (d1, D.head d2)

  val empty = SHALLOW D.empty
  fun isEmpty (sHALLOW d) = D.isEmpty d
    | isEmpty _ = false

  fun cons (x, SHALLOW d) = SHALLOW (D.cons (x, d))
    | cons (x, DEEP (f, m, r)) = DEEP (D.cons (x, f), m, r)
  fun head (SHALLOW d) = D.head d
    | head (DEEP (f, m, r)) = D.head f
  fun tail (SHALLOW d) = SHALLOW (D.tail d)
    | tail (DEEP (f, m, r)) =
        let val f' = D.tail f
        in
            if not (tooSmall f') then DEEP (f', m, r)
            else if isEmpty (force m) then SHALLOW (dappendL (f', r))
```

(이어짐)

```
            else DEEP (dappendL (f', head (force m)), $(tail (force
m))), r)
        end

... snoc, last, init도 대칭적으로 구현한다.

fun (SHALLOW d1) ++ (SHALLOW d2) =
      if tooSmall d1 then SHALLOW (dappendL (d1, d2))
      else if tooSmall d2 then SHALLOW (dappendR (d1, d2))
      else DEEP (d1, $empty, d2)
  | (SHALLOW d) ++ (DEEP (f, m, r)) =
      if tooSmall d then DEEP (dappendL (d, f), m, r)
      else DEEP (d, $(cons (f, force m)), r)
  | (DEEP (f, m, r)) ++ (SHALLOW d) =
      if tooSmall d then DEEP (f, m, dappendR (r, d))
      else DEEP (f, $(snoc (force m, r)), d)
  | (DEEP (f1, m1, r1)) ++ (DEEP (f2, m2, r2)) =
      DEEP (f1, $(snoc (force m1, r1) ++ cons (f2, force m2)), r2)
end
```

그림 11.3 간단한 연결 가능 데크

++의 실행 시간을 $O(1)$로 개선하려면 c 데크가 자기 자신을 재귀적으로 호출하지 않도록 바꿔야 한다. 핵심은 한 수준에 있는 ++가 다음 수준에 대해서만 cons와 snoc을 호출하게 만드는 것이다. 깊은 c 데크를 세 가지 부분으로 표현하는 대신, (f, a, m, b, r)의 다섯 가지 부분으로 표현한다. f, m, r은 일반적인 데크이며, f와 r에는 3개 이상의 원소가 들어 있고, m에는 2개 이상의 원소가 들어 있다. a와 b는 복합 원소compound element가 들어 있는 c 데크다. 완전히 풀린degenerate 원소는 둘 이상의 원소가 들어 있는 일반 데크다. 완전한 복합 원소에는 (f, c, r)이라는 세 가지 부분이 들어 있다. f와 r은 최소 2개의 원소가 들어 있는 일반 데크이고, c는 복합 원소가 들어 있는 c 데크다. 이 데이터 타입을 SML로 (다형적 재귀와 함께) 작성하면 다음과 같다.

```
datatype 'a Cat =
    SHALLOW of 'a D.Queue
  | DEEP of 'a D.Queue                (* >= 3 *)
           * 'a CmpdElem Cat susp
           * 'a D.Queue              (* >= 2 *)
           * 'a CmpdElem Cat susp
           * 'a D.Queue              (* >= 3 *)
and 'a CmpdElem =
    SIMPLE of 'a D.Queue             (* >= 2 *)
  | CMPD of 'a D.Queue               (* >= 2 *)
           * 'a CmpdElem Cat susp
           * 'a D.Queue              (* >= 2 *)
```

c1 = DEEP (f1, a1, m1, b1, r1)과 c2 = DEEP (f2, a2, m2, b2, r2)라는 두
c 데크가 있으면, 그 둘의 연결을 다음과 같이 계산할 수 있다. 먼저 f1을 연결
한 결과의 맨 앞으로 유지하고, r2를 결과의 맨 뒤로 유지한다. 다음으로 r1의
마지막 원소와 f2의 첫 번째 원소를 가지고 새로운 중간 데크를 만든다. 그 후
m1, b1과 r1의 (마지막 원소를 제외한) 나머지 부분을 복합 원소로 묶고, 그 결과
를 a1 뒤에 snoc해서 나오는 c 데크를 결과의 a 부분으로 삼는다. 마지막으로,
f2의 (첫 번째 원소를 제외한) 나머지 부분과 a2, m2를 복합 원소로 묶어서 b2 앞
에 cons로 추가해서 나오는 c 데크를 결과의 b 부분으로 삼는다. 이 과정을 모
두 코드로 정리하면 다음과 같다.

```
fun (DEEP (f1, a1, m1, b1, r1)) ++ (DEEP (f2, a2, m2, b2, r2)) =
      let val (r1', m, f2') = share (r1, f2)
          val a1' = $(snoc (force a1, CMPD (m1, b1, r1')))
          val b2' = $(cons (CMPD (f2', a2, m2), force b2))
      in DEEP (f1, a1', m, b2', r2) end
```

여기서 share와 cons, snoc은 다음과 같다.

```
fun share (f, r) =
      let val m = D.cons (D.last f, D.cons (D.head r, D.empty))
```

```
    in (D.init f, m, D.tail r)

fun cons (x, DEEP (f, a, m, b, r)) = DEEP (D.cons (x, f), a, m, b, r)
fun snoc (DEEP (f, a, m, b, r), x) = DEEP (f, a, m, b, D.snoc(r, x))
```

(설명을 간단히 하기 위해 얕은 c 데크와 관련한 모든 경우를 무시한다.)

불행히도 이 구현에서 tail과 init은 더할 나위 없이 지저분하다. 두 함수가
서로 대칭이기 때문에, tail만 설명한다. c 데크 c = DEEP (f, a, m, b, r)에 대
해 여섯 가지 경우가 가능하다.

- $|f| > 3$
- $|f| = 3$

    − a가 비어 있지 않음
      ○ a의 첫 번째 복합 원소가 완전히 풀린 원소인 경우
      ○ a의 첫 번째 복합 원소가 완전한 복합 원소인 경우

    − a가 비어 있고, b는 비어 있지 않음
      ○ b의 첫 번째 복합 원소가 완전히 풀린 원소인 경우
      ○ b의 첫 번째 복합 원소가 완전한 복합 원소인 경우

    − a와 b가 모두 비어 있음

여기서는 처음 세 가지 경우 tail c의 동작에 대해 설명한다. 나머지 경우는 그
림 11.4에 있는 전체 구현에서 볼 수 있다. $|f| > 3$이면 단지 f를 D.tail f로
바꾼다. $|f| = 3$이면 f에서 원소를 하나 제거하면 허용하는 길이보다 f 길이가
작아진다. 따라서 a에서 앞 데크를 제거하면서 가져와서 예전 f에 남은 두 원소
와 조합한다. 새 f에는 최소한 4개의 원소가 있다. 따라서 다음에 tail을 호출
하면 $|f| > 3$인 경우로 들어간다.

```
functor ImplicitCatenableDeque(D : DEQUE) : CATENABLE_DEQUE =
    (* D도 size 함수를 지원한다고 가정한다. *)
struct
  datatype 'a Cat =
      SHALLOW of 'a D.Queue
    | DEEP of 'a D.Queue * 'a CmpdElem Cat susp * 'a D.Queue
                           * 'a CmpdElem Cat susp * 'a D.Queue
  and 'a CmpdElem =
      SIMPLE of 'a D.Queue
    | CMPD of 'a D.Queue * 'a CmpdElem Cat susp * 'a D.Queue

  val empty = SHALLOW D.empty
  fun isEmpty (SHALLOW d) = D.isEmpty d
    | isEmpty _ = false

  fun cons (x, SHALLOW d) = SHALLOW (D.cons (x, d))
    | cons (x, DEEP (f, a, m, b, r)) = DEEP (D.cons (x, f), a, m, b, r)
  fun head (SHALLOW d) = D.head d
    | head (DEEP (f, a, m, b, r)) = D.head f

  ... snoc과 last는 위 두 함수와 대칭임

  fun share (f, r) =
        let val m = D.cons (D.last f, D.cons (D.head r, D.empty))
        in (D.init f, m, D.tail r)
  fun dappendL (d1, d2) =
        if D.isEmpty d1 then d2
        else dappendL (D.init d1, D.cons (D.last d1, d2))
  fun dappendR (d1, d2) =
        if D.isEmpty d2 then d1
        else dappendR (D.snoc (d1, D.head d2), D.tail d2)

  fun (SHALLOW d1) ++ (SHALLOW d2) =
        if D.size d1 < 4 then SHALLOW (dappendL (d1, d2))
        else if D.size d2 < 4 then SHALLOW (dappendR (d1, d2))
        else let val (f, m, r) = share (d1, d2)
             in DEEP (f, $empty, m, $empty, r) end
```

(이어짐)

```
      | (SHALLOW d) ++ (DEEP (f, a, m, b, r)) =
          if D.size d < 4 then DEEP (dappendL (d, f), a, m, b, r)
          else DEEP (d, $(cons (SIMPLE f, force a)), m, b, r)
      | (DEEP (f, a, m, b, r)) ++ (SHALLOW d) =
          if D.size d < 4 then DEEP (f, a, m, b, dappendR (r, d))
          else DEEP (f, a, m, $(snoc (force b, SIMPLE r)), d)
      | (DEEP (f1, a1, m1, b1, r1)) ++ (DEEP (f2, a2, m2, b2, r2)) =
          let val (r1', m, f2') = share (r1, f2)
              val a1' = $(snoc (force a1, CMPD (m1, b1, r1')))
              val b2' = $(cons (CMPD (f2', a2, m2), force b2))
          in DEEP (f1, a1', m, b2', r2) end

  fun replaceHead (x, SHALLOW d) = SHALLOW (D.cons (x, D.tail d))
    | replaceHead (x, DEEP (f, a, m, b, r)) =
        DEEP (D.cons (x, D.tail f), a, m, b, r)

   fun tail (SHALLOW d) = SHALLOW (D.tail d)
     | tail (DEEP (f, a, m, b, r)) =
       if D.size f > 3 then DEEP (D.tail f, a, m, b, r)
       else if not (isEmpty (force a)) then
         case head (force a) of
           SIMPLE d =>
             let val f' = dappendL (D.tail f, d)
             in DEEP (f', $(tail (force a)), m, b, r) end
         | CMPD (f', c', r') =>
             let val f'' = dappendL (D.tail f, f')
                 val a'' = $(force c' ++ replaceHead (SIMPLE r',
force a))
             in DEEP (f'', a'', m, b, r) end
       else if not (isEmpty (force b)) then
         case head (force b) of
           SIMPLE d =>
             let val f' = dappendL (D.tail f, m)
             in DEEP (f', $empty, d, $(tail (force b)), r) end
         | CMPD (f', c', r') =>
             let val f'' = dappendL (D.tail f, m)
                 val a'' = $(cons (SIMPLE f', force c'))
```

(이어짐)

```
            in DEEP (f'', a'', r', $(tail (force b)), r) end
    else SHALLOW (dappendL (D.tail f, m)) ++ SHALLOW r

    ... replaceLast와 init은 위 두 함수와 대칭임
  end
```

그림 11.4 암시적이며 재귀적인 감속을 사용한 연결 가능한 데크

새로운 앞 데크를 찾기 위해 a에서 첫 번째 복합 원소를 제거하면, 풀어진 복합 원소를 얻거나 완전한 복합 원소를 얻게 된다. 풀어진 원소(즉, 간단한 데크)를 얻으면 a의 새 값은 $tail (force A)가 된다. 완전한 복합 원소인 CMPD (f', c', r')을 얻으면 f'이 새 f가 되며(이때 예전 f에 남은 두 원소도 합쳐야 한다), 새 a의 값은 다음과 같다.

$$\$(force\ c' ++ cons\ (SIMPLE\ r', tail\ (force\ a)))$$

하지만 cons와 tail의 영향으로 a의 첫 번째 원소가 바뀐다는 사실에 유의하라. 이를 replaceHead라는 함수를 통해 직접 수행해서 tail을 불필요하게 호출하지 않게 만든다.

```
fun replaceHead (x, SHALLOW d) = SHALLOW (D.cons (x, D.tail d))
  | replaceHead (x, DEEP (f, a, m, b, r)) =
      DEEP (D.cons (x, D.tail f), a, m, b, r)
```

tail의 나머지 경우도 비슷하며, 각각은 $O(1)$ 만에 작업이 끝나고 tail을 최대 한 번 더 호출한다.

cons, snoc, head, last 함수는 지연 계산을 전혀 사용하지 않는다. 그리고 최악의 경우 $O(1)$임을 쉽게 보일 수 있다. 나머지 함수는 은행원 기법과 부채 전달을 사용해 분석할 수 있다.

항상 그렇듯이 모든 일시중단마다 부채를 할당할 수 있다. 여기서 일시중단이 있는 부분은 깊은 c 데크의 a나 b 조각 또는 복합 원소의 가운데 c 부분이다. 각 c 필드에는 4개의 부채를 허용하지만, a와 b에는 f와 r의 길이에 따라 0부터 5개의 부채를 허용한다. a와 b의 기본 부채 허용량은 0이다. 만약 f에 원소가 3개 이상 있다면 a에 대한 부채 허용량을 4 증가시키고, b에 대한 허용량을 1 증가시킨다. 마찬가지로 r에 3개 이상의 원소가 있다면 b에 대한 허용량을 4 증가시키고, a에 대한 허용량을 1 증가시킨다.

정리 11.2

++, tail, init은 $O(1)$ 분할 상환 시간에 작동한다.

증명

(++)

두 c 데크 DEEP (f1, a1, m1, b1, r1)과 DEEP (f2, a2, m2, b2, r2)를 연결하는 경우가 흥미롭다. 이 경우 ++는 $O(1)$ 비공유 작업을 수행하고 최대 4개의 부채를 상환한다. 먼저 snoc과 cons 일시중단이 a1과 b2에 들어가는데 이를 위해 부채가 2 만들어진다. 하지만 이 2개의 부채를 항상 즉시 상환한다. 추가로

b1이나 a2에 부채가 5 있다면 그 조각이 복합 원소의 중간에 들어갈 때는 부채를 1개 상환해야 한다. 또한 f1에는 원소가 3개만 있고, f2에는 원소가 3개보다 많다면, b2가 새 b가 됨에 따라 b2의 부채를 1 상환해야 한다. r1과 r2도 (f1과 f2의 경우와) 마찬가지로 처리한다. 하지만 b1에 부채가 5 있으면 f1에 있는 원소 개수가 3개보다 많고, a2에 부채가 5 있으면 r2에 있는 원소 개수가 3개보다 많다. 따라서 전체적으로 항상 최대 4개의 부채를 상환하거나, 최소한 4개의 부채를 이 연산을 둘러싸고 있는 일시중단에 전달하게 된다.

(tail과 init)

tail과 init은 서로 대칭이기 때문에 tail에 대한 증명만 보인다. 관찰해보면 tail은 $O(1)$ 비공유 작업을 수행하므로, tail이 $O(1)$ 부채를 상환함을 보여야 한다. 실제로는 tail이 최대 5개의 부채를 상환함을 보인다.

　tail이 자기 자신을 재귀적으로 호출할 수 있으므로, tail이 연쇄적으로 호출되는 경우를 염두에 둬야 한다. 부채 전달을 사용해 이를 보인다. 주어진 c 데크 DEEP (f, a, m, b, r)에 대해 tail의 각 조건에 해당하는 세 가지 경우가 있다.

　|f| > 3이면 연쇄 호출이 끝난다. 새로운 부채를 만들지 않지만 f에서 원소를 하나 제거하면 a의 허용 부채 개수가 4, b의 허용 부채 개수가 1 줄어들 수 있다. 따라서 이런 부채를 바깥쪽 일시중단에 전달한다.

　|f| = 3이면 a가 비어 있지 않다고 가정하자(a가 비어 있는 경우도 여기서 설명하는 것과 비슷하게 증명할 수 있다). |f| > 3이면 a에는 부채가 1 있을 수 있으므로, 바깥쪽 일시중단으로 그 부채를 전달한다. 부채가 1이 아니라면 a에는 부채가 없다. a의 첫 원소가 풀린 복합 원소(즉, 원소들로 이뤄진 단순한 데크)라면, 그 원소가 기존 f의 나머지 원소들과 함께 새로운 f가 된다. 새로운 a는 기존 a에 대해 tail을 하는 일시중단이다. 이 일시중단은 자신이 재귀 호출하는 tail에서 최대 5개의 부채를 받는다. a의 새 최대 허용 부채가 최소 4이므로 최대 1의 부채를 둘러싸고 있는 일시중단에 전달해야 한다. 따라서 전체적으로는 최대 2개의 부채(하나는 a로부터, 다른 하나는 tail a 일시중단으로부터)를 둘러싸고 있는

일시중단에 전달한다(실제로는 tail a에서 부채를 전달하는 경우와 a의 부채가 1인 경우가 서로 배타적이므로 둘러싸고 있는 일시중단에 전달하는 부채는 최대 1이다).

|f| = 3인데, a가 비어 있지 않고, a의 첫 원소가 완전한 복합 원소 CMPD (f', c', r')이라면, f'은 이전 f의 원소들과 함께 새로운 f가 된다. 새 a는 ++ 와 replaceHead를 호출한다. 새 a의 전체 부채는 9이다. 4는 c'에서 온 것이고, 4는 ++에서 온 것이며, 1은 replaceHead를 위해 새로 하나 만든 것이다. 새 a의 최대 허용 부채는 4 또는 5이므로, 9개의 부채 중에 남는 5나 4의 부채를 둘러 싸고 있는 일시중단에 전달해야 한다. 원래의 a에 있는 부채 1을 전달해야만 하 는 경우(즉, |f| > 3)인 경우와 부채를 4 전달해야 하는 경우가 정확히 일치하므 로, 전체적으로는 5개의 부채를 둘러싸고 있는 일시중단에 전달한다.

📝 연습문제 11.4

연결 불가능한 데크의 구현 D가 주어진 경우, 다음 타입을 사용해 연결 가 능 리스트를 만들어라.

```
datatype 'a Cat =
      SHALLOW of 'a D.Queue
    | DEEP of 'a D.Queue * 'a CmpdElem Cat susp * 'a D.Queue
and 'a CmpdElem = CMPD of 'a D.Queue * 'a CmpdElem Cat susp
```

DEEP 노드의 앞 데크와 CMPD 노드에 들어 있는 데크는 모두 최소한 2개의 원소가 들어 있다. D의 모든 함수가 (최악의 경우나 분할 상환으로) $O(1)$에 작동한다고 가정하면, 여러분이 구현한 모든 함수가 $O(1)$ 분할 상환 시간 에 작동함을 증명하라.

11.3 참고사항

재귀적 감속 캐플런과 타잔은 [KT95]에서 재귀적 감속을 소개하고, [KT96b]에서 그 기법을 또 사용했다. 하지만 그들의 논의는 귀바스^{Guibas} 등이 [GMPR77]에서 제시했던 일반성 제약^{regularity constraint}과 밀접하게 연관되어 있다. 브로달은 [Bro95]에서 비슷한 기법을 사용해 힙을 구현했다.

연결 가능 데크 북스바움과 타잔은 [BT95]에서 tail과 init을 최악의 경우 $O(\log^* n)$에, 나머지 모든 연산을 최악의 경우 $O(1)$에 지원하는 연결 가능 데크의 순수 함수형 구현을 선보였다. 우리 구현은 이를 모든 연산을 $O(1)$에 수행하는 것으로 향상했다. 다만 우리 구현의 시간 바운드는 최악의 경우가 아니라 분할 상환 시간이다. 캐플런과 타잔은 독립적으로 최악의 경우 바운드를 제공하는 비슷한 구현을 개발했다[KT96a]. 하지만 그들이 만든 구현의 세부사항은 상당히 복잡하다.

부록 A

하스켈 소스 코드[1]

---

1 원서의 소스 코드는 아래첨자나 기호(화살표, ×, 그리스 문자 등이 대표적)가 쓰였지만 이 책에서는 일반적인 프로그래밍에 쓰이는 기호를 사용해 코드를 작성했다. 또, 오류를 표시할 때 구현체 이름을 오류 이름 앞에 표시하게 만들었다. – 옮긴이

A.1 큐

```
module Queue (Queue(..)) where
  import Prelude hiding (head,tail)

  class Queue q where
    empty   :: q a
    isEmpty :: q a -> Bool

    snoc    :: q a -> a -> q a
    head    :: q a -> a
    tail    :: q a -> q a
```

A.1.1 배치 큐

```
module BatchedQueue (module Queue, BatchedQueue) where
  import Prelude hiding (head,tail)
  import Queue

  data BatchedQueue a = BQ [a] [a]

  check [] r = BQ (reverse r) []
  check f r = BQ f r

  instance Queue BatchedQueue where
    empty = BQ [] []
    isEmpty (BQ f r) = null f

    snoc (BQ f r) x = check f (x:r)

    head (BQ [] _) = error "BatchedQueue.head: empty queue"
    head (BQ (x:f) r) = x

    tail (BQ [] _) = error "BatchedQueue.tail: empty queue"
    tail (BQ (x:f) r) = check f r
```

A.1.2 은행원 큐

```
module BankersQueue (module Queue, BankersQueue) where
  import Prelude hiding (head,tail)
```

```
import Queue

data BankersQueue a = BQ Int [a] Int [a]

check lenf f lenr r =
    if lenr <= lenf then BQ lenf f lenr r
    else BQ (lenf+lenr) (f ++ reverse r) 0 []

instance Queue BankersQueue where
  empty = BQ 0 [] 0 []
  isEmpty (BQ lenf f lenr r) = (lenf == 0)

  snoc (BQ lenf f lenr r) x = check lenf f (lenr+1) (x:r)

  head (BQ lenf [] lenr r) = error "BankersQueue.head: empty queue"
  head (BQ lenf (x:f') lenr r) = x

  tail (BQ lenf [] lenr r) = error "BankersQueue.tail: empty queue"
  tail (BQ lenf (x:f') lenr r) = check (lenf-1) f' lenr r
```

A.1.3 물리학자 큐

```
module PhysicistsQueue (module Queue, PhysicistsQueue) where
  import Prelude hiding (head,tail)
  import Queue

  data PhysicistsQueue a = PQ [a] Int [a] Int [a]

  check w lenf f lenr r =
      if lenr <= lenf then checkw w lenf f lenr r
      else checkw f (lenf+lenr) (f ++ reverse r) 0 []

  checkw [] lenf f lenr r = PQ f lenf f lenr r
  checkw w lenf f lenr r = PQ w lenf f lenr r

  instance Queue PhysicistsQueue where
    empty = PQ [] 0 [] 0 []
    isEmpty (PQ w lenf f lenr r) = (lenf == 0)
```

```
    snoc (PQ w lenf f lenr r) x = check w lenf f (lenr+1) (x:r)

    head (PQ [] lenf f lenr r) = error "PhysicistsQueue.head: empty
queue"
    head (PQ (x:w) lenf f lenr r) = x

    tail (PQ [] lenf f lenr r) = error "PhysicistsQueue.tail: empty
queue"
    tail (PQ (x:w) lenf f lenr r) = check w (lenf-1) (Prelude.tail f)
lenr r
```

A.1.4 후드-멜빌 큐

```
module HoodMelvilleQueue (module Queue, HoodMelvilleQueue) where
  import Prelude hiding (head,tail)
  import Queue

  data RotationState a =
        Idle
      | Reversing Int [a] [a] [a] [a]
      | Appending Int [a] [a]
      | Done [a]
  data HoodMelvilleQueue a = HM Int [a] (RotationState a) Int [a]

  exec (Reversing ok (x:f) f' (y:r) r') = Reversing (ok+1) f (x:f') r
(y:r')
  exec (Reversing ok [] f' [y] r') = Appending ok f' (y:r')
  exec (Appending 0 f' r') = Done r'
  exec (Appending ok (x:f') r') = Appending (ok-1) f' (x:r')
  exec state = state

  invalidate (Reversing ok f f' r r') = Reversing (ok-1) f f' r r'
  invalidate (Appending 0 f' (x:r')) = Done r'
  invalidate (Appending ok f' r') = Appending (ok-1) f' r'
  invalidate state = state

  exec2 lenf f state lenr r =
      case exec (exec state) of
        Done newf -> HM lenf newf Idle lenr r
```

```
            newstate -> HM lenf f newstate lenr r

  check lenf f state lenr r =
      if lenr <= lenf then exec2 lenf f state lenr r
      else let newstate = Reversing 0 f [] r []
             in exec2 (lenf+lenr) f newstate 0 []

  instance Queue HoodMelvilleQueue where
    empty = HM 0 [] Idle 0 []
    isEmpty (HM lenf f state lenr r) = (lenf == 0)

    snoc (HM lenf f state lenr r) x = check lenf f state (lenr+1) (x:r)

    head (HM _ [] _ _ _) = error "HoodMelvilleQueue.head: empty queue"
    head (HM _ (x:f') _ _ _) = x

    tail (HM lenf [] state lenr r) =
        error "HoodMelvilleQueue.tail: empty queue"
    tail (HM lenf (x:f') state lenr r) =
        check (lenf-1) f' (invalidate state) lenr r
```

A.1.5 부트스트랩 큐

```
module BootstrappedQueue (module Queue, BootstrappedQueue) where
  import Prelude hiding (head,tail)
  import Queue

  data BootstrappedQueue a =
      E | Q Int [a] (BootstrappedQueue [a]) Int [a]

  checkQ,checkF :: Int -> [a] -> (BootstrappedQueue [a]) -> Int -> [a]
                       -> BootstrappedQueue a
  checkQ lenfm f m lenr r =
      if lenr <= lenfm then checkF lenfm f m lenr r
      else checkF (lenfm+lenr) f (snoc m (reverse r)) 0 []

  checkF lenfm [] E lenr f = E
  checkF lenfm [] m lenr r = Q lenfm (head m) (tail m) lenr r
  checkF lenfm f m lenr r = Q lenfm f m lenr r
```

```
instance Queue BootstrappedQueue where
  empty = E
  isEmpty E = True
  isEmpty _ = False

  snoc E x = Q 1 [x] E 0 []
  snoc (Q lenfm f m lenr r) x = checkQ lenfm f m (lenr+1) (x:r)

  head E = error "BootstrappedQueue.head: empty queue"
  head (Q lenfm (x:f') m lenr r) = x

  tail E = error "BootstrappedQueue.tail: empty queue"
  tail (Q lenfm (x:f') m lenr r) = checkQ (lenfm-1) f' m lenr r
```

A.1.6 암시적 큐

```
module ImplicitQueue (module Queue, ImplicitQueue) where
  import Prelude hiding (head,tail)
  import Queue

  data Digit a = Zero | One a | Two a a
  data ImplicitQueue a =
        Shallow (Digit a)
      | Deep (Digit a) (ImplicitQueue (a,a)) (Digit a)

  instance Queue ImplicitQueue where
    empty = Shallow Zero
    isEmpty (Shallow Zero) = True
    isEmpty _ = False

    snoc (Shallow Zero) y = Shallow (One y)
    snoc (Shallow (One x)) y = Deep (Two x y) empty Zero
    snoc (Deep f m Zero) y = Deep f m (One y)
    snoc (Deep f m (One x)) y = Deep f (snoc m (x,y)) Zero

    head (Shallow Zero) = error "ImplicitQueue.head: empty queue"
    head (Shallow (One x)) = x
    head (Deep (One x) m r) = x
    head (Deep (Two x y) m r) = x
```

```
tail (Shallow Zero) = error "ImplicitQueue.tail: empty queue"
tail (Shallow (One x)) = empty
tail (Deep (Two x y) m r) = Deep (One y) m r
tail (Deep (One x) m r) =
    if isEmpty m then Shallow r else Deep (Two y z) (tail m) r
  where (y,z) = head m
```

A.2 데크

```
module Deque (Deque(..)) where
  import Prelude hiding (head,tail,last,init)

  class Deque q where
    empty   :: q a
    isEmpty :: q a -> Bool

    cons    :: a -> q a -> q a
    head    :: q a -> a
    tail    :: q a -> q a

    snoc    :: q a -> a -> q a
    last    :: q a -> a
    init    :: q a -> q a
```

A.2.1 은행원 데크

```
module BankersDeque (module Deque, BankersDeque) where
  import Prelude hiding (head,tail,last,init)
  import Deque

  data BankersDeque a = BD Int [a] Int [a]

  c = 3

  check lenf f lenr r =
      if lenf > c*lenr + 1 then
        let i = (lenf+lenr) `div` 2
            j = lenf+lenr-i
            f' = take i f
```

```
            r' = r ++ reverse (drop i f)
      in BD i f' j r'
   else if lenr > c*lenf + 1 then
     let j = (lenf+lenr) `div` 2
         i = lenf+lenr-j
         r' = take j r
         f' = f ++ reverse (drop j r)
     in BD i f' j r'
   else BD lenf f lenr r

instance Deque BankersDeque where
  empty = BD 0 [] 0 []
  isEmpty (BD lenf f lenr r) = (lenf+lenr == 0)

  cons x (BD lenf f lenr r) = check (lenf+1) (x:f) lenr r

  head (BD lenf [] lenr r) = error "BankersDeque.head: empty deque"
  head (BD lenf (x:f') lenr r) = x

  tail (BD lenf [] lenr r) = error "BankersDeque.tail: empty deque"
  tail (BD lenf (x:f') lenr r) = check (lenf-1) f' lenr r

  snoc (BD lenf f lenr r) x = check lenf f (lenr+1) (x:r)

  last (BD lenf f lenr []) = error "BankersDeque.last: empty deque"
  last (BD lenf f lenr (x:r')) = x

  init (BD lenf f lenr []) = error "BankersDeque.init: empty deque"
  init (BD lenf f lenr (x:r')) = check lenf f (lenr-1) r'
```

A.3 연결 가능 리스트

```
module CatenableList (CatenableList(..)) where
  import Prelude hiding (head,tail,(++))

  class CatenableList c where
    empty   :: c a
    isEmpty :: c a -> Bool
```

```
cons    :: a -> c a -> c a
snoc    :: c a -> a -> c a
(++)    :: c a -> c a -> c a

head    :: c a -> a
tail    :: c a -> c a
```

A.3.1 부스트스랩 연결 가능 리스트

```
module CatList (module CatenableList, Queue, CatList) where
  import Prelude hiding (head,tail,(++))
  import CatenableList
  import Queue (Queue)
  import qualified Queue

  data Queue q => CatList q a = E | C a (q (CatList q a))

  link (C x q) s = C x (Queue.snoc q s)

  instance Queue q => CatenableList (CatList q) where
    empty = E
    isEmpty E = True
    isEmpty _ = False

    xs ++ E = xs
    E ++ xs = xs
    xs ++ ys = link xs ys

    cons x xs = C x Queue.empty ++ xs
    snoc xs x = xs ++ C x Queue.empty

    head E = error "CatList.head: empty list"
    head (C x q) = x

    tail E = error "CatList.tail: empty list"
    tail (C x q) = if Queue.isEmpty q then E else linkAll q
      where linkAll q = if Queue.isEmpty q' then t else link t (linkAll
q')
              where t = Queue.head q
                    q' = Queue.tail q
```

A.4 연결 가능 데크

```
module CatenableDeque (module Deque, CatenableDeque(..)) where
  import Prelude hiding (head,tail,last,init,(++))
  import Deque

  class Deque q => CatenableDeque q where
    (++) :: q a -> q a -> q a
```

A.4.1 간단한 연결 가능 데크

```
module SimpleCatenableDeque (module CatenableDeque, SimpleCatDeque) where
  import Prelude hiding (head,tail,last,init,(++))
  import CatenableDeque

  data SimpleCatDeque d a =
      Shallow (d a)
    | Deep (d a) (SimpleCatDeque d (d a)) (d a)

  tooSmall d = isEmpty d || isEmpty (tail d)

  dappendL d1 d2 = if isEmpty d1 then d2 else cons (head d1) d2
  dappendR d1 d2 = if isEmpty d2 then d1 else snoc d1 (head d2)

  instance Deque d => Deque (SimpleCatDeque d) where
    empty = Shallow empty
    isEmpty (Shallow d) = isEmpty d
    isEmpty _ = False

    cons x (Shallow d) = Shallow (cons x d)
    cons x (Deep f m r) = Deep (cons x f) m r

    head (Shallow d) = head d
    head (Deep f m r) = head f

    tail (Shallow d) = Shallow (tail d)
    tail (Deep f m r)
        | not (tooSmall f') = Deep f' m r
        | isEmpty m = Shallow (dappendL f' r)
        | otherwise = Deep (dappendL f' (head m)) (tail m) r
```

```
        where f' = tail f

    snoc (Shallow d) x = Shallow (snoc d x)
    snoc (Deep f m r) x = Deep f m (snoc r x)

    last (Shallow d) = last d
    last (Deep f m r) = last r

    init (Shallow d) = Shallow (init d)
    init (Deep f m r)
        | not (tooSmall r') = Deep f m r'
        | isEmpty m = Shallow (dappendR f r')
        | otherwise = Deep f (init m) (dappendR (last m) r')
      where r' = init r

  instance Deque d => CatenableDeque (SimpleCatDeque d) where
    (Shallow d1) ++ (Shallow d2)
        | tooSmall d1 = Shallow (dappendL d1 d2)
        | tooSmall d2 = Shallow (dappendR d1 d2)
        | otherwise = Deep d1 empty d2
    (Shallow d) ++ (Deep f m r)
        | tooSmall d = Deep (dappendL d f) m r
        | otherwise = Deep d (cons f m) r
    (Deep f m r) ++ (Shallow d)
        | tooSmall d = Deep f m (dappendR r d)
        | otherwise = Deep f (snoc m r) d
    (Deep f1 m1 r1) ++ (Deep f2 m2 r2) = Deep f1 (snoc m1 r1 ++ cons f2
m2) r2
```

A.4.2 암시적 연결 가능 데크

```
module ImplicitCatenableDeque
  (module CatenableDeque, Sized(..), ImplicitCatDeque) where
  import Prelude hiding (head,tail,last,init,(++))
  import CatenableDeque

  class Sized d where
    size :: d a -> Int
```

```
data ImplicitCatDeque d a =
    Shallow (d a)
  | Deep (d a) (ImplicitCatDeque d (CmpdElem d a)) (d a)
           (ImplicitCatDeque d (CmpdElem d a)) (d a)

data CmpdElem d a =
    Simple (d a)
  | Cmpd (d a) (ImplicitCatDeque d (CmpdElem d a)) (d a)

share f r = (init f, m, tail r)
  where m = cons (last f) (cons (head r) empty)

dappendL d1 d2 =
    if isEmpty d1 then d2 else dappendL (init d1) (cons (last d1) d2)
dappendR d1 d2 =
    if isEmpty d2 then d1 else dappendR (snoc d1 (head d2)) (tail d2)

replaceHead x (Shallow d) = Shallow (cons x (tail d))
replaceHead x (Deep f a m b r) = Deep (cons x (tail f)) a m b r

replaceLast (Shallow d) x = Shallow (snoc (init d) x)
replaceLast (Deep f a m b r) x = Deep f a m b (snoc (init r) x)

instance (Deque d, Sized d) => Deque (ImplicitCatDeque d) where
  empty = Shallow empty
  isEmpty (Shallow d) = isEmpty d
  isEmpty _ = False

  cons x (Shallow d) = Shallow (cons x d)
  cons x (Deep f a m b r) = Deep (cons x f) a m b r

  head (Shallow d) = head d
  head (Deep f a m b r) = head f

  snoc (Shallow d) x = Shallow (snoc d x)
  snoc (Deep f a m b r) x = Deep f a m b (snoc r x)

  last (Shallow d) = last d
  last (Deep f a m b r) = last r
```

```
tail (Shallow d) = Shallow (tail d)
tail (Deep f a m b r)
    | size f > 3 = Deep (tail f) a m b r
    | not (isEmpty a) =
        case head a of
          Simple d -> Deep f' (tail a) m b r
            where f' = dappendL (tail f) d
          Cmpd f' c' r' -> Deep f'' a'' m b r
            where f'' = dappendL (tail f) f'
                  a'' = c' ++ replaceHead (Simple r') a
    | not (isEmpty b) =
        case head b of
          Simple d -> Deep f' empty d (tail b) r
            where f' = dappendL (tail f) m
          Cmpd f' c' r' -> Deep f'' a'' r' (tail b) r
            where f'' = dappendL (tail f) m
                  a'' = cons (Simple f') c'
    | otherwise = Shallow (dappendL (tail f) m) ++ Shallow r

init (Shallow d) = Shallow (init d)
init (Deep f a m b r)
    | size r > 3 = Deep f a m b (init r)
    | not (isEmpty b) =
        case last b of
          Simple d -> Deep f a m (init b) r'
            where r' = dappendR d (init r)
          Cmpd f' c' r' -> Deep f a m b'' r''
            where r'' = dappendR r' (init r)
                  b'' = replaceLast b (Simple f') ++ c'
    | not (isEmpty a) =
        case last a of
          Simple d -> Deep f (init a) d empty r'
            where r' = dappendR m (init r)
          Cmpd f' c' r' -> Deep f (init a) f' b'' r''
            where r'' = dappendR m (init r)
                  b'' = snoc c' (Simple r')
    | otherwise = Shallow f ++ Shallow (dappendR m (init r))

instance (Deque d, Sized d) => CatenableDeque (ImplicitCatDeque d)
```

```
where
    (Shallow d1) ++ (Shallow d2)
        | size d1 < 4 = Shallow (dappendL d1 d2)
        | size d2 < 4 = Shallow (dappendR d1 d2)
        | otherwise = let (f, m, r) = share d1 d2 in Deep f empty m
empty r
    (Shallow d) ++ (Deep f a m b r)
        | size d < 4 = Deep (dappendL d f) a m b r
        | otherwise = Deep  d (cons (Simple f) a) m b r
    (Deep f a m b r) ++ (Shallow d)
        | size d < 4 = Deep f a m b (dappendR r d)
        | otherwise = Deep f a m (snoc b (Simple r)) d
    (Deep f1 a1 m1 b1 r1) ++ (Deep f2 a2 m2 b2 r2) = Deep f1 a1' m b2'
r2
        where (r1', m, f2') = share r1 f2
              a1' = snoc a1 (Cmpd m1 b1 r1')
              b2' = cons (Cmpd f2' a2 m2) b2
```

A.5 임의 접근 리스트

```
module RandomAccessList (RandomAccessList(..)) where
  import Prelude hiding (head,tail,lookup)

  class RandomAccessList r where
    empty   :: r a
    isEmpty :: r a -> Bool

    cons    :: a -> r a -> r a
    head    :: r a -> a
    tail    :: r a -> r a

    lookup  :: Int -> r a -> a
    update  :: Int -> a -> r a -> r a
```

A.5.1 이진수 기반 임의 접근 리스트

```
module BinaryRandomAccessList (module RandomAccessList, BinaryList)
where
  import Prelude hiding (head,tail,lookup)
```

```
import RandomAccessList

data Tree a = Leaf a | Node Int (Tree a) (Tree a)
data Digit a = Zero | One (Tree a)
newtype BinaryList a = BL [Digit a]

size (Leaf x) = 1
size (Node w t1 t2) = w
link t1 t2 = Node (size t1 + size t2) t1 t2

consTree t [] = [One t]
consTree t (Zero : ts) = One t : ts
consTree t1 (One t2 : ts) = Zero : consTree (link t1 t2) ts

unconsTree [] = error "BinaryRandomAccessList: empty list"
unconsTree [One t] = (t, [])
unconsTree (One t : ts) = (t, Zero : ts)
unconsTree (Zero : ts) = (t1, One t2 : ts')
    where (Node _ t1 t2, ts') = unconsTree ts

instance RandomAccessList BinaryList where
  empty = BL []
  isEmpty (BL ts) = null ts

  cons x (BL ts) = BL (consTree (Leaf x) ts)
  head (BL ts) = let (Leaf x, _) = unconsTree ts in x
  tail (BL ts) = let (_, ts') = unconsTree ts in BL ts'

  lookup i (BL ts) = look i ts
    where
      fail = error "BinaryRandomAccessList.lookup: bad subscript"

      look i [] = fail
      look i (Zero : ts) = look i ts
      look i (One t : ts) =
        if i < size t then lookTree i t else look (i - size t) ts

      lookTree 0 (Leaf x) = x
      lookTree i (Leaf x) = fail
```

```
        lookTree i (Node w t1 t2) =
          if i < w `div` 2 then lookTree i t1
          else lookTree (i - w `div` 2) t2

    update i y (BL ts) = BL (upd i ts)
      where
        fail = error "BinaryRandomAccessList.update: bad subscript"

        upd i [] = fail
        upd i (Zero : ts) = Zero : upd i ts
        upd i (One t : ts) =
          if i < size t then One (updTree i t) : ts
          else One t : upd (i - size t) ts

        updTree 0 (Leaf x) = Leaf y
        updTree i (Leaf x) = fail
        updTree i (Node w t1 t2) =
          if i < w `div` 2 then Node w (updTree i t1) t2
          else Node w t1 (updTree (i - w `div` 2) t2)
```

A.5.2 치우친 이진수 기반 임의 접근 리스트

```
module SkewBinaryRandomAccessList (module RandomAccessList, SkewList)
where
  import Prelude hiding (head,tail,lookup)
  import RandomAccessList

  data Tree a = Leaf a | Node a (Tree a) (Tree a)
  newtype SkewList a = SL [(Int, Tree a)]

  skewfail msg = error ("SkewBinaryRandomAccessList." ++ msg)

  instance RandomAccessList SkewList where
    empty = SL []
    isEmpty (SL ts) = null ts

    cons x (SL ((w1,t1) : (w2,t2) : ts))
      | w1 == w2 = SL ((1+w1+w2, Node x t1 t2) : ts)
    cons x (SL ts) = SL ((1,Leaf x) : ts)
```

```
head (SL []) = skewfail "head: empty list"
head (SL ((1, Leaf x) : ts)) = x
head (SL ((w, Node x t1 t2) : ts)) = x


tail (SL []) = skewfail "tail: empty list"
tail (SL ((1, Leaf x) : ts)) = SL ts
tail (SL ((w, Node x t1 t2) : ts)) =
    SL ((w `div` 2, t1) : (w `div` 2, t2) : ts)


lookup i (SL ts) = look i ts
  where
    look i [] = skewfail "lookup: bad subscript"
    look i ((w,t) : ts) =
      if i < w then lookTree w i t
      else look (i-w) ts

    lookTree 1 0 (Leaf x) = x
    lookTree 1 i (Leaf x) = skewfail "lookup: bad subscript"
    lookTree w 0 (Node x t1 t2) = x
    lookTree w i (Node x t1 t2) =
        if i <= w' then lookTree w' (i-1) t1
        else lookTree w' (i-1-w') t2
      where w' = w `div` 2

update i y (SL ts) = SL (upd i ts)
  where
    upd i [] = skewfail "update: bad subscript"
    upd i ((w,t) : ts) =
      if i < w then (w,updTree w i t) : ts
      else (w,t) : upd (i-w) ts

    updTree 1 0 (Leaf x) = Leaf y
    updTree 1 i (Leaf x) = skewfail "update: bad subscript"
    updTree w 0 (Node x t1 t2) = Node y t1 t2
    updTree w i (Node x t1 t2) =
        if i <= w' then Node x (updTree w' (i-1) t1) t2
        else Node x t1 (updTree w' (i-1-w') t2)
      where w' = w `div` 2
```

A.5.2 이진수 기반 임의 접근 리스트(다른 구현)

```
module AltBinaryRandomAccessList (module RandomAccessList, BinaryList)
where
  import Prelude hiding (head,tail,lookup)
  import RandomAccessList

  data BinaryList a =
        Nil | Zero (BinaryList (a,a)) | One a (BinaryList (a,a))

  uncons :: BinaryList a -> (a, BinaryList a)
  uncons Nil = error "AltBinaryRandomAccessList: empty list"
  uncons (One x Nil) = (x, Nil)
  uncons (One x ps) = (x, Zero ps)
  uncons (Zero ps) = let ((x,y), ps') = uncons ps in (x, One y ps')

  fupdate :: (a -> a) -> Int -> BinaryList a -> BinaryList a
  fupdate f i Nil = error "AltBinaryRandomAccessList.update: bad
subscript"
  fupdate f 0 (One x ps) = One (f x) ps
  fupdate f i (One x ps) = cons x (fupdate f (i-1) (Zero ps))
  fupdate f i (Zero ps) = Zero (fupdate f' (i `div` 2) ps)
      where f' (x,y) = if i `mod` 2 == 0 then (f x, y) else (x, f y)

  instance RandomAccessList BinaryList where
    empty = Nil
    isEmpty Nil = True
    isEmpty _ = False

    cons x Nil = One x Nil
    cons x (Zero ps) = One x ps
    cons x (One y ps) = Zero (cons (x,y) ps)

    head xs = fst (uncons xs)
    tail xs = snd (uncons xs)

    lookup i Nil = error "AltBinaryRandomAccessList.lookup: bad
subscript"
    lookup 0 (One x ps) = x
    lookup i (One x ps) = lookup (i-1) (Zero ps)
```

```
lookup i (Zero ps) = if i `mod` 2 == 0 then x else y
    where (x,y) = lookup (i `div` 2) ps

update i y xs = fupdate (\x -> y) i xs
```

A.6 힙

```
module Heap (Heap(..)) where
  class Heap h where
    empty     :: Ord a => h a
    isEmpty   :: Ord a => h a -> Bool

    insert    :: Ord a => a -> h a -> h a
    merge     :: Ord a => h a -> h a -> h a

    findMin   :: Ord a => h a -> a
    deleteMin :: Ord a => h a -> h a
```

A.6.1 레프티스트 힙

```
module LeftistHeap (module Heap, LeftistHeap) where
  import Heap

  data LeftistHeap a = E | T Int a (LeftistHeap a) (LeftistHeap a)

  rank E = 0
  rank (T r _ _ _) = r

  makeT x a b = if rank a >= rank b then T (rank b + 1) x a b
                else T (rank a + 1) x b a

  instance Heap LeftistHeap where
    empty = E
    isEmpty E = True
    isEmpty _ = False

    insert x h = merge (T 1 x E E) h

    merge h E = h
```

```
merge E h = h
merge h1@(T _ x a1 b1) h2@(T _ y a2 b2) =
  if x <= y then makeT x a1 (merge b1 h2)
  else makeT y a2 (merge h1 b2)

findMin E = error "LeftistHeap.findMin: empty heap"
findMin (T _ x a b) = x

deleteMin E = error "LeftistHeap.deleteMin: empty heap"
deleteMin (T _ x a b) = merge a b
```

A.6.2 이항 힙

```
module BinomialHeap (module Heap, BinomialHeap) where
  import Heap

  data Tree a = Node Int a [Tree a]
  newtype BinomialHeap a = BH [Tree a]

  rank (Node r x c) = r
  root (Node r x c) = x

  link t1@(Node r x1 c1) t2@(Node _ x2 c2) =
    if x1 <= x2 then Node (r+1) x1 (t2:c1)
    else Node (r+1) x2 (t1:c2)
  insTree t [] = [t]
  insTree t ts@(t':ts') =
    if rank t < rank t' then t:ts else insTree (link t t') ts'

  mrg ts1 [] = ts1
  mrg [] ts2 = ts2
  mrg ts1@(t1:ts1') ts2@(t2:ts2')
      | rank t1 < rank t2 = t1 : mrg ts1' ts2
      | rank t2 < rank t1 = t2 : mrg ts1 ts2'
      | otherwise = insTree (link t1 t2) (mrg ts1' ts2')

  removeMinTree [] = error "BinomialHeap: empty heap"
  removeMinTree [t] = (t, [])
  removeMinTree (t:ts) = if root t < root t' then (t, ts) else (t', t :
```

```
ts')
        where (t', ts') = removeMinTree ts


  instance Heap BinomialHeap where
    empty = BH []
    isEmpty (BH ts) = null ts

    insert x (BH ts) = BH (insTree (Node 0 x []) ts)
    merge (BH ts1) (BH ts2) = BH (mrg ts1 ts2)

    findMin (BH ts) = root t
        where (t, _) = removeMinTree ts

    deleteMin (BH ts) = BH (mrg (reverse ts1) ts2)
        where (Node _ x ts1, ts2) = removeMinTree ts
```

A.6.3 스플레이 힙

```
module SplayHeap (module Heap, SplayHeap) where
  import Heap

  data SplayHeap a = E | T (SplayHeap a) a (SplayHeap a)

  partition pivot E = (E, E)
  partition pivot t@(T a x b) =
    if x <= pivot then
      case b of
        E -> (t, E)
        T b1 y b2 ->
          if y <= pivot then
            let (small, big) = partition pivot b2
            in (T (T a x b1) y small, big)
          else
            let (small, big) = partition pivot b1
            in (T a x small, T big y b2)
    else
      case a of
        E -> (E, t)
        T a1 y a2 ->
```

```
                 if y <= pivot then
                    let (small, big) = partition pivot a2
                    in (T a1 y small, T big x b)
                 else
                    let (small, big) = partition pivot a1
                    in (small, T big y (T a2 x b))

  instance Heap SplayHeap where
    empty = E
    isEmpty E = True
    isEmpty _ = False

    insert x t = T a x b
        where (a, h) = partition x t

    merge E t = t
    merge (T a x b) t = T (merge ta a) x (merge tb b)
        where (ta, tb) = partition x t

    findMin E = error "SplayHeap.findMin: empty heap"
    findMin (T E x b) = x
    findMin (T a x b) = findMin a

    deleteMin E = error "SplayHeap.deleteMin: empty heap"
    deleteMin (T E x b) = b
    deleteMin (T (T E x b) y c) = T b y c
    deleteMin (T (T a x b) y c) = T (deleteMin a) x (T b y c)
```

A.6.4 페어링 힙

```
module PairingHeap (module Heap, PairingHeap) where
  import Heap

  data PairingHeap a = E | T a [PairingHeap a]

  mergePairs [] = E
  mergePairs [h] = h
  mergePairs (h1 : h2 : hs) = merge (merge h1 h2) (mergePairs hs)
```

```
instance Heap PairingHeap where
  empty = E
  isEmpty E = True
  isEmpty _ = False

  insert x h = merge (T x []) h

  merge h E = h
  merge E h = h
  merge h1@(T x hs1) h2@(T y hs2) =
      if x < y then T x (h2:hs1) else T y (h1:hs2)

  findMin E = error "PairingHeap.findMin: empty heap"
  findMin (T x hs) = x

  deleteMin E = error "PairingHeap.deleteMin: empty heap"
  deleteMin (T x hs) = mergePairs hs
```

A.6.5 지연 페어링 힙

```
module LazyPairingHeap (module Heap, PairingHeap) where
  import Heap

  data PairingHeap a = E | T a (PairingHeap a) (PairingHeap a)

  link (T x E m) a = T x a m
  link (T x b m) a = T x E (merge (merge a b) m)

  instance Heap PairingHeap where
    empty = E
    isEmpty E = True
    isEmpty _ = False

    insert x a = merge (T x E E) a

    merge a E = a
    merge E b = b
    merge a@(T x _ _) b@(T y _ _) =
      if x <= y then link a b else link b a
```

```
findMin E = error "LazyPairingHeap.findMin: empty heap"
findMin (T x a m) = x

deleteMin E = error "LazyPairingHeap.deleteMin: empty heap"
deleteMin (T x a m) = merge a m
```

A.6.6 치우친 이항 힙

```
module SkewBinomialHeap (module Heap, SkewBinomialHeap) where
  import Heap

  data Tree a = Node Int a [a] [Tree a]

  newtype SkewBinomialHeap a = SBH [Tree a]

  rank (Node r x xs c) = r
  root (Node r x xs c) = x

  link t1@(Node r x1 xs1 c1) t2@(Node _ x2 xs2 c2) =
      if x1 <= x2 then Node (r+1) x1 xs1 (t2:c1)
      else Node (r+1) x2 xs2 (t1:c2)

  skewLink x t1 t2 =
      let Node r y ys c = link t1 t2
      in if x <= y then Node r x (y:ys) c else Node r y (x:ys) c

  insTree t [] = [t]
  insTree t ts@(t':ts') =
    if rank t < rank t' then t:ts else insTree (link t t') ts'

  mrg ts1 [] = ts1
  mrg [] ts2 = ts2
  mrg ts1@(t1:ts1') ts2@(t2:ts2')
      | rank t1 < rank t2 = t1 : mrg ts1' ts2
      | rank t2 < rank t1 = t2 : mrg ts1 ts2'
      | otherwise = insTree (link t1 t2) (mrg ts1' ts2')

  normalize [] = []
  normalize (t:ts) = insTree t ts
```

```
removeMinTree [] = error "SkewBinomialHeap: empty heap"
removeMinTree [t] = (t, [])
removeMinTree (t:ts) = if root t < root t' then (t, ts) else (t', t :
ts')
    where (t', ts') = removeMinTree ts


instance Heap SkewBinomialHeap where
  empty = SBH []
  isEmpty (SBH ts) = null ts

  insert x (SBH (t1:t2:ts))
      | rank t1 == rank t2 = SBH (skewLink x t1 t2 : ts)
  insert x (SBH ts) = SBH (Node 0 x [] [] : ts)

  merge (SBH ts1) (SBH ts2) = SBH (mrg (normalize ts1) (normalize
ts2))

  findMin (SBH ts) = root t
      where (t, _) = removeMinTree ts

  deleteMin (SBH ts) = foldr insert (SBH ts') xs
      where (Node _ x xs ts1, ts2) = removeMinTree ts
            ts' = mrg (reverse ts1) (normalize ts2)
```

A.6.7 부트스트랩 힙

```
module BootstrapHeap (module Heap, BootstrapHeap) where
  import Heap

  data BootstrapHeap h a = E | H a (h (BootstrapHeap h a))

  instance Eq a => Eq (BootstrapHeap h a) where
    (H x _) == (H y _) = (x == y)
  instance Ord a => Ord (BootstrapHeap h a) where
    (H x _) <= (H y _) = (x <= y)

  instance Heap h => Heap (BootstrapHeap h) where
    empty = E
    isEmpty E = True
```

```
isEmpty _ = False

insert x h = merge (H x empty) h

merge E h = h
merge h E = h
merge h1@(H x p1) h2@(H y p2) =
  if x <= y then H x (insert h2 p1) else H y (insert h1 p2)

findMin E = error "BootstrapHeap.findMin: empty heap"
findMin (H x p) = x

deleteMin E = error "BootstrapHeap.deleteMin: empty heap"
deleteMin (H x p) =
  if isEmpty p then E
  else let H y p1 = findMin p
           p2 = deleteMin p
       in H y (merge p1 p2)
```

A.7 정렬 가능 컬렉션

```
module Sortable (Sortable(..)) where
  class Sortable s where
    empty :: Ord a => s a
    add   :: Ord a => a -> s a -> s a
    sort  :: Ord a => s a -> [a]
```

A.7.1 상향식 병합 정렬 가능 컬렉션

```
module BottomUpMergeSort(module Sortable, MergeSort) where
  import Sortable

  data MergeSort a = MS Int [[a]]

  mrg [] ys = ys
  mrg xs [] = xs
  mrg xs@(x:xs') ys@(y:ys') =
    if x <= y then x : mrg xs' ys else y : mrg xs ys'
```

```
instance Sortable MergeSort where
  empty = MS 0 []

  add x (MS size segs) = MS (size+1) (addSeg [x] segs size)
    where addSeg seg segs size =
            if size `mod` 2 == 0 then seg : segs
            else addSeg (mrg seg (head segs)) (tail segs) (size `div` 2)

  sort (MS size segs) = foldl mrg [] segs
```

A.8 집합

```
module Set (Set(..)) where
```
```
-- 다중 파라미터 타입 클래스를 가정한다!
  class Set s a where
    emptySet  :: s a
    insertSet :: a -> s a -> s a
    memberSet :: a -> s a -> Bool
```

A.8.1 비균형 집합

```
module UnbalancedSet (module Set, UnbalancedSet) where
  import Set

  data UnbalancedSet a = E | T (UnbalancedSet a) a (UnbalancedSet a)

  instance Ord a => Set UnbalancedSet a where
    emptySet = E

    memberSet x E = False
    memberSet x (T a y b) =
      if x < y then memberSet x a
      else if x > y then memberSet x b
      else True

    insertSet x E = T E x E
    insertSet x s@(T a y b) =
      if x < y then T (insertSet x a) y b
      else if x > y then T a y (insertSet x b)
```

```
        else s
```

A.8.2 적흑 집합

```
module RedBlackSet (module Set, RedBlackSet) where
  import Set

  data Color = R | B
  data RedBlackSet a = E | T Color (RedBlackSet a) a (RedBlackSet a)

  balance B (T R (T R a x b) y c) z d = T R (T B a x b) y (T B c z d)
  balance B (T R a x (T R b y c)) z d = T R (T B a x b) y (T B c z d)
  balance B a x (T R (T R b y c) z d) = T R (T B a x b) y (T B c z d)
  balance B a x (T R b y (T R c z d)) = T R (T B a x b) y (T B c z d)
  balance color a x b = T color a x b

  instance Ord a => Set RedBlackSet a where
    emptySet = E

    memberSet x E = False
    memberSet x (T _ a y b) =
      if x < y then memberSet x a
      else if x > y then memberSet x b
      else True

    insertSet x s = T B a y b
      where ins E = T R E x E
            ins s@(T color a y b) =
              if x < y then balance color (ins a) y b
              else if x > y then balance color a y (ins b)
              else s

            T _ a y b = ins s  -- 비어 있지 않도록 보장
```

A.9 유한 맵

```
module FiniteMap (FiniteMap(..)) where
  -- 다중 파라미터 타입 클래스를 가정한다!
  class FiniteMap m k where
```

```
emptyFM  :: m k a
bindFM   :: k -> a -> m k a -> m k a
lookupFM :: k -> m k a -> Maybe a
```

A.9.1 트라이

```
module Trie (module FiniteMap, Trie) where
  import FiniteMap

{-
  data Trie m k ks a = Trie (Maybe a) (m k (Trie m k ks a))

  instance FiniteMap m k => FiniteMap (Trie m k) [k] where
    emptyFM = Trie Nothing emptyFM

    lookupFM [] (Trie b m) = b
    lookupFM (k : ks) (Trie b m) = lookupFM k m >>= \m' -> lookupFM ks m'

    bindFM [] x (Trie b m) = Trie (Just x) m
    bindFM (k : ks) x (Trie b m) =
      let t = case lookupFM k m of
                Just t -> t
                Nothing -> emptyFM
          t' = bindFM ks x t
      in Trie b (bindFM k t' m)
-}

  data Trie mk ks a = Trie (Maybe a) (mk (Trie mk ks a))

  instance FiniteMap m k => FiniteMap (Trie (m k)) [k] where
    emptyFM = Trie Nothing emptyFM

    lookupFM [] (Trie b m) = b
    lookupFM (k : ks) (Trie b m) = lookupFM k m >>= \m' -> lookupFM ks m'

    bindFM [] x (Trie b m) = Trie (Just x) m
    bindFM (k : ks) x (Trie b m) =
      let t = case lookupFM k m of
                Just t -> t
```

```
                    Nothing -> emptyFM
          t' = bindFM ks x t
      in Trie b (bindFM k t' m)
```

A.9.2 트리들의 트라이

```haskell
module TrieOfTrees (module FiniteMap, Tree (..), Trie) where
  import FiniteMap

  data Tree a = E | T a (Tree a) (Tree a)
  data Trie m k ks a = Trie (Maybe a) (m k (Trie m k ks (Trie m k ks a)))

  instance FiniteMap m k => FiniteMap (Trie m k) (Tree k) where
    emptyFM = Trie Nothing emptyFM

    lookupFM E (Trie v m) = v
    lookupFM (T k a b) (Trie v m) =
      lookupFM k m >>= \m' ->
      lookupFM a m' >>= \m'' ->
      lookupFM b m''

    bindFM E x (Trie v m) = Trie (Just x) m
    bindFM (T k a b) x (Trie v m) =
      let tt = case lookupFM k m of
                 Just tt -> tt
                 Nothing -> emptyFM
          t = case lookupFM a tt of
                 Just t -> t
                 Nothing -> emptyFM
          t' = bindFM b x t
          tt' = bindFM a t' tt
      in Trie v (bindFM k tt' m)
```

| 참고문헌 |

[Ada93]   Stephen Adams. Efficient sets—a balancing act. *Journal of Functional Programming*, 3(4):553−561, October 1993. (p. 29)

[AFM⁺95]   Zena M. Ariola, Matthias Felleisen, John Maraist, Martin Odersky, and Philip Wadler. A call-by-need lambda calculus. In *ACM Symposium on Principles of Programming Languages*, pages 233−246, January 1995. (p. 37)

[And91]   Arne Andersson. A note on searching in a binary search tree. *Software—Practice and Experience*, 21(10):1125−1128, October 1991. (p. 14)

[AVL62]   G. M. Adel'son-Vel'skiĭ and E. M. Landis. An algorithm for the organization of information. *Soviet Mathematics—Doklady*, 3(5): 1259−1263, September 1962. English translation of Russian orginal appearing in *Doklady Akademia Nauk SSSR*, 146:263−266. (p. 99)

[Bac78]   John Backus. Can programming be liberated from the von Neumann style? A functional style and its algebra of programs. *Communications of the ACM*, 21(8):613−641, August 1978. (p. 1)

[BAG92]   Amir M. Ben-Amram and Zvi Galil. On pointers versus addresses. *Journal of the ACM*, 39(3):617−648, July 1992. (p. 2)

[BC93]   F. Warren Burton and Robert D. Cameron. Pattern matching with abstract data types. *Journal of Functional Programming*, 3(2):171−190, April 1993. (p. 180)

[Bel57]   Richard Bellman. *Dynamic Programming.* Princeton University Press, 1957. (p. 37)

[BH89]   Bror Bjerner and Sören Holmström. A compositional approach to time analysis of first order lazy functional programs. In *Conference on Functional Programming Languages and Computer Architecture*, pages 157–165, September 1989. (p. 82)

[BO96]   Gerth Stølting Brodal and Chris Okasaki. Optimal purely functional priority queues. *Journal of Functional Programming*, 6(6):839–857, November 1996. (pp. 140, 170)

[Bro78]   Mark R. Brown. Implementation and analysis of binomial queue algorithms. *SIAM Journal on Computing*, l(3):29S–319, August 1978. (pp. 20, 29)

[Bro95]   Gerth Stølting Brodal. Fast meldable priority queues. In *Workshop on Algorithms and Data Structures*, volume 955 of *LNCS*, pages 282–290. Springer-Verlag, August 1995. (pp. 170, 184)

[Bro96]   Gerth Stølting Brodal. Worst-case priority queues. In *ACM–SIAM Symposium on Discrete Algorithms*, pages 52–58, January 1996. (p. 170)

[BST95]   Adam L. Buchsbaum, Rajamani Sundar, and Robert E. Tarjan. Data-structural bootstrapping, linear path compression, and catenable heap-ordered double-ended queues. *SIAM Journal on Computing*, 24(6): 1190–1206, December 1995. (p. 169)

[BT95]   Adam L. Buchsbaum and Robert E. Tarjan. Confidently persistent deques via data structural bootstrapping. *Journal of Algorithms*, 18(3):513–547, May 1995. (pp. 113, 169, 184)

[Buc93]   Adam L. Buchsbaum. *Data-structural bootstrapping and catenable deques.* PhD thesis, Department of Computer Science, Princeton University, June 1993. (pp. 5, 141, 169)

[Bur82]   F. Warren Burton. An efficient functional implementation of FIFO queues. *Information Processing Letters*, 14(5):205–206, July 1982. (p. 55)

[But83]   T. W. Butler. Computer response time and user performance. In *Conference on Human Factors in Computing Systems*, pages

58−62, December 1983. (p. 83)

[BW88]   Richard S. Bird and Philip Wadler. *Introduction to Functional Programming*. Prentice Hall International, 1988. (p. 29)

[CG93]   Tyng-Ruey Chuang and Benjamin Goldberg. Real-time deques, multihead Turing machines, and purely functional programming. In *Conference on Functional Programming Languages and Computer Architecture*, pages 289−298, June 1993. (pp. 109, 113)

[CLR90]   Thomas H. Cormen, Charles E. Leiserson, and Ronald L. Rivest. *Introduction to algorithms*. MIT Press, 1990. (p. 27)

[CM95]   Richard H. Connelly and F. Lockwood Morris. A generalization of the trie data structure. *Mathematical Structures in Computer Science*, 5(3):381−418, September 1995. (p. 166)

[CMP88]   Svante Carlsson, J. Ian Munro, and Patricio V. Poblete. An implicit binomial queue with constant insertion time. In *Scandinavian Workshop on Algorithm Theory*, volume 318 of LNCS, pages 1−13. Springer-Verlag, July 1988. (pp. 97, 140)

[Cra72]   Clark Allan Crane. *Linear lists and priority queues as balanced binary trees*. PhD thesis, Computer Science Department, Stanford University, February 1972. Available as STAN-CS-72-259. (pp. 18, 29)

[CS96]   Seonghun Cho and Sartaj Sahni. Weight biased leftist trees and modified skip lists. In *International Computing and Combinatorics Conference*, pages 361−370, June 1996. (p. 19)

[DGST88]   James R. Driscoll, Harold N. Gabow, Ruth Shrairman, and Robert E. Tarjan. Relaxed heaps: An alternative to Fibonacci heaps with applications to parallel computation. *Communications of the ACM*, 31(11): 1343−1354, November 1988. (pp.97, 169)

[Die82]   Paul F. Dietz. Maintaining order in a linked list. In *ACM Symposium on Theory of Computing*, pages 122−127, May 1982. (p. 169)

[Die89]   Paul F. Dietz. Fully persistent arrays. In *Workshop on Algorithms and Data Structures*, volume 382 of *LNCS*, pages

67−14. Springer-Verlag, August 1989. (pp. 16, 81)

[DR91]   Paul F. Dietz and Rajeev Raman. Persistence, amortization and randomization. In *ACM-SIAM Symposium on Discrete Algorithms*, pages 78−88, January 1991. (p. 97)

[DR93]   Paul F. Dietz and Rajeev Raman. Persistence, randomization and parallelization: On some combinatorial games and their applications. In *Workshop on Algorithms and Data Structures*, volume 709 of LNCS, pages 289−301. Springer-Verlag, August 1993. (p. 97)

[DS87]   Paul F. Dietz and Daniel D. Sleator. Two algorithms for maintaining order in a list. In *ACM Symposium on Theory of Computing*, pages 365−372, May 1987. (p. 113)

[DSST89] James R. Driscoll, Neil Sarnak, Daniel D. K. Sleator, and Robert E. Tarjan. Making data structures persistent. *Journal of Computer and System Sciences*, 38(1):86−124, February 1989. (pp.2, 16, 37, 58, 81)

[DST94]   James R. Driscoll, Daniel D. K. Sleator, and Robert E. Tarjan. Fully persistent lists with catenation. *Journal of the ACM*, 41(5):943−959, September 1994. (pp. 81, 169)

[FB97]   Manuel Fähndrich and John Boyland. Statically checkable pattern abstractions. In *ACM SIGPLAN International Conference on Functional Programming*, pages 75−84, June 1997. (p. 26)

[FMR72]   Patrick C. Fischer, Albert R. Meyer, and Arnold L. Rosenberg. Real-time simulation of multihead tape units. *Journal of the ACM*, 19(4):590−607, October 1972. (p. 113)

[FSST86] Michael L. Fredman, Robert Sedgewick, Daniel D. K. Sleator, and Robert E. Tarjan. The pairing heap: A new form of selfadjusting heap. *Algorithmica*, 1(1): 111−129,1986. (pp. 52, 53, 169)

[FT87]   Michael L. Fredman and Robert E. Tarjan. Fibonacci heaps and their uses in improved network optimization algorithms. *Journal of the ACM*, 34(3):596−615, July 1987. (pp. 37, 169)

[FW76]   Daniel P. Friedman and David S. Wise. CONS should

not evaluate its arguments. In *Automata, Languages and Programming*, pages 257−281, July 1976. (p. 37)

[GMPR77]   Leo J. Guibas, Edward M. McCreight, Michael F. Plass, and Janet R. Roberts. A new representation for linear lists. In *ACM Symposium on Theory of Computing*, pages 49−60, May 1977. (pp. 140, 184)

[Gri81]   David Gries. *The Science of Programming*. Texts and Monographs in Computer Science. Springer-Verlag, New York, 1981. (p. 55)

[GS78]   Leo J. Guibas and Robert Sedgewick. A dichromatic framework for balanced trees. In *IEEE Symposium on Foundations of Computer Science*, pages 8−21, October 1978. (pp. 24, 29, 99)

[GT86]   Hania Gajewska and Robert E. Tarjan. Deques with heap order. *Information Processing Letters*, 22(4):197−200, April 1986. (p. 113)

[Hen93]   Fritz Henglein. Type inference with polymorphic recursion. *ACM Transactions on Programming Languages and Systems*, 15(2):253−289, April 1993. (p. 170)

[HJ94]   Paul Hudak and Mark P. Jones. Haskell vs. Ada vs. C++ vs. ⋯ An experiment in software prototyping productivity, 1994. (p. 1)

[HM76]   Peter Henderson and James H. Morris, Jr. A lazy evaluator. In *ACM Symposium on Principles of Programming Languages*, pages 95−103, January 1976. (p. 37)

[HM81]   Robert Hood and Robert Melville. Real-time queue operations in pure Lisp. *Information Processing Letters*, 13(2):50−53, November 1981. (pp. 55, 86, 97, 102, 113)

[Hoo82]   Robert Hood. *The Efficient Implementation of Very-High-Level Programming Language Constructs*. PhD thesis, Department of Computer Science, Cornell University, August 1982. (Cornell TR 82−503). (p. 113)

[Hoo92]   Rob R. Hoogerwoord. A symmetric set of efficient list operations. *Journal of Functional Programming*, 2(4):505−513, October 1992. (pp. 44, 109, 113)

[HU73]   John E. Hopcroft and Jeffrey D. Ullman. Set merging algorithms. *SIAM Journal on Computing*, 2(4):294–303, December 1973. (p. 37)

[Hug85]   John Hughes. Lazy memo functions. In *Conference on Functional Programming Languages and Computer Architecture*, volume 201 of *LNCS*, pages 129–146. Springer-Verlag, September 1985. (p. 37)

[Hug86]   John Hughes. A novel representation of lists and its application to the function "reverse". *Information Processing Letters*, 22(3): 141–144, March 1986. (p. 169)

[Hug89]   John Hughes. Why functional programming matters. *The Computer Journal*, 32(2):98–107, April 1989. (pp. 1,113)

[Jon86]   Douglas W. Jones. An empirical comparison of priority-queue and event-set implementations. *Communications of the ACM*, 29(4):300–311, April 1986. (p. 56)

[Jos89]   Mark B. Josephs. The semantics of lazy functional languages. *Theoretical Computer Science*, 68(1):105–111, October 1989. (p. 37)

[KD96]   Anne Kaldewaij and Victor J. Dielissen. Leaf trees. *Science of Computer Programming*, 26(1–3):149–165, May 1996. (p. 118)

[Kin94]   David J. King. Functional binomial queues. In *Glasgow Workshop on Functional Programming*, pages 141–150, September 1994. (pp. 29, 82)

[KL93]   Chan Meng Khoong and Hon Wai Leong. Double-ended binomial queues. In *International Symposium on Algorithms and Computation*, volume 762 of *LNCS*, pages 128–137. Springer-Verlag, December 1993. (p. 169)

[Knu73a]   Donald E. Knuth. *Searching and Sorting*, volume 3 of *The Art of Computer Programming*. Addison-Wesley, 1973. (pp. 18, 29) 번역본: 『The art of computer programming 3 정렬과 검색』(개정2판), 류광 역, 한빛미디어, 2008년

[Knu73b]   Donald E. Knuth. *Seminumerical Algorithms*, volume 2 of *The Art of Computer Programming*. Addison-Wesley, 1973. (p. 116) 번역본: 『The art of computer programming 2 준수치적 알고리즘』(개정3판), 류광 역, 한빛미디어, 2007년

[KT95]   Haim Kaplan and Robert E. Tarjan. Persistent lists with
             catenation via recursive slow-down. In *ACM Symposium on
             Theory of Computing*, pages 93−102, May 1995. (pp. 5, 130,
             169, 170, 171, 184, 212)

[KT96a]   Haim Kaplan and Robert E. Tarjan. Purely functional lists with
             catenation via recursive slow-down. Draft revision of [KT95],
             August 1996. (pp. 171, 184)

[KT96b]   Haim Kaplan and Robert E. Tarjan. Purely functional
             representations of catenable sorted lists. In *ACM Symposium
             on Theory of Computing*, pages 202−211, May 1996. (pp. 140,
             171, 184)

[KTU93]   Assaf J. Kfoury, Jerzy Tiuryn, and Pawel Urzyczyn. Type
             reconstruction in the presence of polymorphic recursion. *ACM
             Transactions on Programming Languages and Systems*, 15(2):
             290−311, April 1993. (p. 170)

[Lan65]   P. J. Landin. A correspondence between ALGOL 60 and
             Church's lambda-notation: Part I. *Communications of the
             ACM*, 8(2):89−101, February 1965. (pp. 37, 113)

[Lau93]   John Launchbury. A natural semantics for lazy evaluation. In
             ACM Symposium on Principles of Programming Languages,
             pages 144−154, January 1993. (p. 37)

[Lia92]   Andrew M. Liao. Three priority queue applications revisited.
             Algorithmica, 7(4):415−427, 1992. (p. 56)

[LS81]   Benton L. Leong and Joel I. Seiferas. New real-time simulations
             of multihead tape units. *Journal of the ACM*, 28(1):166−180,
             January 1981. (p. 113)

[MEP96]   Alistair Moffat, Gary Eddy, and Ola Petersson. Splaysort:
             Fast, versatile, practical. *Software—Practice and Experience*,
             26(7):781−797, July 1996. (p. 52)

[Mic68]   Donald Michie. "Memo" functions and machine learning.
             Nature, 218:19−22, April 1968. (pp. 3, 37)

[MS91]   Bernard M. E. Moret and Henry D. Shapiro. An empirical
             analysis of algorithms for constructing a minimum spanning
             tree. In *Workshop on Algorithms and Data Structures*, volume

519 of *LNCS*, pages 400–411. Springer-Verlag, August 1991. (p. 56)

[MT94]   David B. MacQueen and Mads Tofte. A semantics for higherorder functors. In *European Symposium on Programming*, pages 409–423, April 1994. (p. 160)

[MTHM97]   Robin Milner, Mads Tofte, Robert Harper, and David MacQueen. *The Definition of Standard ML (Revised)*. The MIT Press, Cambridge, Massachusetts, 1997. (p. 31)

[Myc84]   Alan Mycroft. Polymorphic type schemes and recursive definitions. In *International Symposium on Programming*, volume 167 of *LNCS*, pages 217–228. Springer-Verlag, April 1984. (pp. 144, 170)

[Mye82]   Eugene W. Myers. AVL dags. Technical Report TR82-9, Department of Computer Science, University of Arizona, 1982. (pp. 15, 29)

[Mye83]   Eugene W. Myers. An applicative random-access stack. *Information Processing Letters*, 17(5):241–248, December 1983. (pp. 131, 140)

[Mye84]   Eugene W. Myers. Efficient applicative data types. In *ACM Symposium on Principles of Programming Languages*, pages 66–75, January 1984. (pp. 15, 29, 169)

[NPP95]   Manuel Núñez, Pedro Palao, and Ricardo Peña. A second year course on data structures based on functional programming. In *Functional Programming Languages in Education*, volume 1022 of *LNCS*, pages 65–84. Springer-Verlag, December 1995. (p. 29)

[Oka95a]   Chris Okasaki. Amortization, lazy evaluation, and persistence: Lists with catenation via lazy linking. In *IEEE Symposium on Foundations of Computer Science*, pages 646–654, October 1995. (pp. 81, 169)

[Oka95b]   Chris Okasaki. Purely functional random-access lists. In *Conference on Functional Programming Languages and Computer Architecture*, pages 86–95, June 1995. (pp. 131, 133, 140)

[Oka95c]   Chris Okasaki. Simple and efficient purely functional queues and deques. *Journal of Functional Programming*, 5(4):583−592, October 1995. (pp. 81, 97, 113)

[Oka96a]　Chris Okasaki. *Purely Functional Data Structures*. PhD thesis, School of Computer Science, Carnegie Mellon University, September 1996. (p. 34)

[Oka96b]　Chris Okasaki. The role of lazy evaluation in amortized data structures. In *ACM SIGPLAN International Conference on Functional Programming*, pages 62−72, May 1996. (pp. 81, 82, 97)

[Oka97]　Chris Okasaki. Catenable double-ended queues. In *ACM SIGPLAN International Conference on Functional Programming*, pages 66−74, June 1997. (p. 180)

[OLT94]　Chris Okasaki, Peter Lee, and David Tarditi. Call-by-need and continuation-passing style. *Lisp and Symbolic Computation*, 7(1):57−81, January 1994. (p. 37)

[Ove83]　Mark H. Overmars. *The Design of Dynamic Data Structures*, volume 156 of LNCS. Springer-Verlag, 1983. (pp. 5, 98, 99, 101, 113)

[Pau96]　Laurence C. Paulson. *ML for the Working Programmer*. Cambridge University Press, 2nd edition, 1996. (p. x)

[Pet87]　Gary L. Peterson. A balanced tree scheme for meldable heaps with updates. Technical Report GIT-ICS-87-23, School of Information and Computer Science, Georgia Institute of Technology, 1987. (p. 169)

[Pip96]　Nicholas Pippenger. Pure versus impure Lisp. In *ACM Symposium on Principles of Programming Languages*, pages 104−109, January 1996. (p. 2)

[PPN96]　Pedro Palao Gostanza, Ricardo Peña, and Manuel Núñez. A new look at pattern matching in abstract data types. In *ACM SIGPLAN International Conference on Functional Programming*, pages 110−121, May 1996. (p. 180)

[Ram92]　Rajeev Raman. *Eliminating Amortization: On Data Structures with Guaranteed Response Times*. PhD thesis, Department of Computer Sciences, University of Rochester, October 1992. (pp.

81, 83, 97)

[Rea92]   Chris M. P. Reade. Balanced trees with removals: an exercise in rewriting and proof. *Science of Computer Programming*, 18(2): 181–204, April 1992. (p. 29)

[San90]   David Sands. Complexity analysis for a lazy higher-order language. In *European Symposium on Programming*, volume 432 of *LNCS*, pages 361–376. Springer-Verlag, May 1990. (p. 82)

[San95]   David Sands. A naïve time analysis and its theory of cost equivalence. *Journal of Logic and Computation*, 5(4):495–541, August 1995. (p. 82)

[Sar86]   Neil Sarnak. *Persistent Data Structures*. PhD thesis, Department of Computer Sciences, New York University, 1986. (p. 113)

[Sch92]   Berry Schoenmakers. *Data Structures and Amortized Complexity in a Functional Setting*. PhD thesis, Eindhoven University of Technology, September 1992. (pp. 41, 55)

[Sch93]   Berry Schoenmakers. A systematic analysis of splaying. *Information Processing Letters*, 45(1):41–50, January 1993. (p. 82)

[Sch97]   Martin Schwenke. High-level refinement of random access data structures. In *Formal Methods Pacific*, pages 317–318, July 1997. (p. 166)

[SS90]   Jörg-Rüdiger Sack and Thomas Strothotte. A characterization of heaps and its applications. *Information and Computation*, 86(1):69–86,May 1990. (p. 118)

[ST85]   Daniel D. K. Sleator and Robert E. Tarjan. Self-adjusting binary search trees. *Journal of the ACM*, 32(3):652–686, July 1985. (pp. 46, 55, 59)

[ST86a]   Neil Sarnak and Robert E. Tarjan. Planar point location using persistent search trees. *Communications of the ACM*, 29(7): 669–679, July 1986. (p. 15)

[ST86b]   Daniel D. K. Sleator and Robert E. Tarjan. Self-adjusting heaps. *SIAM Journal on Computing*, 15(1):52—69, February 1986. (pp. 37, 55, 59, 169)

[Sta88]   John A. Stankovic. Misconceptions about real-time computing:
            A serious problem for next-generation systems. *Computer*,
            21(10):10−19, October 1988. (p. 83)

[Sto70]   Hans-Jörg Stoß. K-band simulation von k-Kopf-
            Turingmaschinen. *Computing*, 6(3):309−317, 1970. (p. 113)

[SV87]   John T. Stasko and Jeffrey S. Vitter. Pairing heaps: experiments
            and analysis. *Communications of the ACM*, 30(3):234−249,
            March 1987. (p. 56)

[Tar83]   Robert E. Tarjan. *Data Structures and Network Algorithms*,
            volume 44 of *CBMS Regional Conference Series in Applied
            Mathematics*. Society for Industrial and Applied Mathematics,
            Philadelphia, 1983. (p. 81)

[Tar85]   Robert E. Tarjan. Amortized computational complexity. *SIAM
            Journal on Algebraic and Discrete Methods*, 6(2):306−318,
            April 1985. (pp. 40, 41, 55)

[TvL84]   Robert E. Tarjan and Jan van Leeuwen. Worst-case analysis of
            set union algorithms. *Journal of the ACM*, 31(2): 245−281,
            April 1984. (p. 37)

[Ul194]   Jeffrey D. Ullman. *Elements of ML Programming*. Prentice
            Hall, Englewood Cliffs, New Jersey, 1994. (p. x)

[Vui74]   Jean Vuillemin. Correct and optimal implementations of
            recursion in a simple programming language. *Journal of
            Computer and System Sciences*, 9(3):332−354, December 1974.
            (p. 37)

[Vui78]   Jean Vuillemin. A data structure for manipulating priority
            queues. *Communications of the ACM*, 21(4):309−315, April
            1978. (pp. 20, 29, 118)

[Wad71]   Christopher P. Wadsworth. *Semantics and Pragmatics of the
            Lamda-Calculus*. PhD thesis, University of Oxford, September
            1971. (p. 37)

[Wad87]   Philip Wadler. Views: A way for pattern matching to cohabit
            with data abstraction. In *ACM Symposium on Principles of
            Programming Languages*, pages 307−313, January 1987. (p. 180)

[Wad88]   Philip Wadler. Strictness analysis aids time analysis. In ACM

Symposium on Principles of Programming Languages, pages 119−132, January 1988. (p. 82)

[WV86]   Christopher Van Wyk and Jeffrey Scott Vitter. The complexity of hashing with lazy deletion. *Algorithmica*, 1(1):17−29, 1986. (p. 37)

| 찾아보기 |

순수 함수형 데이터 구조

불변성과 지연 계산을 활용한 함수형 데이터 구조

발 행 | 2020년 1월 2일

지은이 | 크리스 오카사키
옮긴이 | 오 현 석

펴낸이 | 권 성 준
편집장 | 황 영 주
편 집 | 조 유 나
디자인 | 박 주 란

에이콘출판주식회사
서울특별시 양천구 국회대로 287 (목동)
전화 02-2653-7600, 팩스 02-2653-0433
www.acornpub.co.kr / editor@acornpub.co.kr

한국어판 ⓒ 에이콘출판주식회사, 2020, Printed in Korea.
ISBN 979-11-6175-351-5
http://www.acornpub.co.kr/book/purely-functional-structures

이 도서의 국립중앙도서관 출판시도서목록(CIP)은 서지정보유통지원시스템 홈페이지(http://seoji.nl.go.kr)와
국가자료공동목록시스템(http://www.nl.go.kr/kolisnet)에서 이용하실 수 있습니다.(CIP제어번호: CIP2019036947)

책값은 뒤표지에 있습니다.